A. ALEXIS MONTEIL.

HISTOIRE FINANCIÈRE

DE LA FRANCE

A. ALEXIS MONTEIL

HISTOIRE FINANCIÈRE
DE LA FRANCE
DEPUIS LES PREMIERS TEMPS DE LA MONARCHIE JUSQU'A NOS JOURS

AVEC INTRODUCTION, SUPPLÉMENT ET NOTES

PAR

CHARLES LOUANDRE

LIMOGES
Marc BARBOU & Cie, IMPRIMEURS-LIBRAIRES
Rue Puy-Vieille-Monnaie

AVIS SUR CETTE ÉDITION

Avant la publication des travaux de Monteil, l'histoire des finances, des administrations financières et de leurs agents avait été exclusivement écrite pour les érudits de profession et les hommes spéciaux; mais la préface des *Ordonnances du Louvre*, les *Recherches* de Forbonnais, le livre d'ailleurs estimable de Bailly, ne donnent que des analyses d'édits bureaux et de règlements administratifs, des extraits de budgets ou des arrêts de la Chambre des comptes, des Élections, des Cours des Aides et du Conseil du Roi. On y trouve sans doute des chiffres et des faits curieux, mais on y cherche en vain des détails sur les hommes qui faisaient mouvoir les rouages compliqués de cette vaste machine qu'on appelle notre ancien système financier.

Monteil, comme ses prédécesseurs, nous donne des renseignements exacts et précis sur l'organisation administrative: il nous dit ce que la France payait d'impôts sous Charles V, aussi bien que sous Henri IV et sous Louis XVI; il nous dit quels étaient ces impôts, mais il nous montre en même temps le collecteur frappant à la porte du pauvre pour lui faire payer la *taille*, le *taillon*, la *crue*, le *doublement*; il nous montre le maître des monnaies chevauchant avec son clerc, pour *couper* les espèces décriées; les manants exaspérés par la gabelle, brûlant les gabeleurs avec leurs registres. Cette immense armée du fisc, qui comptait, sous la monarchie capétienne, plus de cent mille soldats, défile tout entière sous les yeux du lecteur, avec les argentiers du Roi, les généraux des finances, les généraux des aides, les présidents et les juges des greniers à sel, les conseillers de la Chambre des comptes, les asséeurs et les collecteurs des paroisses; et quand la Révolution vient la disperser, quand les faux-sauniers de la Bretagne et de la Vendée, que l'abolition des douanes intérieures laisse sans ressources, vont grossir les premières bandes de la chouannerie, Monteil nous montre encore le fisc moderne se réorganisant avec ses nouveaux cadres, sa nouvelle hiérarchie, et nous faisant payer, sous des noms nouveaux, la plupart de nos anciens impôts, car ainsi que le disaient les contribuables de l'ancien régime, l'impôt ne meurt jamais en France, il ne fait que se transformer; et la preuve en est que ceux qui de notre temps même demandent l'établissement d'une taxe sur les transactions commerciales, ne font que revenir, sans le savoir, aux taxes d'*obole* et *pite* qui soulevèrent sous Philippe le Bel de si vives réclamations, aux douze deniers sur les achats et les ventes qui provoquèrent la révolte des Maillotins. Car il ne faut point s'y tromper, sous chaque question politique se cache une question économique, et c'est par le déficit, les emprunts, les vingtièmes, les traites et les billets d'État que se sont posées les prémisses de la Révolution française.

Le volume que nous publions aujourd'hui ne s'adresse pas seulement aux personnes qui se rattachent à nos administrations financières, mais à toutes les classes de lecteurs, car la péréquation de l'impôt, réalisée par l'Assemblée constituante, nous soumet tous, pour une part plus ou moins forte, à l'action du fisc ; nous naissons tous contribuables, et c'est bien le moins que nous sachions comment nous le sommes devenus, comment nous sommes arrivés à l'égalité devant le percepteur, et quelles sont les origines de la dette que nous acquittons envers l'État, sous les noms d'impôt foncier, d'impôt mobilier, d'impôts indirects, de droits de mutation, de droits d'enregistrement, de droits de douanes, etc.

Monteil va nous initier à toutes ces choses. Mais dans ce

volume comme dans ceux qui l'ont précédé, il ne va pas au delà du quatorzième siècle, parce que la rareté et l'obscurité des documents ne lui permettaient pas de nous donner, pour la Gaule franque et les premiers âges capétiens, l'histoire des diverses classes telle qu'il l'avait conçue, vivante, détaillée, exacte comme un procès-verbal, et pénétrant dans les moindres secrets de la vie publique ou privée. Nous avons suppléé à son silence, en résumant en quelques pages les trop rares notions que le temps a laissé arriver jusqu'à nous, et nous avons ajouté de plus à son œuvre une vue générale de nos vicissitudes financières depuis la Révolution jusqu'à nos jours.

A la suite de chaque période, nous avons reproduit textuellement un certain nombre de pièces historiques; parmi ces pièces les unes sont d'anciens budgets, car nous avons pensé que pour donner une idée exacte des recettes ou des dépenses de la monarchie, on ne pouvait mieux faire que de reproduire les tableaux qu'elle-même en avait dressés; les autres sont des documents contemporains de quelques-unes des dates les plus importantes de notre histoire financière.

Comme pour l'*Industrie* et l'*Agriculture*, nous avons placé des arguments en tête de chaque siècle, et des notes au bas du texte original, chaque fois que nous avons pensé qu'il était utile de le compléter ou de l'élucider. Ces notes sont signées L. Celles qui ne portent aucune signature sont de Monteil.

Conformément à notre méthode habituelle, nous nous sommes efforcé, dans notre commentaire, de donner le plus grand nombre possible d'indications utiles et curieuses, et si le lecteur trouve que nous n'avons que très-imparfaitement rempli notre tâche d'éditeur et d'annotateur, il nous rendra du moins cette justice, que grâce à Monteil, nous aurons encore mis entre ses mains un livre très-intéressant et très-instructif.

Quant à la composition de l'ouvrage, aux personnages que Monteil fait parler, ils sont les mêmes que dans l'*Industrie* et l'*Agriculture;* c'est un cordelier de Tours qui écrit à un cordelier de Toulouse, — un chevalier de Malte qui voyage pour s'instruire, et qui fait part de ses observations aux personnes

AVIS SUR CETTE ÉDITION

chez lesquelles il s'arrête en passant; — c'est un Espagnol qui vient, au seizième siècle, parcourir ce beau pays de France sur lequel Philippe II espérait mettre la main, grâce à la Ligue et à nos discordes civiles, dont les étrangers ont toujours habilement profité.

En lisant ces pages qui résument, sous une forme vive et concise, des milliers de documents, le lecteur reconnaîtra l'immense service que Monteil a rendu à la vulgarisation des études historiques. Il ne discute pas, il raconte et il expose. Son érudition, exempte de pédantisme, fait revivre les hommes du passé, avec leurs préoccupations de chaque jour, leurs préjugés et leurs passions, et il nous rappelle le vieux caméronien de Walter-Scott qui passait sa vie à déchiffrer, sur la pierre des tombeaux, les noms à demi effacés des hommes qui avaient fait la gloire des anciens temps.

LES
REVENUS PUBLICS
AVANT LE QUATORZIÈME SIÈCLE

INTRODUCTION

I

« Dans toute la Gaule, dit César, il n'y a que deux classes d'hommes qui sont comptés pour quelque chose et considérés ; car la populace est à peu près réduite à la condition des esclaves; elle n'ose rien par elle-même et ne prend aucune part aux délibérations. La plupart, accablés par les dettes, le *taux exorbitant des impôts* ou les violences des grands, se soumettent de leur plein gré à la servitude (1). » Quels étaient ces impôts qui accablaient nos aïeux encore à demi sauvages ? César ne le dit pas et nous l'ignorons complétement.

La conquête romaine établit tout d'une pièce le

(1) De *Bello gallico*, lib. vi, 13.

système fiscal des vainqueurs dans les pays nouvellement soumis à leur domination. Le tribut public, dans la Gaule comme dans les autres parties de l'empire, était prélevé selon les besoins du moment (1) :

1° En nature, c'est-à-dire en produits agricoles, tels que blé, orge, huile, vin, fourrage, bestiaux ;

2° En produits bruts ou manufacturés, tels que bois, charbon, fer, airain, vêtements ;

3° En hommes et en chevaux, pour les armées ;

4° En espèces d'or ou d'argent, qui remplaçaient les produits en nature et en représentaient la valeur.

La quotité des tributs était fixée chaque année par les empereurs, chiffrée de leur main, et adressée au préfet du prétoire, qui en faisait la répartition entre les provinces, et envoyait à chacune en particulier l'extrait du rôle qui la concernait. Le gouverneur de la province le faisait afficher dans les endroits les plus fréquentés, quatre mois avant l'époque où devait commencer la perception.

Le publication de l'édit impérial se nommait *indiction*, et la part d'impôt de chaque contribuable, *titre ou canon*.

---

(1) Nous suivons ici, pour les impôts de la Gaule romaine, un livre peu connu, mais qui n'en est pas moins l'une des œuvres les plus remarquables de la science contemporaine : *Les Institutions Mérovingiennes*, de M. Lehuërou, Paris, 1843. L'auteur, mort à trente ans, peut justement être regardé comme l'un des maîtres de l'érudition moderne. On l'a souvent pillé, mais rarement cité. Nous lui devons beaucoup pour cette partie de notre introduction, et nous nous faisons un devoir de le dire, en rendant à sa science exacte et profonde la justice qui lui est due.

La répartition se faisait sous la surveillance du gouverneur de la province, par les principaux habitants, d'après le nombre des arpents de terre, leur qualité, le nombre des esclaves, des colons, des chevaux et des bestiaux.

Le recouvrement était confié à des collecteurs nommés par la *curie*, espèce de corps municipal placé à la tête de l'administration des villes gallo-romaines. Les versements avaient lieu de quatre en quatre mois ; le percepteur donnait quittance et restait responsable envers le fisc de la somme qu'il avait touchée. Les produits des contributions, en espèces, denrées, vêtements, chevaux, étaient portés par les contribuables, soit au trésor du prince, soit aux magasins établis pour recevoir les objets en nature, soit aux armées. Dans les besoins urgents du trésor, on augmentait les tributs, en ajoutant à la première indiction, ou indiction *canonique*, une *superindiction* qui se répartissait entre les contribuables d'après le même principe, et se percevait par les mêmes moyens. Aucune propriété, quelle que fût la condition sociale du propriétaire, n'était exempte de l'indiction canonique, à l'exception du domaine privé de l'empereur, des terres des vétérans et de celles des soldats sous les drapeaux.

Aux tributs levés en vertu de l'indiction canonique s'ajoutaient une foule d'impôts directs, indirects, personnels, ordinaires et extraordinaires, tels que la *jugatio*, qui portait sur les hommes, les animaux et les instruments employés à la culture ; la *lustralis collatio*, qui portait sur les marchands et les marchandises ; les *vectigalia* et le *teloneum* qui portaient sur la circulation ; les *sordida munera*, qui atteignaient particulièrement les petits propriétaires (1). L'administration romaine déployait, dans le recouvrement des tributs publics, une rigueur inexorable ; les peuples, suivant le mot d'un historien du quatrième siècle, *étaient broyés*. Les Gallo-Romains n'étaient pas mieux traités que le reste des nations, et, quand les barbares franchirent les limites de l'empire, ils les reçurent comme des libérateurs.

(1) Sur les impôts romains : *Codex Theodosianus*, xi, tit. 1, 5, 7, 16, 20 ; xii, 1, 6 ; xiii, 10.

II

LES IMPOTS DE LA GAULE FRANQUE

La conquête de la Gaule romaine par les peuples transrhénans mit en présence deux sociétés entièrement différentes, deux populations soumises à des usages ou à des lois d'un caractère absolument opposé. Les distinctions profondes qui les séparaient se reproduisirent dans la distribution et le caractère même des impôts publics.

Conformément aux traditions des peuplades germaniques, les Francs établis dans la Gaule n'acquittaient, envers les rois mérovingiens, que des tributs volontaires qu'ils offraient chaque année au prince, sous le nom d'*annua dona*, et qui consistaient en armes, en chevaux, en vêtements, en bijoux et quelquefois même en manuscrits.

Les Gallo-Romains, au contraire, restèrent soumis à l'impôt forcé, et les Mérovingiens leur appliquèrent toutes les lois de la fiscalité impériale (1). Nous

(1) Les opinions les plus diverses ont été émises par les pu-

retrouvons en effet, à l'origine de la monarchie, sous les mêmes noms ou sous des noms nouveaux qui s'appliquent à une chose ancienne, la plupart des impôts romains ; les rouages administratifs restent les mêmes, et les peuples sont broyés, comme au temps des empereurs. « Le roi Chilpéric, dit Grégoire de Tours, fit faire de nouveaux recensements, et de très-durs dans toute l'étendue de son royaume. C'est pourquoi plusieurs abandonnèrent les villes qui lui appartenaient, et même leurs propriétés pour se retirer dans les royaumes de ses frères, aimant mieux errer à l'aventure dans les pays étrangers que d'être exposés à un pareil tourment (1). »

Malgré les traditions nationales qui voulaient que les Francs n'acquittassent que des tributs volontaires, les rois mérovingiens essayèrent plus d'une fois de leur faire payer les mêmes impôts qu'aux Gallo-Romains, et ce fut là une des principales causes de cette hostilité de l'aristocratie de race franque, qui s'est traduite, sous les premières races, par des révoltes ou la déposition des rois.

Outre les impôts publics qu'ils percevaient comme chefs de l'État, conformément aux coutumes romaines, les rois mérovingiens possédaient en propre une quantité considérable de biens fonciers, terres, vi-

blicistes du dix-huitième siècle, au sujet des impôts dans la Gaule franque. Montesquieu, l'abbé Dubos, Boulainvilliers sont à ce sujet en complet désaccord. Une étude plus approfondie des textes a permis à l'érudition de notre temps de rétablir les faits dans toute leur exactitude, et ce que nous disons ci-dessus résume ce qu'on pourrait appeler les acquisitions de la critique contemporaine.

(1) Grégoire de Tours, *Histoire des Francs*, liv. v, chap. 29.

gnes, bois, rivières, étangs, métairies. Ces biens provenaient du domaine impérial romain, car les Mérovingiens s'étaient trouvés, par le seul fait de la conquête, tout naturellement substitués aux empereurs (1). Lorsqu'ils voulaient récompenser ou payer les services de ceux qui, sous le nom de *leudes*, de *fidèles*, d'*ahrimans*, s'attachaient à leur fortune, ils leur donnaient, à titre de *précaires*, c'est-à-dire à titre d'usufruit, pour un temps plus ou moins long, quelques terres de leur domaine, et ce fut là l'origine des *bénéfices*, qui, de temporaires qu'ils étaient d'abord, se transformèrent peu à peu en bénéfices viagers, ensuite en bénéfices héréditaires, lesquels formèrent, au dixième et au onzième siècle, les petites principautés seigneuriales connues sous le nom de fiefs. Ce fut aussi l'une des causes de la chute des deux dynasties franques, car à force de distribuer des bénéfices, les Mérovingiens et les Carlovingiens se trouvèrent complétement dépossédés, et quand ils n'eurent plus rien à donner ils furent abandonnés de tous.

A quelle somme les revenus du royaume s'élevaient-ils sous les Mérovingiens ? Quelle était l'importance du domaine royal ? Ce sont là des questions auxquelles il nous est impossible de répondre, car on ne trouve à cet égard aucun renseignement dans les documents contemporains. Ces documents sont également muets sur la nature des dépenses et sur les lois qui les régissaient, et ce qui ressort le plus clai-

(1) L'origine du domaine mérovingien a été fort controversée; mais celle que nous lui attribuons nous paraît la plus vraisemblable, attendu que de toutes les peuplades germaniques établies dans la Gaule, celle des Francs paraît avoir été la seule qu, n'ait point pris les terres appartenant à la population indigène.

rement des renseignements de l'histoire, c'est que les finances mérovingiennes étaient livrées à l'arbitraire des rois et à la plus complète anarchie.

Rien n'indique que des changements importants aient eu lieu dans le système des impôts par suite de l'avénement des Carlovingiens. Les populations, soumises aux tributs forcés, continuèrent d'acquitter ceux qui avaient cours sous les premiers rois. Les hommes libres, d'origine franque, n'acquittaient que ceux qu'ils avaient consentis, et c'est avec des contributions levées en argent et en nature sur les peuples conquis que Charlemagne défraya les cinquante-trois expéditions militaires entreprises sous son règne. Sous les derniers Carlovingiens, la dissolution sociale fut si profonde que tous les rouages furent brisés : les fonctionnaires qui sous le nom de *comtes* administraient les diverses circonscriptions du royaume, les bénéficiers qui détenaient à titre perpétuel les domaines cédés à leurs ancêtres par les rois, s'attribuèrent tous les droits régaliens, frappèrent des monnaies et levèrent des subsides pour leur compte. Un ordre de choses entièrement nouveau sortit des ruines des institutions franques, comme la conséquence des transformations sociales qui s'étaient accomplies depuis Clovis, et la féodalité, tout en conservant l'empreinte des siècles précédents, inaugura un nouveau système d'impôts.

III

LES IMPOTS DE LA FRANCE FÉODALE

Dans le régime féodal, tel qu'il existait sous les premiers Capétiens, les impôts ne sont point perçus par les rois, mais par les seigneurs ; ils ne sont point appliqués aux dépenses du royaume, mais aux dépenses personnelles des seigneurs ou aux dépenses générales du fief. Hugues Capet, en montant sur le trône, en 988, se trouva placé dans les mêmes conditions que les autres possesseurs de fiefs, et ce fut seulement dans son domaine propre, c'est-à-dire dans le duché de France, qu'il leva des subsides.

Ces subsides qu'on désigne sous le nom d'*aides* (auxilia), se divisent en deux catégories : les *aides légales* et les *aides gracieuses*.

Les aides légales, qu'on nomme aussi *tailles aux quatre cas*, sont obligatoires ; tous les hommes de la seigneurie, nobles ou vilains, les doivent au seigneur : 1° quand il marie sa fille aînée (*aides de mariage*) ; 2° quand son fils aîné est fait chevalier (*aides de chevalerie*) ; 3° quand il est prisonnier de guerre, pour le racheter des mains de l'ennemi (*aides de rançon*); 4° quand il part pour les croisades (*aides d'allée d'outre-mer*).

Les aides gracieuses étaient levées dans des circonstances exceptionnelles, et pour des dépenses d'utilité générale, telles que les fortifications des villes, la réparation des routes et des ponts, la défense du fief contre les ennemis du dehors. Elles ne pouvaient, d'après les coutumes féodales, être établies que du consentement des vassaux ; cependant, comme il s'agissait d'intérêts communs, on les regardait quelquefois comme obligatoires; on les désignait alors sous le nom d'*aides de rigueur*.

A côté des aides légales, des aides gracieuses et des aides de rigueur qui représentaient les impôts extraordinaires, les premiers Capétiens, comme tous les autres grands feudataires, jouissaient encore d'une foule de revenus, soit à titre de suzerains, soit à titre de propriétaires. C'étaient ces revenus qui formaient le *domaine*. Ils comprenaient :

Les droits de transit et de circulation sur les blés, le fer, les toiles, les laines, les cuirs, les bestiaux, le sel, etc.; les droits d'étalage et de pesage sur les marchés ; les droits sur les étaux des marchands ; les amendes de la haute, moyenne et basse justice; les bénéfices réalisés sur la fabrication des monnaies; les sceaux et les tabellionnages, les halles, le mesurage public, la banalité des fours et des pressoirs, et plus tard, celle des moulins; le droit de prise qui donnait aux pourvoyeurs de la maison du roi la faculté de prendre chez les marchands, gratuitement d'abord et plus tard au prix qu'ils fixaient eux-mêmes, les denrées et marchandises à leur convenance ; le droit de gîte, c'est-à-dire le droit de visiter une fois dans l'année chacune des villes, bourgades et abbayes situées dans les fiefs royaux, de s'y faire héberger, ou d'y percevoir une somme d'argent équivalente aux frais que le séjour aurait occasionnés; les reliefs payés pour la transmission ou l'investiture des fiefs; les taxes sur les Juifs; le formariage levé sur les serfs pour les autoriser à se marier; la régale ou perception des revenus des évêchés pendant une année; l'aubaine, qui attribuait au suzerain l'héritage des étrangers morts sur ses terres; le droit de dépouille, qui lui attribuait l'héritage mobilier des évêques; la vente des offices, qui paraît dès le temps de saint Louis; les épaves, les trésors dont le hasard procurait la découverte; les cens, rentes annuelles et foncières; les tailles levées sur les roturiers; les droits féodaux proprement dits qui consistaient en prélèvements en nature sur les produits du sol ou de l'industrie, les revenus des forêts, des étangs, des rivières, etc. (1).

Les ressources du domaine, on le voit par cette énumération, étaient nombreuses et variées. Elles s'élevaient en 1298, à 235,286 liv. 7s., soit approximativement en monnaie moderne, 14 millions. C'était assez pour un grand fief, c'était trop peu pour le royaume.

(1) Sur le domaine et ses revenus, voir : Pasquier, *Recherches*, liv. ii, chap. 7. — Leber, *Collection de pièces relatives à l'histoire de France*, t. VII, p. 445 et suiv. — Portefeuilles de Fontanieu, vol. 777, intitulé *Domaine*, Bibl. Mss. — Montesquieu, *Esprit des lois*, liv. xxvi, chap. 16; xxx, 14; xxxi, 7, 22. — Tables du *Recueil des ordonnances* au mot *Domaine* et table des *Anciennes lois françaises*, publiées par Isambert, au même mot.

Aussi les rois furent-ils obligés, au fur et à mesure que le royaume s'agrandissait, de se créer d'autres ressources (1).

En 1149, un impôt général est levé par Louis VII dans toute la France, et avec l'autorisation du pape, à l'occasion de la deuxième croisade. Cet impôt, connu sous le nom de *vingtième,* consistait dans une taxe proportionnelle sur le revenu. Quarante ans plus tard, Philippe-Auguste lève, sous le nom de *dîme saladine,* un nouvel impôt général pour les expéditions en terre sainte; il en lève un second en 1191 pour la défense du royaume, et à dater de cette époque les impôts d'État, qui avaient disparu au milieu du morcellement féodal, tendent à se reconstituer.

Les premiers impôts généraux, levés à longs intervalles, ne pouvaient suffire à toutes les dépenses; les rois, pour y suppléer, s'adressaient tantôt à une province ou à une ville, en les priant de leur venir en aide par des dons volontaires ou des emprunts garantis par le domaine. Ils arrivaient ainsi à réaliser des sommes relativement considérables, et nous en avons un exemple remarquable sous le règne de saint Louis. En 1259, ce prince fit demander à un grand nombre de villes l'argent dont il avait besoin pour la *paix d'Angleterre,* c'est-à-dire pour le payement de l'indemnité pécuniaire stipulée au profit de Henri III, par le traité de 1258, en compensation de l'abandon de ses droits sur la Normandie, l'Anjou, la Touraine et le Poitou. Les villes répondirent avec empressement à

(1) Dissertion sur les dépenses et les recettes de saint Louis, par MM. de Wailly et Guigniaut. *Recueil des historiens de France,* t. XXI.

l'appel de saint Louis, et la somme demandée fut couverte en très-peu de temps.

Outre les impôts généraux et les dons volontaires, *dona domini regis,* qu'ils obtenaient des villes, les rois tiraient de nombreux profits de la vente ou de la confirmation des chartes de communes, de la création des foires et marchés où ils se réservaient une certaine portion des droits, de la vente des offices de judicature et de finances qui commence au règne de saint Louis. Mais le royaume grandissait toujours ; les dépenses allaient toujours en augmentant, et Philippe le Bel, le plus grand révolutionnaire du moyen âge, tenta de reconstituer d'un seul coup le système des impôts d'Etat et d'y soumettre toutes les classes, malgré les priviléges que lui opposaient la noblesse et le clergé.

Ce prince a déshonoré sa mémoire par de honteuses exactions, par la persécution des Templiers, qui n'avait d'autre but que de s'emparer de leur immense fortune évaluée en France à plus de 180 millions, par la confiscation des biens des Lombards et des Juifs ; mais il a le premier posé les bases du budget (1) du royaume, et commencé, pour les finances, le même travail que pour les autres branches de l'administration. En 1192, il établit un impôt d'un denier par livre, payable à la fois par l'acheteur et le vendeur, sur tous les objets de consommation. Il crée, sous le nom de *traites*, les douanes frontières, et lève successivement des centièmes, des cinquantièmes, des vingtièmes sur les biens-fonds et sur

---

(1) Ce que nous disons sommairement ici sera développé dans un travail général, que nous préparons depuis longtemps, sur l'histoire du gouvernement de l'ancienne France.

leurs revenus. Il fait payer au clergé, pendant la durée de son règne, une somme équivalente à 400 millions de notre monnaie. Le premier entre tous les rois de sa race, il convoque les trois ordres à siéger dans les états généraux ; il reconnaît à ces états le droit de voter les impôts, mais tout en faisant cette concession aux franchises nationales, il s'attribue le droit d'imposer, de sa pleine et entière autorité, tous les tributs qu'il lui plaît d'exiger de ses sujets.

A partir du règne de Philippe, la fiscalité monarchique se développe rapidement ; les impôts d'État, aides, tailles, gabelles, traites foraines, établis d'abord à titre temporaire, se transforment peu à peu en tributs permanents. Ils constituent, à côté du domaine qui reste le patrimoine des rois, la source la plus abondante des revenus publics, mais ils ne suffisent pas à tous les besoins, et surtout aux prodigalités royales. La monarchie, pour combler l'abîme toujours béant du déficit, a recours aux expédients les plus divers : ventes d'offices, ventes de noblesse, emprunts, confiscations, altération des monnaies, et les peuples sont *broyés* sous les Capétiens, comme ils l'avaient été sous l'empire romain et les fils de Clovis, comme nous le sommes encore aujourd'hui, par la faute d'un gouvernement « qui a provoqué, ainsi que l'a dit un illustre homme d'État dont le nom restera grand dans notre histoire, sans motifs, sans alliés, sans préparation, la guerre la plus imprudente qui fût jamais, et qui, à la folie de la résolution, a joint la plus grande incapacité d'exécution. »

Charles LOUANDRE.

QUATORZIÈME SIÈCLE

L'ADMINISTRATION FISCALE
LES IMPOTS, LES MONNAIES ET LES ABUS

ARGUMENT

Ainsi que nous venons de le dire, le siècle dont nous allons nous occuper marque le point de départ d'un ordre de choses nouveau dans notre histoire. Les impôts d'État sont rétablis par Philippe le Bel, et votés par les députés de la nation. Les gabelles deviennent permanentes; les états généraux de 1355-1356 tracent le programme d'une organisation financière à laquelle ils donnent pour base l'égalité de la répartition sur toutes les classes. L'administration des aides est régularisée par la création des *généraux* et des *superintendants des aides*, et Charles V, grâce à une surveillance de tous les instants, établit dans les finances un ordre qui lui permet d'entretenir les armées avec lesquelles il accomplit sur les Anglais la conquête de son royaume. A sa mort, une réserve de dix-sept millions est volée par l'un des princes du sang auxquels était confiée la régence. Le plus indigne gaspillage livre la fortune publique en proie aux favoris et aux officiers royaux, et le quatorzième siècle finit pour les finances, comme pour tout le reste, au milieu d'une anarchie profonde. Philippe le Bel avait tiré de ses sujets plus de onze cents millions, et cette somme, exorbitante pour une époque où l'industrie était peu développée et les métaux précieux peu abondants, explique les révoltes qui ont éclaté sous le règne de ce prince et les malédictions dont les contemporains ont chargé sa mémoire. Les impôts, entre autres celui du *fouage*, qui fut perçu pendant douze années consécutives, ont été aussi très-lourds sous Charles V, mais ils ont du moins été le prix de la victoire et de la délivrance. Quant à Charles VI, il se trouva réduit à certains moments à une telle détresse qu'il n'eut pas même de quoi payer le baptême d'un de ses enfants (1).   L.

(1) On estime à deux cent quarante millions de notre monnaie le montant de la rançon du roi Jean. C'était bien cher pour un aussi triste prince, mais au quatorzième siècle l'idée de la patrie s'incarnait dans la personne du roi, et si bas que fût tombée la France à cette époque, elle ne marchandait pas son or pour rendre au descendant de saint Louis le trône que lui disputait l'Angleterre. Au moyen âge elle ne rachetait d'ailleurs que les prisonniers, et n'avait point comme aujourd'hui à se racheter elle-même, car elle ne mettait jamais bas les armes. La première rançon de guerre qu'elle ait payée date de 1815.

L'ADMINISTRATION FISCALE

LES IMPOTS, LES MONNAIES ET LES ABUS (1)

Dans ce volume comme pour les autres parties de l'œuvre de Monteil qui se rapportent au quatorzième siècle, l'auteur suppose une correspondance entre un cordelier de Tours et un cordelier de Toulouse ; et c'est là ce qui explique comment il est si souvent parlé des moines.

Hier nous nous mîmes à parler d'impôts, de subsides ; nous en parlâmes d'une manière assez animée. Le frère Antonin seul gardait le silence; il souriait. A la fin nous nous tournâmes tous vers lui ; nous lui dîmes que, s'il en savait plus que nous sur cette matière, il parlât aussi à son tour, que nous l'écouterions volontiers. Il sourit encore plus. Mes frères, nous répondit-il, j'étais apprenti financier (2), ou, si vous voulez, novice de saint Mathieu (3), quand

---

(1) Au quatorzième siècle, le denier équivaut à 0 fr. 20 c. 87/100.
         —   le sou   — à 2 fr. 44 c. 11/25.
         —   la livre   — à 48 fr. 88 c. 21/25.
                                                        L.

(2) Le mot financier vient du vieux mot *finer*, payer. Il était en usage dès le quatorzième siècle.

(3) Saint Mathieu était le patron des financiers; c'est là ce qui a donné lieu au dicton populaire, qu'on applique aux usuriers : c'est un *fesse-mathieu*, c'est-à-dire c'est un individu qui ne respecte rien, pas même le saint de sa corporation.

je me fis novice de saint François ; j'ajouterai même que, la veille du jour de mon vœu de pauvreté, j'avais les mains pleines d'argent et d'or. Aussi pourrai-je maintenant, puisque vous le voulez, vous éclaircir quelques notions qui me sont depuis longtemps familières.

C'est d'abord, continua-t-il, une erreur de croire que le peuple confonde les usuriers avec les financiers ; car il appelle très-souvent et très-distinctement les uns Juifs, Lombards, Caorsins, et les autres voleurs, larrons, maltôtiers (1). Du reste, je conviens qu'il est toujours également prêt à mettre en pièces les uns et les autres.

Vous avez parlé, poursuivit-il, de la déconsidération de l'état des financiers ; vous en avez indiqué plusieurs causes qui étaient vraies, vous en avez oublié plusieurs qui ne l'étaient pas moins, entre autres que le grand nombre des emplois sont temporaires, que souvent ils ne sont que des charges ou des corvées communales. Vous avez oublié encore que les clercs, les nobles, les avocats, ne peuvent être financiers, fermiers des subsides. Et, en effet, vous n'en verrez jamais un seul dans les auditoires des sénéchaussées et des bailliages, où les élus du roi (2) ad-

(1) Les Juifs, les Lombards, les Caorsins étaient les banquiers du moyen âge. On désignait indistinctement sous le nom de Lombards tous les faiseurs d'affaires italiens. Quant aux Caorsins, quelques érudits ont prétendu qu'on désignait sous ce nom les habitants de la ville de Cahors qui se livraient particulièrement au change et à la banque ; mais ce n'est là qu'une supposition que rien ne justifie. Les maltôtiers étaient les individus qui affermaient les impôts, qu'on désignait sous le nom de *maltôtes*. —L.

(2) Jusqu'au règne de Charles V, l'assiette et le recouvre-

jugent les fermes à la chandelle. Vous me direz que les grainetiers ou gardes des greniers (1), les receveurs, les contrôleurs, les visiteurs, sont des officiers du roi; je vous dirai que, s'il y a de grands, il y a aussi de petits; et de bien petits officiers du roi. Vous me direz que les viguiers, les prévôts, les vicomtes, les sénéchaux, les baillis, sont en partie financiers, qu'ils prêtent serment à la Chambre des comptes (2); je vous dirai qu'ils sont en même temps magistrats, et que la politesse et l'usage ont fait prédominer la qualité qui est honorable, et oublier celle qui ne l'est pas. Vous me direz que les chefs de la finance sont élevés; je vous dirai qu'ils sont très-élevés. Vous me direz qu'il y en a qui sont chevaliers, présidents au parlement; je vous dirai qu'il y en a même qui sont abbés, évêques, archevêques. Vous me direz qu'il y en a dont les gages sont de quatre cents livres, de six cents livres; je vous dirai qu'il y en a même dont les gages sont de huit cents, de mille livres. Mais je vous dirai aussi que les uns et les autres

ment des impôts furent confiés dans chaque ville et chaque paroisse à des individus librement *élus* par les habitants. Charles V, en 1372, les remplaça par des officiers royaux, qui conservèrent le nom primitivement assigné aux élus et aux collecteurs, quoique le principe électoral fût supprimé. Les élus royaux furent réunis en corps et formèrent les juridictions connues sous le nom d'élections. — L.

(1) C'est-à-dire des greniers à sel, juridictions royales instituées en 1342, par Philippe de Valois, et qui connaissaient de tous les faits relatifs à l'imposition, à la vente et à la distribution du sel. — L.

(2) La Chambre des comptes fut instituée par Philippe le Bel; elle était chargée de vérifier la comptabilité générale du royaume. — L.

sont bien peu nombreux. Il n'y a qu'un argentier du roi, ou payeur des dépenses de la cour. Il n'y a qu'un changeur ou payeur général des dépenses de l'État. Il n'y a que trois, quatre conseillers du trésor, trésoriers de France ou administrateurs des dépenses publiques, la moitié hommes d'Église, la moitié laïques; et pour apurer les comptes, il n'y a que six, huit conseillers maîtres, la moitié hommes d'Église, la moitié laïques.

Mes frères, continua le frère Antonin, il m'a paru aussi que vous ne saviez pas comment sont perçus les impôts accordés ou exigés, sous la dénomination de subside, taille (1), plus ordinairement aide (2). Souvent l'ordonnance qui en autorise la levée nomme en même temps le conseiller, le commissaire, ou les conseillers, les commissaires qu'elle charge de cette levée, qu'elle charge aussi de veiller à ce que la dépense en soit conforme à sa destination (3), en sorte

---

(1) La taille était à l'origine un impôt féodal qui prit le nom de *taille royale* dans les domaines du roi. Temporaire à l'origine, elle fut rendue perpétuelle sous Charles VII. Elle portait à peu près exclusivement sur les roturiers. On distinguait la taille réelle, lorsqu'elle était assise sur les biens; — la taille personnelle, lorsqu'elle était imposée par tête, et la taille mixte, lorsqu'elle portait à la fois sur les biens et les revenus de toute nature. — L.

(2) Aide, du mot latin *auxilia*, c'est-à-dire secours accordé par les vassaux aux suzerains ou par les sujets au roi. — L.

(3) Je possède un rôle de subsides de la ville et prévôté de Chaumont, près Rouen, année 1362, d'après lequel il paraît que les levées des subsides se faisaient par villes et par *plat-pays* ou banlieue de ces villes. Je possède aussi un rôle de l'aide pour la rédemption du roi Jehan, d'après lequel il paraît que la levée se faisait quelquefois aussi par diocèse. Toutefois, d'après le mande-

qu'à cet égard il y a pour chaque aide un administrateur ou des administrateurs temporaires.

La répartition de l'aide est d'abord faite entre les bailliages, et ensuite par les commissaires des bailliages entre les communes, où elle est faite entre les habitants par les élus ou les gens qu'ils ont élus avec des formes qui varient suivant les lieux. Quand l'aide est une taille sur les terres, elle est répartie d'après un rouleau ou rôle où sont énoncées la situation, la contenance et la valeur des différentes propriétés de chaque habitant ; et quand elle est en même temps une taille sur les terres et sur l'industrie, ou une taille mixte, elle est répartie d'après un rôle où sont énoncées la situation, la contenance, la valeur des différentes propriétés, et les revenus commerciaux, industriels, ou autres revenus quelconques de chaque habitant. S'il s'agit d'une aide de fouage, la répartition en est plus facile : tant de feux ou tant de francs, ou tant de sous, suivant l'imposition. Les élus ou répartiteurs n'ont alors qu'à bien équitablement déterminer combien il y a de feux, ou, ce qui revient au même, quelles sont les maisons qui comptent comme feux ou *chiefs d'hostels*. Dans le pays de la langue d'Oc, les feux sont au contraire une étendue territo-

---

ment de Philippe de Valois, du 11 mars 1328, relatif au subside pour l'ost de F..andre, il n'est guère douteux que la répartition des impôts se fît le plus souvent par bailliages, où la sous-répartition était faite tantôt par paroisses, tantôt par châtellenies. J'ai l'original des lettres du duc de Normandie, depuis Charles le Sage, adressées aux généraux des finances à Rouen, le 12 octobre 1356, où on lit : « ... Nostre bien amé Guillaume de Bruval, bailli d'Evreux, oultre les xx sols que nous lui avons ordonné par jour pour le temps qu'il a vaqué en l'assiette dudit subside.... »

riale imposable. Vous saurez encore que les rôles de l'aide portent le nom de tous les habitants, des exempts de payement, c'est-à-dire des clercs, des nobles, des pauvres, des boiteux, des infirmes, des veuves, des mineurs, et des non exempts, c'est-à-dire de tous les autres. Vous voyez, sans que je vous en avertisse, que ces rôles ne sont que pour les impôts directs; les impôts indirects, tels que les impôts sur le sel, sur les boissons, sur les entrées, n'ont pas besoin de rôles, puisqu'ils ne sont perçus qu'au fur et à mesure des consommations.

Il vous faut savoir aussi, car il m'a paru que vous ne saviez pas très-bien, qui accorde les modérations, les décharges sur les impôts ou aides. Je vous dirai qu'autrefois c'étaient les élus et le conseiller général ou les conseillers généraux de l'aide, qu'on appelle plus simplement et plus ordinairement le général, les généraux; mais depuis quelque temps que les aides paraissent devenues fixes (1), il y a pour chaque dio-

(1) « Les généraulx conseillers sur les aides pour la guerre, aux élus à Séez..., considéré le contenu en la requeste des poures habitants en la parolsse Saint-Gervaise... Ordonnons que lesdits habitants soient quittes des fouages pour ceste présente année, en payant pour quarante feux seulement..... Donné à Paris le xvi° jour de nov. l'an mil ccc lx... » Lettres des conseillers généraux pour les aides de la guerre écrites sur parchemin. Le compte de l'aide pour la rédemption du roi Jean fait mention du don du sixième denier sur l'imposition des 12 deniers pour livre fait aux habitants de Langres, en considération des dépenses des fortifications. Voyez d'ailleurs les dispositions relatives aux pouvoirs du commissaire pour la levée de l'aide, dans les ordonnances concernant les aides, jusqu'à celle du dernier février 1388, car alors les six conseillers généraux des aides deviennent les souverains juges des matières des finances, pour toutes les aides et dans tout le

cèse deux élus du roi, l'un clerc, l'autre laïque, qui, en première instance, jugent des réclamations et des surcharges, et pour toute la France six ou huit conseillers généraux des aides, moitié laïques, moitié clercs, qui les jugent sur l'appel et en dernier ressort.

Jusque-là, poursuivit le frère Antonin, les rouages sont assez bien ajustés, se correspondent assez bien; mais voici comment ils s'embarrassent ou se dérangent, ou quelquefois même se brisent.

D'abord un grand nombre d'aides ne sont que particulières à la province où l'aide a été accordée par les trois états provinciaux. Ensuite, dans la province il y a des lieux exempts de tout impôt; il y en a d'autres où l'on ne peut en établir sans en demander la permission aux habitants. Si, au contraire, l'aide, accordée par les trois états du royaume, est générale, plusieurs grands vassaux, pour la repousser de leurs provinces, interposent presque toujours victorieusement leur puissante et haute main. Alors dans les autres provinces le poids de l'impôt paraît bien plus lourd à ceux qui le portent, et leurs murmures deviennent bien plus grands, leur résistance bien plus prochaine.

Le frère Antonin nous a raconté ensuite avec modestie qu'il était resté deux ou trois ans clerc-écrivain chez un receveur particulier d'aides, qui lui promettait de le faire dans la suite son lieutenant; que, sur la fin, ce receveur ne fournissait plus le cautionnement de la valeur d'une année de sa recette; que,

---

royaume. Cette institution de juges permanents annonçait la permanence des aides.

malgré ses serments sur les évangiles, il acceptait de beaux chaperons fourrés, et qu'il prêtait, sinon l'argent du roi, du moins le sien ; que, malgré les ordonnances, il n'acquittait pas les reliquats ou débets dont l'état avait été remis par la chambre des comptes aux généraux des aides; enfin, que, s'étant obstiné à ne pas rendre ses comptes aux termes fixés, il avait été condamné à l'amende, et bientôt après et tout à coup destitué; qu'on avait tout saisi, jusqu'à l'escabelle des clercs-écrivains ; qu'alors il avait été se consoler et prier Dieu à l'église des cordeliers, où, ayant vu ouverte la porte latérale qui donnait dans le cloître, il y était entré et n'en était plus sorti.

A l'histoire du frère Antonin succéda une discussion sur l'origine des impôts qui forment aujourd'hui le système des finances. Le frère Antonin dit, ou que les redevances seigneuriales étaient l'imitation en petit des redevances royales, des impôts, ou que les redevances royales, les impôts, étaient l'imitation en grand des redevances seigneuriales. Il penchait plus volontiers pour cette dernière conjecture, et même il mit quelque chaleur à établir qu'elle était la plus vraisemblable.

Le soir, rentré dans ma cellule et m'étant couché, les deux conjectures opposées du frère Antonin me revinrent à la mémoire. J'en examinai et en balançai assez longtemps les probabilités; enfin je m'endormis. Mais, frère André, ma raison ou mon imagination ne voulut pas lâcher prise, et la nuit j'ai eu un songe assez singulier pour que je vous le rapporte.

Je voyageais, mon psautier sous le bras ; je traversais un beau pays : d'un côté s'offraient des prairies fleuries et parfumées, où semblait se jouer en longues sinuosités un joli ruisseau que, malgré le poids de mes années, j'aurais facilement sauté à l'endroit le plus large ; de l'autre, je voyais des moissons dorées, des vignes remplies de raisins noirs ou pourprés, variées par d'élégants bouquets d'arbres chargés de fruits, où les oiseaux ne cessaient leur mélodieux ramage. Ce délicieux spectacle semblait me délasser, me rafraîchir ; j'avais ralenti mes pas, lorsque j'ai entendu derrière moi une voix haute et impérieuse à laquelle répondait une voix humble et douce. Je me suis tourné, j'ai vu deux hommes : l'un avait la cotte serrée, les mains crochues ; l'autre portait des houseaux, ses cheveux étaient trempés de sueur. J'ai bien vite reconnu l'impôt aux prises avec le villageois. L'homme à la cotte serrée, ou l'impôt, a frappé sur l'épaule du bonhomme avec un faisceau de tailles, que par une vieille habitude il avait encore à la main, et il lui a dit que sans retard il voulait être payé. Paye ! paye la taille ! paye ou je te fais tout saisir, tout jusqu'à tes chausses. Le bonhomme a mis la main à l'escarcelle. — Encore. — Le bonhomme l'a fouillée de nouveau. — Encore. — Le bonhomme l'a vidée jusqu'à la dernière maille (1).

(1) Monteil constate ici, sous une forme pittoresque, un fait historique très-réel. Les paysans étaient taillables et corvéables à merci, et ils étaient forcés de payer tout ce qu'on leur demandait, sous peine de saisie et de prison. Les nobles, au contraire, ne payaient que les impôts qu'ils avaient consentis dans les états généraux ou provinciaux ; mais quand le pouvoir royal eut grandi, ils furent généralement soumis comme les autres habitants du royaume aux impôts de consommation. — L.

L'homme à la cotte serrée, ou l'impôt, s'en est allé. Je l'ai suivi. Il a péniblement gravi une haute montagne, et, d'un air timide, mal assuré, il s'est approché du noble, qui a été tout surpris de le voir. L'homme à la cotte serrée, ou l'impôt, lui a parlé fort poliment et lui a dit que, par une exception qui n'aurait plus lieu, la nouvelle aide du cinquantième denier n'exceptait personne, mais qu'elle n'était pas territoriale, et qu'il pouvait payer sans déshonneur. Le noble a tiré de fort mauvaise grâce une petite pièce d'argent. L'homme à la cotte serrée, ou l'impôt, a tendu la main une seconde fois. Le noble, d'un signe, lui a montré la hauteur de ses tours, la profondeur de ses fossés. L'impôt a fait un grand salut.

J'ai suivi encore l'homme à la cotte serrée ou l'impôt. Il est allé chez l'ecclésiastique et s'est nommé ; aussitôt l'ecclésiastique lui a déroulé ses chartes, ses priviléges, ses immunités. L'homme à la cotte serrée, ou l'impôt, a refusé d'y lire, en lui disant que c'était pour faire la guerre aux infidèles. Accordez-moi pour cette fois les décimes (1), vous savez qu'elles ont été établies pour les croisades. Le roi et ses bers ont promis de prendre la croix. A la bonne heure, a répondu l'ecclésiastique en lui donnant quelque argent ; mais que je ne vous revoie plus.

(1) Les décimes étaient des contributions particulières levées sur les biens de l'Eglise et équivalant au dixième des revenus. Ils étaient destinés, dans le principe, à subvenir aux dépenses des guerres saintes, et furent appliqués plus tard aux dépenses de l'État. Philippe le Bel leva pendant la durée de son règne, c'est-à-dire en vingt-neuf ans, vingt et un décimes qui lui rapportèrent plus de 400 millions. (Voir M. Boutaric, *La France sous Philippe le Bel*, Paris, 1861, in-8° p. 277 et suiv. — L.

J'ai suivi encore l'homme à la cotte serrée, ou l'impôt. Il a été s'asseoir devant son grand comptoir, autour duquel sont venus, excepté les clercs et les nobles, des hommes de tous les états. Ceux-ci lui ont payé les aides du fouage ; ceux-là les aides du treizième, du vingtième (1), et les autres aides. Enfin les gens de tous les états sans exception, sans distinction, lui ont payé les amendes, les confiscations, le sceau, les péages, les entrées, les passeportes, les douanes, les régales, les amortissements, les naturalisations, les légitimations ; le prix des successions des aubains, des intestats ; le prix des déshérences, des épaves ; le produit des mines découvertes, l'argent des trésors découverts, les droits sur les greffes, les tabellionages et mille autres droits et perceptions de toute espèce. Les seigneurs roturiers sont venus lui payer assez clandestinement le franc-fief (2) ; les Juifs, les Lombards, les Ultramontains, sont venus encore plus clandestinement lui payer leurs taxes.

L'homme à la cotte serrée, ou l'impôt, s'est levé, pliant sous une grosse charge, criant à la rareté du numéraire.

Notre règle, comme vous savez, mon cher frère André, nous empêche d'avoir à craindre l'impôt. Je l'ai donc appelé sans façon. L'homme à la cotte serrée ! lui ai-je crié, venez ! j'ai à vous parler ; je suis le frère Jéhan. Il est venu d'un air assez délibéré. Ami, lui ai-je dit, bien que vous soyez l'impôt, vous

---

(1) Le treizième, le vingtième, impôts équivalant au treizième ou au vingtième des revenus ou du prix des marchandises achetées ou vendues. — L.

(2) Le franc fief était un droit payé par les roturiers qui se rendaient acquéreurs d'une terre noble ou fieffée. — L.

devez avoir un peu de conscience. Qui sait aussi bien que vous que nous ne connaissons que deux sortes d'impôts, les impôts domaniaux ou incorporés au domaine, que le roi peut lever de son autorité, et les impôts provinciaux ou nationaux, que le roi ne peut lever que du consentement des trois états de la province ou des trois états du royaume? Qui sait aussi bien que vous que les impôts territoriaux, aujourd'hui nouvellement appelés tailles, quoiqu'ils remontent au commencement de la monarchie, n'ont pas été incorporés au domaine; que l'impôt sur le sel ou la gabelle, si ancien dans les finances seigneuriales, si nouveau dans les finances royales, n'y a pas non plus été incorporé; qu'il en est de même des aides sur les boissons, sur les marchandises, de même de tout ce qui porte le nom d'aides ou subsides, car c'est la même chose, sinon le même mot! L'impôt, à mon avis, peut aller au ciel tout comme un autre; mais il me semble qu'il se fourvoie diablement du vrai chemin, tant qu'il fera la perception des subsides provinciaux ou nationaux qui n'ont pas été accordés par les trois états. Le feu roi (1), le jour de sa mort, et, depuis, le roi actuel, en l'année 1380, l'ont formellement reconnu.

Dans notre monarchie, le roi doit vivre de son domaine, qui est inaliénable (2). C'est là son naturel re-

(1) Charles V, qui, la veille même de sa mort, supprima les impôts qu'il avait établis pour soutenir la guerre contre les Anglais. — L.

(2) Le domaine formait le budget particulier des rois, leur budget féodal. Il comprenait les terres, les bois, les rentes en argent et en grains, les droits féodaux, tels que la garde des mineurs nobles, les droits de mutations, connus sous le

venu. Au commencement du siècle dernier, il n'en avait pas d'autre ; l'état s'en est conservé.

Au temps du feu roi, les recettes générales se sont, dit-on, portées à un million. Sachez, de plus, que lorsque nous avons guerre de terre ou guerre de mer, nous accordons au roi des aides de l'armée de terre ou des aides de l'armée de mer.

Mais aujourd'hui que nous sommes en paix, qui donc mange tant d'argent? ai-je crié de toutes mes forces aux oreilles de l'homme à la cotte serrée. Qui mange les emprunts que fait le roi, que font les villes? La dette publique ne cesse de s'accroître; la misère publique est à son comble; autant et mieux vaudrait décrocher du gibet de Montfaucon l'ancien conseiller des finances, Enguerrand de Marigny (1), qui ne valait pas grand'chose, ou Remi (2), son successeur, qui valait encore moins.

L'homme à la cotte serrée a pris alors une stature courte, ramassée, une figure gracieuse, mais en même temps un air animé, vif, violent, d'un petit homme sanguin et fortement constitué. Il m'a jeté

nom de quint, de requint et de rellef, la succession des bâtards, etc. — L.

(1) Enguerrand de Marigny, comte de Longueville, châtelain du Louvre, coadjuteur au gouvernement du royaume, né en Normandie, fut l'un des instruments de la politique de Philippe le Bel. A la mort de ce prince, il fut accusé de malversation, et d'avoir surchargé le peuple d'impôts. Une commission, présidée par Charles de Valois, frère de Philippe le Bel, fut instituée pour le juger, et prononça contre lui la peine de mort, sans lui permettre de se défendre ; il fut pendu en 1315 au gibet de Montfaucon. — L.

(2) Philippe Remi, ministre des finances de Charles le Bel, exécuté en 1328, comme coupable de concussion. — L.

son gant au nez en me disant : C'est moi qui suis le conseiller Enguerrand de Marigny. Et coup sur coup, se changeant en un grand vieux homme, sec, renfrogné, il m'a dit en dégantant sa main et en me portant le poing sous le nez : C'est moi qui suis Remi. Dans mon enfance, on en voulait encore plus à Remi qu'à Enguerrand. Toute l'indélébile prévention du premier âge m'a repris, toute ma jeune colère s'est rallumée ; j'ai mis la sandale à la main ; je voulais casser les dents à Remi. L'effort que j'ai fait m'a éveillé.

Il était jour : je me suis levé. J'ai trouvé sous la main une plume, une écritoire, une feuille de papier ; je n'ai eu de cesse que je l'aie remplie de mon songe et de ce qui l'avait précédé ; je l'ai pliée, je l'ai cachetée ; je vous l'envoie.

Écrit à Tours, le 13ᵉ jour de novembre.

LES MONNAIES

Notre ville a un nouveau maître des monnaies (1), fort aimable; il a passé soixante-seize ans, et c'est, je crois, parce qu'il est très-aimé; et, parce qu'il est très-aimant et qu'il est excellent ami, je crois qu'il en passera cent : mon bon et cher frère André, être aimé, aimer, grande source, plus grande source de vie. Le pays a tellement plu à ce nouveau maître des monnaies, qu'il y a déjà placé toute sa fortune. Il est maintenant un des plus grands propriétaires. Ce matin, de très-bonne heure, il a trouvé le moyen d'entrer dans le couvent; il est venu frapper à ma porte. A peine j'ai ouvert qu'il a passé son bras sous le mien, m'a dit que de gré ou de force il m'emmenait à sa campagne, et il m'a emmené. En allant et en revenant, il n'a cessé de rire et de me faire rire. Jamais je n'ai ouï, dans une seule fois, autant de contes ou

(1) Les maîtres des monnaies étaient des officiers royaux qui connaissaient de tous les faits se rapportant à la fabrication des espèces, aux baux à ferme passés avec les entrepreneurs de cette fabrication, au cours et au règlement du prix du marc d'argent, à la circulation des métaux précieux, à l'emploi de ces métaux dans l'industrie, à la police du change.
L.

d'histoires. En voici une qu'au moment de sa meilleure humeur il m'a racontée, comme pour vous !

Frère Jéhan, m'a-t-il dit, nous étions, mon lieutenant et moi, il y a dix ou douze ans, si ce n'est plus, à l'église paroissiale, la veille d'une grande fête, où un prédicateur savant et surtout hardi, comme il y en a tant au jour actuel, prêchait un sermon sur tous les états, *ad omnes status*. Quand il en fut aux monnayeurs, il s'arrête, se recueille, et, renforçant la voix, il continue ainsi : Mes frères, vous allez rire, ou plutôt ne pas me croire ; cependant rien n'est plus sûr, rien n'est plus vrai, qu'un jour qu'il ne faisait pas très-clair, mais qu'il ne faisait pas non plus très-obscur, je vis comme vous me voyez, j'entendis comme vous m'entendez, le Diable, qui, tout fin qu'il est, ne me voyait ni ne m'entendait, occupé qu'il était à peigner la crinière de son jeune fils, à lui affiler les cornes, à lui aiguiser les griffes, en même temps qu'à lui donner ses leçons. Mon féal et mon bien-amé fils, lui disait-il, tu connais le proverbe: avoir de l'esprit comme un diable. Il n'est donc pas permis à un diable d'être une bête : écoute donc, instruis-toi. D'abord, commence par savoir quel est de tous les états celui qui nous rend le plus, qui remplit le plus nos chaudières ; cet état, sache-le bien, retiens-le bien, n'est pas celui de tailleur, ni celui de meunier, ni même celui de procureur : cet état, souviens-t'en, ne l'oublie jamais, cet état est celui de monnayeur.

L'invention des monnaies rendit d'abord les échanges plus faciles, prévint les disputes, les querelles, nous porta d'abord quelque préjudice ; mais bientôt elle ne nous fit plus que du bien. Nos affaires allèrent à merveille, même dans les plus anciens temps, dans les temps des Assyriens, des Égyptiens, des Hébreux ; elles allèrent de mieux en mieux dans les temps des Juifs, des Carthaginois, des Grecs ; elles n'allèrent pas pis dans les temps des Romains : nous leur devons les monnaies fourrées. A la vérité, Charlemagne, dans la suite, nous fit grand tort en France, pays si important pour nous. Il y établit un nouveau système de monnaies. Il voulut que la livre de compte, la livre nominale, fût réellement la livre d'argent, divisée en vingt sous, divisés en douze deniers.

Ce système, qui était fort bon pour la France, c'est-à-dire fort mauvais pour nous, ne dura pas. Il ne s'était écoulé guère plus de trois siècles que la livre de poids valait déjà quatre fois la livre nominale ; car, en l'an 1144, le marc d'argent était déjà à quarante sous (1). Au commencement de ce siècle, il avait haussé jusqu'à quatre-vingts sous ou quatre livres ; mais ce n'est rien en comparaison de la hausse qu'il éprouva cinquante ans après : vers le temps de la prise du roi Jean, on le vit hausser jusqu'à cent livres et dix jours après retomber à onze livres. Il haussa encore et retomba encore. Enfin, le voilà maintenant, au moment où je te parle, sous le règne du jeune roi Charles VI, à six livres.

(1) Le changement arbitraire de la valeur du marc d'argent fut l'un des plus tristes expédients financiers de l'ancienne monarchie. Ce changement, sous le règne de Philippe le Bel, c'est-à-dire de 1285 à 1314, eut lieu vingt-deux fois pour les monnaies d'argent et cinq fois pour les monnaies d'or. Mais ce n'est pas seulement au moyen âge que les rois y ont eu recours. Louis XIV, le Régent et Louis XV ont procédé comme Philippe le Bel et le roi Jean. Au dix-septième et au dix-huitième siècle, le prix du marc a varié entre 27 livres et 120. — L.

O mon bien-amé, pendant ces prodigieuses hausses, combien et combien de bonnes aubaines pour l'enfer! Il ne cessait de nous venir des gens de la Normandie et de la Gascogne. Un soir, après souper, à l'heure des apoplexies, il nous vint un Normand que je pris pour un Gascon, tant il était maigre et décharné. Messire, me dit-il, dès que saint Pierre m'a vu, sans vouloir entendre mes raisons, il a fermé la porte; aussitôt sous mes pieds s'est ouverte la trappe, et je suis tombé tout droit ici. Certes, ajouta-t-il, ou je me trompe, ou saint Pierre est maintenant vieux ; il n'écoute personne, vous repousse de la main, ni plus ni moins que s'il y allait du sien. Quoique je n'aime pas saint Pierre, continua le Diable, la mauvaise foi de ce Normand ne laissa pas de m'irriter.

Méchant, lui dis-je, saint Pierre n'est sujet ni à la vieillesse ni aux maladies, car il est saint; mais il connaît ta vie comme moi. Tu avais emprunté en monnaie forte, tu as remboursé en monnaie faible ; tu avais prêté en monnaie faible, tu t'es fait rembourser en monnaie forte; tu as gagné, tu as volé à jointées. Tu as stipulé en marcs (1) d'argent le prix de la ferme que t'ont vendue de braves gens ; mais tu n'ignorais pas que les ordonnances annulent ces clauses, et que

---

(1) Le marc était un poids qui fut adopté en France au douzième siècle et qui servait à peser les métaux précieux et à déterminer la valeur des monnaies. Il pesait 244,75 de nos grammes pour le *marc de France*; — 260 gr. 05 pour le marc de Troyes ou de Paris ; — 240 gr. 999 pour le marc de Limoges; — 237 gr. 869 pour le marc de Tours. — On appelait monnaies parisis celles dont la valeur et le poids étaient réglés d'après le marc de Paris, et monnaies tournois celles dont le volume et le poids étaient réglés d'après le marc de Tours. — L.

cinquante marcs d'argent ne valent devant les tribunaux que vingt-cinq livres nominales payables en sous et deniers. Tu croyais tromper la justice divine comme la justice humaine ; mais tu aurais bien dû savoir que Dieu, qui a fait la pensée, doit nécessairement la voir, comme un horloger doit nécessairement voir son horloge : Dieu t'a damné à bon escient. Cela dit, je l'enfourchai et le jetai au milieu des flammes.

Réjouis-toi, mon fils, continua le Diable ; réjouis-toi ! car tu verras quelles entraves, quels embarras les hausses et les baisses du marc d'argent apportent dans le commerce, dans les transactions, dans les plus simples conventions. Malheureusement les états généraux y ont souvent porté remède, en n'accordant d'aide au roi que sous la condition qu'il ne changerait pas les monnaies ; mais, dans des moments difficiles, le roi, n'ayant pas le temps d'assembler les états généraux, se procure, moins par une nouvelle hausse de monnaies que par une nouvelle fabrication, l'argent qu'il lui faut tout de suite. Alors, voici comment il s'y prend.

Mettons qu'il ait besoin de cinq cent mille livres ; il veut, par le moyen du monnayage, lever un impôt de cette somme. Il suppose, et c'est, je crois, d'ailleurs, à peu près la vérité, qu'il y a dans le royaume environ dix millions de numéraire à six livres le marc d'argent. Eh bien ! il déclare, par une ordonnance, que toutes les monnaies existantes au jour présent, neuves ou vieilles, sont vieilles et hors de cours ; il ordonne que ceux qui les possèdent viennent les échanger aux hôtels des monnaies (1) contre

(1) Les hôtels des monnaies fabriquaient les espèces, et leurs

celles qu'il a fait fabriquer, et que celles-ci soient les seules admises dans les payements. Aussitôt tout le monde est obligé de porter son vieil argent ou son argent vieilli aux hôtels des monnaies, et de l'échanger contre le nouveau, qui a un dixième d'argent fin de moins et un dixième d'alliage de plus : c'est donc cinq cent mille francs de bénéfice pour le roi. Que si tu veux savoir quand l'alliage de l'argent a commencé, je te dirai que c'est sous le règne de Philippe I*er*, et que depuis il n'a cessé de s'accroître. Aussi verras-tu que les deniers d'argent ou les blancs, devenant de plus en plus rouges, finiront par être entièrement de cuivre.

Mon cher fils, tu es si jeune, que je n'ose charger ta mémoire de choses qui te seraient cependant fort utiles ; par exemple, je voudrais que tu apprisses comment, d'après les mandements du roi, se font les alliages. Tu sais ou tu ne sais pas, et sans doute tu ne sais pas, que *l'argent le roi* se divise, quant au titre, en douze deniers, dont onze et demi d'argent fin. Ainsi, quand tu verras dans les mandements que les nouvelles espèces seront fabriquées à huit deniers d'argent fin, cela veut dire qu'il y aura dans les nouvelles espèces huit parties moins un vingt-quatrième d'argent fin, et quatre parties plus un vingt-quatrième de

---

officiers connaissaient de tous les faits relatifs au numéraire et aux métaux précieux circulant dans le royaume. Ils furent placés d'abord sous la haute juridiction des maîtres généraux des monnaies, qui furent plus tard réunis en corps et formèrent la cour des monnaies, juridiction souveraine qui avait les mêmes attributions que les hôtels et jugeait en dernier ressort toutes les causes relatives au monnayage. Les hôtels des monnaies étaient au nombre de vingt-trois, avant la révolution. — L.

cuivre. Si le mandement ajoute que la nouvelle fabrication sera sur le pied de *monnaie vingtième*, tu ne comprendras pas cette disposition de la loi, si tu ne sais que monnaie première exprime la valeur de cinq sous du marc d'argent avec lequel on l'a fabriquée; monnaie deuxième, troisième, la valeur de dix, de quinze sous; ainsi, les espèces fabriquées sur le pied de monnaie vingtième sont des espèces fabriquées avec de l'argent dont le marc est à cent sous. Aujourd'hui que le marc d'argent est à six livres, les espèces sont fabriquées sur le pied de monnaie vingt-quatrième. Si le mandement ajoute que les nouvelles espèces seront fabriquées à cinq, à six sous au marc, cela veut dire que les monnayeurs fabriqueront soixante, soixante-douze pièces avec un marc; car le sou étant divisé en douze deniers, cinq, six sous donnent soixante, soixante-douze deniers ou pièces d'argent.

On croit rire, là-haut sur la terre, quand on dit que c'est le Diable qui a imaginé toutes ces diableries et mille autres; cependant rien n'est plus vrai : car c'est moi qui, à l'hôtel Saint-Paul, siégeant souvent au conseil du roi dans le chaperon des conseillers financiers, leur souffle aux oreilles les projets les plus diaboliques, qui sont toujours admis, applaudis.

Tu me demanderas, et je serais bien fâché que tu ne fusses pas assez intelligent pour me demander comment peut faire le roi pour se faire porter aux hôtels des monnaies toutes les espèces que son ordonnance déclare vieilles, hors de cours? Tu me demanderas, j'en suis sûr encore, si en France, ou dans les pays voisins de la France, il n'y a pas aussi d'autres fabricants de monnaies qui veulent partager avec le roi le riche bénéfice du dixième d'alliage de plus?

A la première question je te répondrai que, lorsque la rentrée des espèces déclarées vieilles, hors de cours, ne se fait pas rapidement, le roi envoie dans les maisons et partout des coupeurs, des perceurs des espèces démonétisées, pour les percer, les couper, en même temps que dans les marchés il établit des surveillants qui examinent si on paye avec les espèces légales.

A la seconde, qu'il y a en France et hors de la France de faux-monnayeurs en très-grand nombre, qui contrefont souvent, non les espèces légales, mais les espèces déclarées vieilles, fabriquées avec de l'argent d'un meilleur titre, et auxquelles l'opinion donne si généralement et si hautement la préférence, qu'alors dans les hôtels des monnaies, afin de diminuer le mal, on les contrefait aussi, pour les figures et les inscriptions, non pour le titre, car les monnayeurs du roi l'altèrent; et, ce qu'il y a de singulier, c'est que, devenus alors eux-mêmes faux-monnayeurs, ils n'en font pas moins le procès criminel aux autres faux-monnayeurs dont les alliages ne sont pas plus grands et sont quelquefois même moins grands que les leurs.

Mon fils, mon cher fils, toutes les astuces, toutes les ruses, tous les vices, tous les délits, tous les crimes, se sont répandus sur la terre, surtout par les variations des monnaies. Réjouis-toi donc! tu es venu au bon temps, car autrefois il n'en était pas ainsi.

Quand les seigneurs, à la fin de la seconde race, se firent rois de province, rois de villes, rois de villages, ils n'oublièrent pas, comme tu le penses bien, la fabrication des monnaies ; et quand ils permirent à Hugues Capet, l'un d'eux, de se faire oindre roi de France à Reims, ils ne se dessaisirent d'aucun droit de leurs royautés, encore moins de celui-là (1). Ils continuèrent à faire fabriquer les monnaies à leur coin (2) ; et comme alors la fabrication était libre, ou du moins qu'il y avait concurrence, elle était bonne. Personne alors ne se permettait, comme aujourd'hui les monnayeurs du roi, de trouver douze livres dans une livre. Mais peu à peu l'autorité royale, s'augmentant de toutes les diminutions de l'autorité seigneuriale, est demeurée maîtresse, notamment pour les monnaies ; et d'abord elle a déclaré que les seigneurs ne pourraient faire fabriquer d'espèces d'or ; ensuite qu'ils ne pourraient faire fabriquer d'espèces d'argent ; ensuite qu'ils ne pourraient faire fabriquer d'espèces de cuivre. Aux têtes comtales, épiscopales, aux visages fleuris et joufflus des moines-abbés, ont succédé les coins du roi, les moutons, les agneaux, les chaises, les trônes, les sceptres, les couronnes, entourés de tant de filets, de cordons, d'ornements tourmentés, que maintenant la plupart des espèces semblent frappées avec ma griffe (2).

(1) Nous ne croyons pas exagérer en portant à 350 environ le nombre des seigneurs, des abbés et des communes qui battaient en France monnaie à leur coin aux onzième, douzième et treizième siècles. Cette variété infinie d'espèces jetait un grand désordre dans les transactions et les rois firent une œuvre essentiellement utile en cherchant, dès le règne de Philippe-Auguste, à établir l'unité monétaire. — L.

(2) Malgré les nombreuses ordonnances promulguées pour rendre exclusif l'emploi des monnaies royales, quelques sei-

Au jour actuel, les monnaies royales ne sont guère plus en concurrence qu'avec les monnaies étrangères. L'état des changeurs ne paraît florissant qu'à ceux qui n'ont pas vu celui des anciens changeurs; il en est de même de celui des petits changeurs ou billonneurs ambulants qui parcourent les rues et les places avec leur éventaire couvert de monnaies de tous les pays, de tous les métaux. Mais celui des monnayeurs fleurit de plus en plus, au milieu de la misère publique. Leurs caves, leurs greniers, leurs magasins, regorgent, et cependant leurs bourses, leurs mains, ne se désemplissent pas. Quand donc il en descendra ici, je te les recommande.

Si tu vois venir des hommes en barrette de cuir gras, un creuset à la main, jette-les dans la chaudière des *fondeurs*, et feu! feu! et souffle, souffle, petit diable! — Si tu en vois venir qui portent une coupelle, une pierre de touche, jette-les dans la chaudière des *essayeurs*, et feu! feu! et souffle, souffle, petit diable! — Si tu en vois venir avec des limes, des cisailles, des coins, des marteaux, jette les uns dans la chaudière des *ajusteurs*, les autres dans la chaudière des *frappeurs*, et feu! feu! et souffle, souffle, petit diable! — Si tu en vois qui, après être entrés ici, cherchent à s'échapper par la porte ou par la fenêtre, ce sont les maîtres particuliers des hôtels des monnaies; ils veulent retourner sur la terre pour aller renouveler leur bail, car le roi leur afferme tous ses ateliers monétaires. Si tu en vois que tous les monnayeurs saluent, ce sont les officiers du roi, les

---

gneurs et quelques prélats frappaient encore chez nous, au dix-huitième siècle, des monnaies à leur coin. —L.

gardes des monnaies. Si tu en vois que tous les monnayeurs saluent encore plus profondément, ce sont les généraux des monnaies, les inquisiteurs des monnaies. Jette-moi tous ces pendards dans la chaudière des dignitaires, et feu! feu! plus grand feu! et souffle, souffle, souffle davantage, souffle tant que tu pourras, souffle toujours, petit diable!

Tout le monde, a ajouté le maître particulier, se couvrait avec les deux mains le visage pour cacher le rire. Mon lieutenant et moi étions honteux, nous croyions que tout le monde nous regardait. A la fin, je fis semblant d'être obligé de cacher aussi le rire ; je mis comme les autres les mains devant le visage, mon lieutenant en fit de même : nous regardâmes tout le monde ; personne ne nous regardait.

Écrit à Tours, le 24ᵉ jour d'octobre.

LES ABUS

Qu'on ne me défie pas de trouver dans quelque autre état autant d'abus que dans l'état des gens de la cour (1). Je vais parler de l'état des financiers, où il y a des abus par dizaines, par centaines, par mille, par dizaines de mille. Charles le Sage, dans son ordonnance du 6 d'avril 1374, qui tient quinze ou vingt feuilles de parchemin, a pu y nombrer à peine les principaux. Il faut entendre la voix de ce bon père couronné, de ce bon père du peuple, parlant, en quelque sorte, aux anciens et aux nouveaux abus.

Receveurs, collecteurs, et autres *financiers,* dit-il, vous ruinez, vous dévorez mon peuple. — Vous imposez les uns plus, les autres moins, suivant qu'on

---

(1) Nous avons rarement l'occasion de rectifier Monteil, mais ici nous devons, quand il parle des gens de la cour, faire une remarque. Au quatorzième siècle, la cour, dans le sens moderne du mot, n'existait pas encore. Les rois n'avaient auprès d'eux qu'un très-petit nombre d'officiers nécessaires au service de leurs personnes et de leurs maisons; les nobles vivaient à la campagne, dans les châteaux forts, et ce n'est guère que sous François Iᵉʳ qu'ils fréquentèrent les résidences royales. La cour ne date réellement que de cette époque. — L.

vcus paye (1). — Vous vous intéressez dans les fermes des aides et vous les adjugez alors pour la moitié de ce qu'elles valent. — Vous détournez à votre profit le gain que doit faire l'enchérisseur lorsqu'il se présente ensuite un surenchérisseur. — Vous écrivez souvent les quittances sur simple papier, et si on les perd, vous faites payer deux fois. — Vous gagnez sur la vente des biens saisis à ceux qui ne peuvent payer. — Vous gagnez encore plus sur la vente des meubles, des effets, des gages, donnés en nantissement. — Vous gagnez encore plus sur la cession qu'on vous fait des assignations en argent sur vos recettes. — Vous gagnez encore plus sur le vin, le blé, les denrées, les étoffes, les marchandises, que vous donnez en payement de ces assignations. — Vous grossissez les frais de vos chevauchées pour les recouvrements. — Vous grossissez les frais des transports et des convois de l'argent recouvré (2). — Vous vous entremettez, auprès des capitaines ennemis, de la rançon du pays qu'ils pourraient ravager et qu'ils ne ravagent pas, des forteresses qu'ils pourraient bâtir et qu'ils ne bâtissent pas, des forteresses qu'ils ont

(1) C'est-à-dire suivant que les contribuables vous donnent plus ou moins d'argent pour obtenir des dégrèvements. — L.

(2) A l'exception de la banque de Lyon, la France au quatorzième siècle ne possédait aucun établissement de crédit pour les *changements de place*; les envois de fonds se faisaient toujours en espèces. L'argent perçu pour le compte du gouvernement était expédié à Paris par voitures ou à dos de cheval. Le mauvais état des routes rendait les rentrées très-lentes, et c'est là un des motifs qui portèrent François 1er à créer les rentes sur l'Hôtel-de-Ville. Quand il avait besoin d'argent, il s'adressait au prévôt des marchands et aux échevins de Paris, et il en trouvait de suite. — L.

bâties et qu'ils consentent à démolir ; vous faites des avances d'argent, et ensuite vous représentez envers mon peuple l'ennemi, l'ennemi sans pitié (1).

Ensuite ce bon prince, regardant les anciens et les nouveaux abus en finance comme indignes de la miséricorde humaine, ordonne qu'il ne soit fait à cet égard ni pactisation ni composition, mais que tout soit déféré à la connaissance des juges.

C'est ce bon prince, Charles le Sage, qui appliquait aux embellissements de Vincennes les amendes contre les usuriers. Que d'abus dans les prêts d'argent depuis que les trop fameux Garés en ont donné de si pernicieux exemples ! Que d'abus ! que d'abus (2) ! Qu'il est beau, qu'il est magnifique le château de Vincennes !

Ce bon prince ignorait peut-être un abus dont au-

(1) Les abus dont parle ici Monteil ne sont point seulement particuliers au quatorzième siècle. Malgré des efforts souvent renouvelés pour y mettre un terme, on les retrouve à toutes les époques de notre histoire. Les traditions chevaleresques de la vieille société française ne la défendaient pas contre la corruption, et le mal était d'autant plus profond que les exemples venaient de plus haut. Il suffit de rappeler les concussions de Mazarin, qui amassa pendant son ministère une fortune de cent millions.—L.

(2) Il faut lire les cahiers des états généraux pour se faire une idée des désordres de notre ancienne administration. Les ordonnances royales interviennent sans cesse pour y mettre un terme, mais la plupart ne sont point exécutées. Les mêmes faits se reproduisent à la distance de plusieurs siècles, et les actes que Monteil reproche aux financiers du quatorzième siècle sont reprochés à ceux du dix-huitième. Les poëtes, comme les députés des trois ordres, ont protesté énergiquement contre les scandales de toute sorte qui déshonoraient la finance, la magistrature et l'Église, et le seigneur *abus* figure souvent parmi les personnages des *moralités* et des *sotties*. —L.

trefois j'ai été douloureusement témoin. Je quêtais, à la fin d'un mauvais hiver, dans une petite ville où, en parcourant les rues, je vis plusieurs habitants qui entraient dans leur maison par la fenêtre ; j'en vis d'autres qui sortaient aussi par la fenêtre, et qui, ensuite, emportaient sous le bras l'échelle comme si c'était la clef : la porte était bouchée par une maçonnerie sur laquelle on avait mis une croix. Je n'étais pas peu étonné. Mon frère, me dirent ceux qui passaient, vous connaissez le vieux proverbe : il faut passer par la porte ou par la fenêtre (1); quand, dans notre ville, on ne paye pas les tailles, il faut passer par la fenêtre.

(1) L'usage d'enlever les portes et les fenêtres pour cause de non-payement des impôts, a été emprunté à la féodalité ; mais les agents du fisc royal ont singulièrement enchéri sur les sergents des seigneurs. Ils ont démoli les maisons des contribuables insolvables pour en vendre les matériaux ; ces exécutions avaient encore lieu au dix-septième siècle. — L.

LES ÉCONOMIES D'ÉTAT (1)

Je lis quelquefois vos lettres au commandeur ; je lui fais toujours plaisir. Vous vous plaignez des prodigalités des gens de cour ; il trouve que vous avez raison ; mais ce n'est pas, comme vous le croyez, qu'on manque de règlements. Le commandeur m'a dit qu'il en existait un grand nombre et de très-sévères sur les dépenses en argent ou en denrées, sur les livrées du pain, du vin, des habits, sur toutes sortes de livrées ; il m'a cité entre autres celui qui regarde le chancelier de France. Un des articles porte qu'on doit lui fournir toute la cire nécessaire à son

(1) Monteil fait ici allusion aux nombreuses ordonnances promulguées sous l'ancienne monarchie pour les dépenses de la couronne ; tout y est réglé dans le plus grand détail, mais les choses n'en allaient pas mieux. Saint Louis, Philippe le Long, Charles V, Louis XI, Henri IV, grâce à Sully, renfermèrent dans de justes bornes les dépenses de leurs maisons : la plupart des autres rois jetèrent l'argent à pleines mains, « comme s'il eût été apporté par les eaux de la mer », dit un vieil historien. Quand les revenus du domaine ne suffisaient pas, on prélevait de lourds suppléments sur les impôts publics ; mais il convient aussi d'ajouter que lorsque ces impôts ne couvraient point les dépenses de l'État, les rois n'hésitaient jamais à combler les déficits avec les revenus de leur domaine. C'est là un fait dont on a trop souvent oublié de leur tenir compte. Ils ont mis vingt fois en gage leur argenterie et les bijoux des reines et des princesses pour payer leurs soldats.

— L.

éclairage ; mais, ajoute l'article, « le lendemain le chancelier en rendra les tronchons. » C'est trop minutieux, et il me paraît bien difficile, mon cher frère André, que le chancelier, quel qu'il soit, n'ait à la fin de l'année sur la conscience quelques bouts de chandelle.

Écrit au château de Montbason, le 8° jour d'août.

LES QUATRE CAS (1)

L'annonce du mariage de mademoiselle de Montbason a été publiée dans tous les carrefours des villages. Je m'attendais à des réjouissances, à des transports de joie ; il a régné une consternation générale. Cette demoiselle, toute jeune, toute belle, toute bonne, toute douce, toute gracieuse, s'est montrée au

(1) Voir sur la taille aux quatre cas ce qui a été dit dans l'introduction, page 19. L'obligation de payer ces diverses tailles est encore mentionnée dans quelques aveux du dix-septième et même du dix-huitième siècle ; mais ce n'était là qu'une affaire de forme. Les populations s'en étaient rachetées depuis longtemps déjà ; bon nombre de seigneurs les en avaient aussi dispensées de leur propre mouvement ; mais le vieil impôt féodal, en disparaissant de la seigneurie, s'était transformé en impôt d'État. Lorsque les dots en argent des princesses de la famille régnante eurent remplacé les dots territoriales, les rois levèrent des subsides particuliers pour réunir le capital de ces dots, et ils firent en outre payer, à leurs sujets, les *aides de mariage*, sous le nom de *ceinture de la reine*. — L.

peuple ; la consternation a redoublé. J'en ai témoigné ma surprise à l'aumônier, qui m'a dit que, suivant les coutumes, les habitants d'une terre payaient à leur seigneur la taille double dans quatre cas : le premier, lorsqu'il marie sa fille aînée ; le second, lorsqu'il est armé chevalier ; le troisième, lorsqu'il est pris par les ennemis ; le quatrième, lorsqu'il part pour la Terre-Sainte. Les villageois détestent toujours le premier cas ; ils détestent un peu moins le second, parce qu'il suppose le courage dans le seigneur chargé de les protéger ; dans le troisième, ils payent volontiers lorsque le seigneur a été pris en défendant leurs villages, leurs champs, ou en ravageant à leur tête ceux des autres ; ils payent plus volontiers encore dans le quatrième, lorsque le seigneur va faire la guerre aux infidèles.

La demoiselle de Montbason n'a pas voulu que son mariage fût un cas de désolation ; elle s'est jetée aux genoux et au cou de son père, en lui demandant la remise de ses droits. Il est des circonstances où l'on ne refuse rien ; son père lui a accordé sa demande. Aussitôt des cris de joie ont éclaté de toutes parts ; les réjouissances ont commencé ; les chants et les musettes se sont fait entendre ; je les entends encore.

Écrit au château de Montbason, le 4ᵉ jour de mars.

QUATORZIÈME SIÈCLE

PIÈCES HISTORIQUES

Nous l'avons déjà dit dans les volumes consacrés à l'industrie et aux gens de métier: la meilleure leçon d'histoire est celle que nous donnent les textes mêmes. Nous avons donc ajouté au travail de Monteil quelques textes qui nous ont paru propres à l'éclairer et à le compléter.

Nous avons donné d'abord un compte du domaine, recettes et dépenses, sous Philippe le Bel, plus le tableau des impôts extraordinaires levés sous le règne de ce prince qui a inauguré le système moderne. A côté du budget de l'État nous avons placé le budget d'une commune au quatorzième siècle.

CH. LOUANDRE.

COMPTE DU DOMAINE SOUS PHILIPPE LE BEL.

1° RECEPTES.

« Toutes manières de dettes en un chapitre; — domaines fieffés; — domaines non fieffés; — seaus et escritures; — gardes; — reléez (reliefs), treizièmes et choses gaignées (épaves), forfaitures; — amendes et exploits (reçus) par le bailli et par les vicomtes; — amendes d'eschiquier; — amendes de parlement; — ventes de bois; — exploiz d'iceuls; — herberges d'iceuls; — tiers et dangers des bois; — communes recettes de choses qui ne doivent estre mises entre les tittres dessus nommés.

2° DÉPENCE.

« Fiefs et aumosnes, et rentes données à l'héritage; — rentes deues à vie et à volenté; — gaiges de baillis, de vicomtes, de sergents, advocats et autres officiers; — dismes deues pour prévôtés, pour bois, terres et rentes; — vivres des hoirs estanz en la garde du roi et douaires; — euvrez, dons, quittances et successions; — deniers baillés à commissaires et autres personnes qui seront tenus de compter et de montrer comment ils sont deppendus (dépensés); — terres achetées en payement de debtes deues au roy; — deniers payés pour le roi acquitter de debtes;

— despens communs, c'est à savoir plait d'église, menages envoyez, justice faite, pain de prisonniers, malfaiteurs querre et pendre et autres menuz despenz touz ensemble. »

Le montant des recettes comprises dans le compte ci-dessus, peut être évalué à 15 millions environ.

IMPÔTS EXTRAORDINAIRES SOUS PHILIPPE LE BEL.

		Liv.
1205.	Impôts sur les riches bourgeois des bonnes villes............	630,000
	Impôts sur le parlement et divers officiers royaux............	50,000
	Prêts et dons en raison de la maltôte....................	60,000
	Centième................	315,000
	Cinquantième de Champagne....	25,000
	Impôts sur le Languedoc et les Juifs...................	215,000
	Monnaies................	60,000
	Taille sur les Lombards........	65,000
	Denier de la livre payé par les Lombards...............	16,000
1296.	Cinquantième.............	363,000
1297.	Id.	565,000
1302.	Id.	565,000
1303.	Id.	565,000
1304.	Id.	565,000
1314.	Id.	300,000
	Contributions de guerre payées par les Flamands...........	604,000
	Décimes ecclésiastiques........	5,460,000
	Total.....	10,625,000

Ces dix millions de livres représentent au pouvoir actuel de l'argent environ 955,000,000. Mais le tableau ci-dessus ne donne pas toutes les recettes. On ignore le produit des impôts levés pour la guerre d'Aragon, de l'aide pour le mariage d'Isabelle et la chevalerie de Louis X, de l'altération des monnaies postérieurement à 1296, etc., et ce n'est pas forcer les chiffres que de porter à 1,100 millions le total des impôts levés par Philippe le Bel de 1285 à 1314 (voir M. Boutaric, *La France sous Philippe le Bel*, 1861, 1 vol. in-8°, p. 342 et suiv.).

Il n'est pas sans intérêt de faire connaître, à côté des budgets de l'État, les budgets des villes. Les extraits suivants, empruntés au quatrième volume des *Documents inédits de l'histoire du Tiers-État*, montreront ce qu'était, au quatorzième siècle, l'organisation financière et la comptabilité d'une grande commune. Les documents de cette nature sont fort rares, et celui que nous reproduisons ici est l'un des plus anciens, et peut-être le plus ancien qui soit connu.

RECETTES ET DÉPENSES
DE LA COMMUNE D'ABBEVILLE EN 1365.

I. — RECETTES.

Les RECETTES comprennent :
1° Le revenu des fermes, c'est-à-dire les droits d'octroi perçus à l'entrée de chacune des quatre portes de la ville; — divers autres droits sur le me-

surage des grains et du sel, sur les étaux et les poids et mesures; — certains péages à l'intérieur de la ville, la pêche de la Somme et des fossés de la ville, le produit de la coupe des bois d'Abbeville, l'impôt sur les *bouques des cheliers*, c'est-à-dire sur les ouvertures des caves donnant du côté des rues, et les droits prélevés sur les métiers;

2° Les revenus des *boîtes de l'escurrie et de a tannerie*, c'est-à-dire les droits de marque des draps écrus et des cuirs;

3° Les cens appartenant à la ville à titre patrimonial et les cens appartenant aux aumônes, c'est-à-dire ceux qui avaient été légués à la commune pour être distribués aux pauvres;

4° Les revenus d'un hôpital fondé par un bourgeois, nommé Jean le Sellier;

5° Les droits levés sur les marchands d'argent ou changeurs;

6° Le montant des sommes payées pour l'acquisition de la bourgeoisie.

Primes, de Jehan de Sorel, pour le dite bourgueserie par li acatée le IV° jour de septembre mil trois cent soixante chinq.. 14 s.
De Colin de Liaue, pour le dite cause, le V° jour de novembre ensuivant............................... 14 s.
De Drouet Fustel, pour le dite cause, le V° jour de janvier ensuivant.................................. 14 s.
De Jehan le Forestier, pour le dite cause........ 14 s.
De Engueran Grégoire............................ 7 s. 6 d.
De Jehan Salumon................................ 7 s. 6 d.
De Jean Bonnart................................. 14 s.
De Jehan le Vasquier, né d'Amiens, pour le dite cause..
De Allame Belin................................. 10 s.
De Fouquet le Sueur............................. 14 s.

On voit par ce compte ce qu'il en coûtait au quatorzième siècle pour jouir des droits civils et politiques attachés au titre de bourgeois. Les villes comme les rois avaient fait une marchandise de la liberté civile et politique.

7° Les amendes.

Ce chapitre comprend les amendes pour faits de police, ainsi que celles qui étaient prononcées pour contravention aux règlements sur la draperie. Voici quelques-unes des amendes de police :

De Laurens le Tondeur, pour ce qu'il avoit dist plusieurs injures à Mabille Boussarde............ 14 s.
De Cugniet le Bas, pour che qu'il féry de main warnie Jehan Petit................................. 14 s.
Du dit Jehan Petit, pour che qu'il féry le dit Jehan Cugniet.................................... 14 s.
De Hue Waron, pour sa femme qui avoit dist plusieurs injures à Jehanne la Merchière......... 12 s.
De Jehan Malgret, pour che qu'il s'estoit courchié à se voisine................................... 14 s.
De Guillet Gorin, pour ce qu'il avoist dist plusieurs injures à Tieffaigne Tiessarde............ 12 s. 6 d.
De Jehan le Grand, de Long, pour Jehan Bonnet qui avoit féru un vallet en sa maison............ 14 s.
De Jehan de Hamelle, pour che qu'il avoit féru Jehan Coffin................................... 10 s.
De Denis de Bach, pour che qu'il batit et flst sang à une mesquine qui estoit se voisine........ 10 s.
De Pierre du Pont de Remy, pour le femme Thumas d'Estepples, qui avoit dist plusieurs injures à le femme Bisseblé............................ 14 s.
De Coan Duny, pour le vallet Frenin Broussard. 10 s.
De Adrien d'Avesnes, pour che qu'il s'estoit courchié à un autre personne................... 20 s.
De Colart le Caron, de Rouvroy, pour Regnault

Godart et ses enffans, qui avoient battu Witase le Sellier... 40 s.
De Jehan Chaville, pour che qu'il avoit fait sang à son vallet...................................... 10 s.
De Pierre Gousse, pour Savary, son vallet, pour ce qu'il avoit féru Pierre de Saint Vallery........ 10 s.
De Jehan Delattre, tisserand, Ernoul de Boiemont, pour leurs deux vallets, qui s'estoient courchiés li uns à l'autre.. 20 s.

8° Les impôts sur les boissons.

Ce chapitre était l'une des sources les plus abondantes des revenus de la ville. La somme totale des recettes s'élevait à 8,767 livres, soit au pouvoir actuel de l'argent 420,736 francs, ce qui était considérable pour une ville qui ne devait pas compter plus de 20,000 habitants.

II. — Dépenses.

Le budget des dépenses est dressé d'après le même système que celui des recettes ; dans la première partie figurent ce qu'on appellerait aujourd'hui les frais d'administration municipale, comprenant entre autres :

Les dépenses de bouche des officiers municipaux ;

Les sommes payées aux personnes chargées de défendre les droits et les intérêts de la ville, c'est-à-dire sans doute les hommes de loi à qui la commune confiait ses affaires contentieuses, et les délégués qui la représentaient auprès des rois ou des grands pouvoirs politiques et judiciaires ;

Les dépenses pour présents de vin ;

Les traitements des conseillers pensionnaires, des sergents à verge et de la vingtaine, des deux gardes du bois d'Abbeville, des gardes des draps écrus, du waite ou guetteur de nuit, du pendeur, c'est-à-dire de l'individu chargé d'accrocher les draps aux perches sur lesquelles on plaçait les étoffes pour les visiter, des argentiers et de leurs clercs.

La seconde partie du budget des dépenses comprend plus particulièrement l'énumération des sommes payées pour les fournitures de pierre, de bois, de chaux et de sable, et la main d'œuvre de divers travaux d'utilité publique, exécutés soit à l'intérieur de la ville, soit aux fortifications.

Les dépenses s'élèvent à 8,400 l. 12 s. 10 d., soit au pouvoir actuel de l'argent 403,200 francs

---

A propos du budget dont nous venons de parler, nous ferons remarquer que les villes du moyen âge jouissaient de revenus relativement plus considérables que ceux qu'elles perçoivent aujourd'hui. La plupart d'entre elles possédaient des biens patrimoniaux qu'elles ont été forcées d'aliéner aux seizième et dix-septième siècles, pour faire face aux impôts d'État, ou qui ont été aliénés par ceux mêmes qui étaient chargés de veiller à leur conservation. Lorsqu'elles étaient investies par leurs chartes de commune de la haute, moyenne et basse justice, elles touchaient des amendes dont les profits sont passés peu à peu au trésor public par suite de l'établissement des justices royales; elles recueillaient aussi de la police des métiers d'importants bénéfices; mais, d'autre part, elles avaient à pourvoir à des dépenses militaires qui ne sont plus aujourd'hui à leur charge.

Nous devons ajouter que l'administration financière des villes laissait beaucoup à désirer sous le rapport de l'ordre et de la probité. Saint Louis avait déjà reconnu au treizième siècle les abus auxquels elle donnait trop souvent lieu. Il avait imposé aux magistrats municipaux l'obligation de venir tous les ans à Paris rendre leurs comptes, mais cette sage mesure ne fut que très-imparfaitement appliquée. Les villes ne voulaient point reconnaître aux officiers royaux le droit de les contrôler ; on y envoyait alors des commissaires inspecteurs qui remplaçaient momentanément les fonctionnaires municipaux, et qui mettaient au besoin la commune sous la main du roi, ce qui veut dire qu'ils la faisaient administrer par des commissaires nommés d'office ; quelquefois même la commune était abolie. Les faits de ce genre sont nombreux, non-seulement au moyen âge, mais même dans les temps modernes. Les villes s'endettaient comme l'État, elles créaient comme lui des emprunts par voie d'émission des rentes, et il fallut de grands efforts de la part de Colbert pour mettre de l'ordre dans leurs finances. L.

QUINZIÈME SIÈCLE

LES AGENTS DU FISC

ARGUMENT

Les premières années du quinzième siècle furent marquées par les plus cruels désastres. L'invasion étrangère, les troubles intérieurs, la folie de Charles VI favorisèrent les dilapidations des finances, et quand les délégués de l'Université se réunirent à l'hôtel Saint-Paul, en 1412, en assemblée politique, ils accusèrent dans les termes les plus sévères les officiers royaux de voler à pleines mains. Les Anglais, qui occupaient la plus grande partie du royaume, touchaient les revenus publics, établissaient des douanes aux frontières des provinces dont ils s'étaient emparés, et Charles VII, en montant sur le trône, se trouva réduit aux dernières extrémités. Jeanne d'Arc et le patriotisme de la nation lui rendirent une partie de son royaume, et, pour en achever la conquête, il comprit la nécessité d'organiser une force militaire permanente.

En 1439, il demanda aux états généraux de voter une taille perpétuelle pour l'entretien des *compagnies d'ordonnance*, qui se recrutaient d'hommes choisis, tenaient en temps de paix garnison dans les villes où elles s'exerçaient au métier des armes et marchaient en temps de guerre sous le commandement d'officiers habiles, indistinctement choisis parmi les nobles et les roturiers. Les états lui accordèrent une taille de douze cent mille livres à la condition formelle que le produit de cette taille serait exclusivement appliqué à des dépenses militaires, et que le chiffre n'en pourrait être augmenté que du consentement des députés des trois ordres; mais les rois n'avaient point pour habitude de se conformer aux vœux des représentants du pays. Charles VII, dans les dernières années de son règne, avait porté d'office la taille annuelle à 1,800,000 livres, ce qui fit dire à Comines qu'en agissant ainsi de sa pleine et entière autorité, « il avait fort chargé son âme et celle de ses successeurs. » Ceux-ci, en effet, suivirent son exemple, et ne se firent aucun scrupule d'imposer arbitrairement leurs sujets. Les états généraux ne furent plus appelés que de loin en loin à voter des subsides. Le droit public, qui voulait que la nation ne payât que les contributions qu'elle avait librement octroyées, fit place au pouvoir absolu, et l'administration des finances fut livrée tout entière à la discrétion du roi.

Cette administration est encore au quinzième siècle bien confuse et bien enchevêtrée; elle subit de continuels remaniements, et il est difficile de donner la statistique exacte de son personnel. Voici cependant ce que paraît avoir été ce personnel :

Au sommet, *l'argentier* du roi, qui tantôt est le banquier de la couronne, comme Jacques Cœur, et tantôt en est le ministre.

Immédiatement au-dessous de l'argentier, les *généraux des finances* et les *généraux des aides* qui administrent les impôts directs et indirects. On les appellerait aujourd'hui *directeurs;* ils avaient des attributions juridiques et formaient, comme juges, la *cour des aides*.

Les *trésoriers généraux;* on les appellerait aujourd'hui *trésoriers-payeurs généraux*.

Les *commissaires enquêteurs et réformateurs;* on les appellerait aujourd'hui *inspecteurs généraux.*

Les *officiers des traites,* les *officiers des greniers à sel* ou *gabeleurs;* on les appellerait aujourd'hui *chefs du service, actif des douanes et des contributions indirectes.*

Les *généraux des monnaies* et les *maîtres des monnaies* qui connaissaient de tout ce qui avait trait aux espèces, à l'emploi et à la circulation des métaux précieux.

Les *élus* et les *officiers* chargés de l'assiette des impôts directs, personnels et fonciers; on les appellerait aujourd'hui *répartiteurs;* mais, de plus que nos répartiteurs, les *élus* jugeaient au contentieux et au criminel, dans les affaires où des questions d'impôts étaient en jeu.

Les *collecteurs,* qui répondent à nos percepteurs.

Les *péagers,* qui percevaient les droits de circulation sur les routes et les rivières.

Les *sergents,* les *archers,* les *garnisaires* et les *huissiers de la Chambre des comptes,* qui formaient comme une sorte de gendarmerie du fisc.

Au-dessus de tous ces agents, et même au-dessus de l'argentier du roi, était placée la *Chambre des comptes,* qui vérifiait toutes les pièces de comptabilité, recettes ou dépenses, comme notre Cour des comptes actuelle, et rendait des arrêts au contentieux et au criminel.

On voit par ces détails que, dans la plupart des services, les agents de l'État étaient à la fois des gens de finance et de justice; ce fut là un des plus graves abus de l'ancien régime, car les tribunaux administratifs n'étaient que des tribunaux d'exception, dont les membres étaient juges dans leurs propres causes. — L.

QUINZIÈME SIÈCLE

LES AGENTS DU FISC (¹)

Ce soir, l'affluence des gens de tous les états était extraordinaire. On attendait le financier ; on était impatient de voir comment il prouverait qu'il était le plus malheureux. Enfin il a paru, et, tenant dans ses mains son escarcelle, qu'il ne cessait d'aplatir, il a dit : Tout le monde est persuadé que les grands, qui font fouetter, essoriller, pendre, ne sont jamais des voleurs, et que les *argentiers*, les *changeurs*, les *percepteurs*, les *collecteurs*, les *receveurs*, les *généraux*, les *élus*, enfin tous ceux qui perçoivent ou régissent les impôts, sont moins délicats, moins honnêtes, moins sévères que les hommes des autres états. La vérité est toutefois que dans les autres états il y a beaucoup d'accusés et beaucoup de condamnés, tandis que dans celui de financier, s'il y a aussi beaucoup

---

(1) Au quinzième siècle, le denier équivaut à 0 fr. 13 c. 12/29
    —   le sou   —   à 1 fr. 63 c. 67/100
    —   la livre   —   à 32 fr. 53 c. 37/100

L.

d'accusés, il y a peu de condamnés ; et encore, parmi les condamnés tous ne sont pas coupables. Les voûtes de l'église des Célestins de Marcoussi retentissent jour et nuit des louanges chantées en l'honneur du malheureux trésorier de *Montagu* (1), que ses ennemis firent décapiter aux halles. Il ne lui servit de rien d'être innocent, même d'être noble, même d'être clerc. Et ce pauvre *Jacques Cœur* (2), argentier du roi, aux héritiers duquel on vient de restituer ses biens, ne l'avons-nous pas vu en robe noire, à genoux, une torche à la main, demander pardon à Dieu, au roi et à la justice ? Qu'avait-il fait ? Parce qu'il était riche, il fut condamné. Cependant il est certain que ses richesses, tout immenses qu'elles étaient, n'avaient pas été tirées des coffres de l'État, mais qu'elles venaient de son commerce, et peut-être en partie de la

(1) Montagu, qu'on appelle aussi Montaguo, était grand maître de la maison du roi Charles VI et surintendant des finances. Accusé, sans preuves suffisantes, de concussion et d'abus de pouvoir, il fut condamné à mort, et, le 14 octobre 1409, il eut la tête tranchée devant la halle de Paris. Après l'exécution, son corps fut suspendu au gibet, avec le costume qu'il portait en allant au supplice, c'est-à-dire avec une houppelande, des chausses mi-partie rouge et blanc et des éperons dorés. On peut se figurer quel étrange spectacle pouvait présenter un cadavre sans tête dans un pareil accoutrement. — L.

(2) Nous avons déjà donné une note sur Jacques Cœur dans l'*Histoire de l'Industrie*, II, p. 197 ; nous en parlons encore plus loin à l'occasion des compagnies commerciales, et nous nous bornerons à rappeler ici la date de sa naissance, 1400, et la date de sa mort, 1456, en renvoyant au curieux livre de M. Pierre Clément, *Jacques Cœur et Charles VII*. On trouvera dans ce livre une étude complète sur la vie de l'un des hommes qui ont le plus utilement servi la France, et qui pour prix de ses services n'a trouvé qu'ingratitude et persécution. — L.

science de son chapelain, qui avait trouvé le secret de faire de l'or, ainsi que bien des gens plus fins et mieux instruits que les autres l'ont soutenu dans le temps.

Mais, en France, jamais on ne se guérira de la manie de se plaindre des financiers. Si les favoris dilapident le trésor: les financiers! S'il survient des guerres, des désastres: les financiers! Une haine universelle nous poursuit, et j'en ai ressenti particulièrement les atteintes à l'époque de mon mariage.

Je ne sais si je suis dans l'erreur, et s'il me faudra encore pour cela entrer aussi en contestation; mais je crois que, lorsqu'on prend une femme, il faut la prendre à son gré. J'ai toujours aimé les personnes blanches et douces; telle était la petite Mellon. J'allai en faire la demande à son père. Mon ami me répondit-il, vous êtes financier, vous ne pouvez être mon gendre. — Eh! pourquoi donc? Quel mal vous ont donc fait les financiers? — Dans tous les temps ils nous ont foulés, pressurés sous le poids des impôts, pour tirer du fond de nos poches jusqu'au dernier écu. — Dites-le, maître Mellon: vous êtes comme bien d'autres, vous ne voulez pas d'impôts? — Du moins, je n'en veux que de justes, et certes, ils ne le sont pas lorsque la levée en est faite sans aucun droit. En même temps il se met à déclamer, à crier jusqu'à ce que l'haleine lui manque. Suivant lui, il n'y avait que les trois états assemblés qui eussent le droit d'établir des impôts. Oui autrefois, lui répondis-je, et je lui citai les nouvelles ordonnances où les impôts étaient établis par la pleine puissance royale. Il me dit que c'était contre les maximes fondamentales du royaume. Nous devons, ajouta-t-il, être gouvernés d'après ces maximes, qui veulent aussi que le roi et sa maison, c'est-à-dire sa cour, ne vivent que du domaine (1). L'argent de la nation ne doit payer que les dépenses nationales, l'armée de terre, l'armée de mer, la justice, la police : c'est tout. Je voulais parler, il me fermait la bouche. Qu'est-devenu, me disait-il, le temps où Charles VII, roi de France, et Henri V, roi d'Angleterre, qui voulait aussi être roi de France, luttaient à qui lèverait le moins d'impôts, chacun dans la partie de la France qu'il occupait? Mellon avait été aux états de Tours, en 1483 ; il avait assisté à toutes les séances. Il avait entendu Jehan de Rely, Jehan Masselin, Philippe Pot (2). Ne me parlez pas

(1) Jusqu'au treizième siècle, les rois, en dehors des redevances féodales, ne levaient que des impôts librement consentis et payés à titre d'octroi volontaire. Le principe de l'impôt forcé paraît sous Philippe le Bel; il est d'abord appliqué avec réserve, et les rois, tout en y recourant, reconnaissent encore à la nation le libre exercice de ses droits; mais au fur et à mesure que le pouvoir monarchique grandit et se fortifie, la couronne tend de plus en plus à se réserver pour elle-même le droit d'imposer. De 1303 à 1614, les états généraux, sont appelés dans les moments de crise à voter des subsides extraordinaires; mais le gouvernement n'en établit pas moins, sans leur concours, et dans l'intervalle de leurs sessions, une foule d'impositions très-onéreuses. A partir de 1614, les états généraux ne sont plus convoqués. Le droit d'imposer est exercé par la couronne avec une pleine et entière autorité, et quelques pays d'états conservent seuls le droit de consentir l'impôt. — L.

(2) Ces trois noms sont ceux des orateurs les plus importants des états de 1484. Masselin a laissé un journal de ces états, qui a été publié dans la *Collection des documents inédits*. Les principales maximes soutenues par Rely, Masselin et Philippe Pot sont celles-ci : L'État est la chose du peuple. La souveraineté n'appartient pas aux rois, qui n'existent que par

des gens qui ont été aux états généraux. C'est un des grands malheurs des financiers que d'être obligés de disputer avec ces gens-là, surtout quand ils sont avocats, et Mellon était un des meilleurs, en d'autres mots un des plus obstinés avocats du bailliage.

Un jour il disputa avec un de ses confrères sur les lois. Là il était possible qu'il raisonnât bien ; mais il disputa si longtemps et si fort qu'il gagna une péripneumonie. Il voulut disputer contre le médecin ; mais le médecin vous le fit si bien purger, si bien saigner, qu'il se tut sans réplique.

⁂

La tutelle de sa fille fut déférée à son frère. J'allai lui faire ma visite. Vous venez, me dit-il, aussitôt qu'il me vit entrer, me demander ma nièce. Ah ! je ne suis pas prêt à vous l'accorder. Vous êtes un des agents de la levée des impôts, dont, suivant moi, la nature est vicieuse et la répartition injuste. Cependant, ajouta-t-il, asseyez-vous et voyons un peu. Je ne demande pas mieux que d'avoir tort ; je ne me crois pas obligé d'hériter des sentiments de feu mon frère. Moi je vous aime et je vous dirai que ma nièce ne vous hait pas.

Je pris un siége et lui parlai ainsi : Vous saurez d'abord, si vous ne le savez, que les finances sont

le peuple. Ceux qui tiennent le pouvoir sans le consentement du peuple sont usurpateurs ; les états généraux sont les dépositaires de la volonté commune. Un fait ne prend force de loi que par la volonté des états ; rien n'est sacré sans leur aveu.

L.

divisées en finances ordinaires et en finances extraordinaires. Les finances ordinaires sont les revenus du domaine, les revenus des biens-fonds, des biens féodaux et de certains droits ou subsides, comme les épaves, les confiscations, le monnayage ; enfin les revenus immuables de la couronne. Les finances ordinaires ne peuvent être un objet de discussion.

Les finances extraordinaires ou impôts non incorporés consistent en subsides territoriaux, en tailles ; en subsides non territoriaux, en subsides sur le sel ou gabelles, en subsides sur les boissons et sur un petit nombre de marchandises, en aides. C'est sans doute sur les finances extraordinaires que vous entendez établir la discussion. Examinons, examinons tant qu'il vous plaira. Mais, si vous le voulez, je vais vous mettre à même de bien voir, de bien examiner.

Je vais vous amener au conseil du roi, qui se tient, non comme autrefois au grenier, *ad Galatas*, mais bien dans une des belles salles peintes et dorées du château de Blois ou d'Amboise. J'y ai été. Écoutez-moi, et ce sera aussi tout comme si vous y aviez été.

Le roi veut imposer quatre, cinq millions : car, même en tenant compte de la hausse du marc d'argent, qui est à douze livres, il a maintenant trois fois autant de revenu que vers le milieu du dernier siècle (1),

---

(1) J'estime que la somme totale des subsides, pendant les vingt dernières années du quinzième siècle, était, terme moyen, de quatre à cinq millions. Commines, liv. v, ch. 18, de l'édition de Godefroy, porte les tailles levées par Louis XI à cinq

où le marc d'argent était à six livres, et où toutes les recettes ne s'élevaient qu'à sept cent mille livres. Il met en délibération quelle sera la quotité des subsides territoriaux, c'est-à-dire des tailles ; quelle sera la quotité des subsides non territoriaux, c'est-à-dire des gabelles et des aides. Un conseil du quatorzième siècle dirait : Le tiers en impôts territoriaux, les deux tiers en impôts non territoriaux.

millions, sans y comprendre les autres impôts, qui, à la vérité, n'étaient pas très-considérables. Dans un rapport sur l'histoire des finances, fait à Henri III, manuscrit du temps, que je possède, on lit : « Le total des deniers revenuz bons et entrés tant au trésor du roy à cause de son domaine que receptes generalles des finances des generallitez d'outre Seyne, Yone, Normandie, Languedoc, Picardie et Dauphiné, à cause des aydes, gabelles, tailles et autres deniers levez pour le faict de la guerre par le deffunct roy Charles VIII, en l'année 1497 qu'il decedda, non compris les generallitez de Bourgogne, de Provence, comme aussi outre les gaiges d'officiers et autres charges ordinaires acquittées par les receveurs particuliers, monte à 3,461,019 l. 5 s. 6 d... » Sully, dans le dernier chapitre de ses *Mémoires*, édition de 1663, dit que sous Louis XI les tailles étaient de près de cinq millions, et sous Charles VIII de près de six millions. On ne doit pas perdre de vue que, dans les années intermédiaires, les tailles furent plusieurs fois baissées jusqu'à deux millions; voyez Commines, à l'endroit ci-dessus cité. On ne doit pas perdre de vue non plus que Louis XII, qui régna à la fin de ce siècle, diminua aussi beaucoup les tailles. Il est difficile d'établir la quotité des contributions territoriales au quinzième siècle, plus difficile d'établir celles des contributions non territoriales. Cependant, d'après toutes mes recherches, que je ne mets point sous les yeux du lecteur, crainte de rendre trop longue cette note, je crois que les aides, gabelles et autres impôts de ce genre s'élevaient au tiers des subsides.

Un conseil du quinzième siècle, qui ne veut plus tourmenter la vie du peuple par une continuelle perception d'innombrables aides, variées suivant la meurtrière ou sotte science de ces temps-là, dira : Deux tiers en impôts territoriaux et un tiers en impôts non territoriaux, et le roi, qui est un roi du quinzième siècle, ordonnera de sa puissance, aujourd'hui vraiment pleine, de son autorité aujourd'hui vraiment royale, qu'il en soit ainsi.

Trois ou quatre millions de tailles vont donc être imposés, et ce n'est pas trop ; car, si les tailles, sous Charles VII, qui les a rendues permanentes, étaient suffisantes à dix-huit cent mille livres, on a été forcé de les porter sous Louis XI et sous Charles VIII à plus de cinq millions. Il s'agit maintenant de faire la répartition, non par diocèses, d'après l'ancienne division ecclésiastique, mais, d'après la nouvelle division financière, par élections. Les conseillers généraux des finances, qui ont alors l'honneur d'approcher de plus près de la personne du roi, ont déployé devant eux les papiers des feux du royaume qui en contiennent les derniers dénombrements, suivant la déclaration des commissaires enquêteurs de chaque paroisse(1). C'est sur cette belle et sûre base qu'ils font

---

(1) « A tous ceulx qui ces présentes lettres verront, Guillaume Boudin, garde du scel des obligations de la vicomté d'Harcourt, Ellebeuf, salut : sçavoir faisons que pardevant Johan Yus, tabellion juré de Brionne ; item Guillaume Lenfant de la paroisse d'Auton... lesqueux dirent et rapportèrent de bonne foi que par le commandement de Jehannin Ogier, sergent audict lieu... ils s'étoient enquis chascun en droit soi et en chascune desdictes paroisses combien il y avoit de feux

4

hardiment la répartition. Le roi l'adopte, ou il la corrige, s'il en sait plus qu'eux, et il signe, pour chaque élection, l'ordonnance de la taille qu'elle doit payer. Le conseil se sépare.

La taille départie à chaque élection est aussitôt répartie entre les paroisses par les élus, et la taille départie à chaque paroisse est aussitôt répartie entre les habitants par les collecteurs, les asséeurs, les tailleurs ou commissaires aux tailles, sur un papier d'assiette que souvent deux notaires signent, que les élus vérifient, arrêtent. Aussitôt le rôle, qui est ordinairement écrit sur un long ruban de parchemin, est rendu exécutoire, et le mouvement de la levée de l'impôt commence.

⁂

Maître Mellon, ajoutai-je alors, mettez-vous maintenant en colère pour deux, pour vous et pour feu votre frère ; criez comme lui à ne vouloir rien entendre sur les priviléges. Mais, ensuite, cherchons de sang-froid, vous et moi, les abus, et, si nous en trouvons, soyez sûr que je crierai plus fort que vous, et même plus fort que feu votre frère, s'il est possible.

Ne vous interrompez pas, me dit Mellon ; continuez. Je continuai. On se fâche, dis-je, contre les priviléges ; mais n'en faut-il pas dans un état policé, et l'égalité ne rappelle-t-elle pas l'enfance des sociétés ? Un cultivateur, un artisan, un marchand, un bourgeois, s'ils ont vraiment l'esprit de leur état, consentiraient-ils à

payables en chascune d'icelles paroisses, pour l'aide accordé au roi nostre sire... ce fut faict le derrain jour de may, l'an m. ccc. xxv, Johan Yue, notaire. »

ne pas payer la taille; car, s'il faut que quelqu'un la paye, qui voulez-vous qui la paye?

Est-ce les clercs? Ah! les clercs ont-ils jamais payé la taille? Et s'ils voulaient la payer, le souffririez-vous? Oh! non, vous ne le souffririez pas. Et les nobles, souffririez-vous qu'ils la payassent? Et les gens de guerre, le souffririez-vous? Et les commensaux de la maison du roi, des gens qui ont bouche à la cour, le souffririez-vous? Je vous le demande. Non, vous ne le souffririez pas, et je réponds pour vous : Non. Et les commensaux du comte de Nevers, des gens qui ont aussi bouche à la cour; par la même raison, vous ne le souffririez pas davantage, et je réponds encore pour vous : Non. Et les écoliers et les maîtres des petites écoles, et les écoliers et les maîtres des grandes écoles, des universités, ces gens qui parlent latin et même grec, souffririez-vous qu'ils la payassent? Vous répondez, ou je réponds encore pour vous : Non. Cependant les voilà tous, les exempts, ou peu s'en faut, si vous y joignez les parlements, les hautes cours, les officiers des finances. Eh! qui voudrait les imposer? Ainsi gardons-nous de croire qu'on accorde les exemptions trop facilement. On n'a exempté de tailles Jéhanne Lainé, dite Hachette, qui a si héroïquement défendu Beauvais, que sa vie durant.

Quant aux exemptions des biens, je le demande, il y aurait des hommes nobles et il n'y aurait pas de biens nobles? et il n'y aurait pas de forêts nobles? Charles VIII n'aurait pu affranchir de tailles les forêts guerrières de la Chambonie, qui produisent ces beaux grands bâtons de lance que les habitants des lieux lu. offrirent à son passage? Il n'y aurait pas de moulins nobles? Charles le Victorieux n'aurait pu dire au meunier de Verneuil : Pierre, tu as chassé de la ville les Anglais, je t'anoblis, toi et ton moulin? Il n'y aurait pas de champs, de prés, de vignes nobles, lorsque le maître du pays les a possédés? Le champ, le pré, la vigne, qui a appartenu au duc de Bourgogne, pourrait-il donc être mis à la taille comme le champ, le pré, la vigne, qui a appartenu à Colas? Il n'y aurait pas d'îles, que dis-je? toutes les îles ne seraient pas nobles? Les îles, ces vedettes de la terre ferme, pourraient-elles payer la taille? Il n'y aurait pas de villes nobles, lorsqu'elles seraient grandes et illustres? La capitale de la France, Paris, pourrait-elle donc payer la taille comme Corbeil? Et la capitale de la Champagne, Troyes, pourrait-elle donc aussi la payer comme Vitry? Enfin les villes de franchise, les villes qui portent en leur devise la noble F couronnée, pourraient-elles aussi payer la taille comme celles qui n'ont ni devise, ni F, ni couronne, ni rien (1)?

(1) En prenant, comme il le fait ici, la défense de tous les impôts, le financier est parfaitement dans son rôle d'officier royal; et nous n'avons pas besoin de faire remarquer qu'en cherchant à les justifier, ainsi que les priviléges d'exemption, il ne fait que répondre implicitement aux plaintes dont ils étaient l'objet. Les contribuables n'étaient point de son avis, surtout en ce qui touche les gabelles. Cet impôt provoqua à diverses époques de violentes émeutes. En 1330, il occasionna à Arras une sédition sanglante. Quatorze des principaux bourgeois furent massacrés, et pour mettre un terme au désordre, il fallut la présence de Jacques de Bourbon, qui fit trancher la tête à un grand nombre de séditieux. Les Rouennais, à la même époque, refusent de se soumettre à l'impôt du sel. En 1461, les habitants de Reims tuent les officiers des gabelles, et brûlent leurs registres; une centaine de bourgeois de cette ville sont bannis ou décapités. En 1548, le pays de Cognac et de

Mellon m'écoutait avec plaisir. Je le gagnais par mes raisons. Je m'en apercevais, je parlai avec plus de confiance, et je parlai bien mieux.

Des subsides territoriaux, je passai aux subsides non territoriaux. Si dans ce monde, continuai-je, nous devons aimer quelque chose, c'est à mon avis les ga-

Châteauneuf se soulève pour chasser les gabeleurs. Des troupes envoyées contre les insurgés sont battues ; le soulèvement prend des proportions terribles. Les paysans, au nombre de quarante mille, se portent sur Saintes, qui leur ouvre ses portes. Ils marchent ensuite sur Angoulême, pour faire sortir des prisons de cette ville quelques individus arrêtés dans leurs rangs. Les prisonniers leur sont rendus. Ils marchent de là sur Poitiers, qui résiste ; sur Blaye, qui les reçoit à coups de canon ; sur Bordeaux, qu'ils font sommer d'avoir à leur fournir un contingent d'hommes armés et équipés. Excitée par ce dangereux voisinage, la populace de Bordeaux s'agite, sonne le tocsin, s'empare de la maison commune ; pendant douze heures elle livre la ville au pillage, et elle en reste maîtresse pendant près d'un mois. Les magistrats municipaux écrivirent au roi que la révolte avait eu lieu *à cause des pilleries et violences des gabeleurs que le peuple ne pouvait plus endurer.* Le roi leur envoya une petite armée commandée par le duc d'Aumale et le connétable Anne de Montmorency ; et quand tout fut rentré dans l'ordre, cent cinquante des principaux émeutiers furent condamnés à mort ; des exécutions capitales eurent lieu en même temps sur d'autres points : à Angoulême, le grand prévôt fit brûler un prêtre qui, touché des misères du peuple, s'était joint aux séditieux, et, en le plaçant sur le bûcher, on lui mit un bonnet vert, une fausse barbe et une épée entre les mains. A Cognac, le chef de l'insurrection fut mis à mort sur la roue, et pendant le supplice on lui attacha sur la tête une espèce de couronne qu'il avait adoptée, comme les autres chefs, en signe de commandement, ce qui lui avait fait donner le nom de *Couronal*.

Dans les derniers siècles, on arrêtait en moyenne chaque année, pour contrebande ou contravention aux lois de gabelle,

belles. Il semble que Dieu ait, pour ainsi dire, créé le sel moins pour l'assaisonnement de notre nourriture que pour nous donner une matière éminemment imposable. Vous payerez, dit le prince, tant par mesure de sel, indépendamment du prix marchand. Ainsi le riche, qui a beaucoup de bestiaux, beaucoup de gens, qui consomme beaucoup, payera beaucoup ; et le pauvre, qui n'a pas de domestiques, qui n'a pas ou qui n'a que peu de bestiaux, qui consomme peu, payera peu. Et remarquez les sages dispositions de la loi : personne en France ne peut manger de sel qui ne sorte des greniers publics, et tout le monde peut y en porter. En sorte que, par la grande concurrence des vendeurs, le prix marchand tombe à un tel rabais, que l'on ne paye guère que la taxe du prince. Mais, direz-vous, cette perception sur le sel ne s'étend que sur l'ancienne France. Oui, sans doute ; car, lorsque la nouvelle, je veux dire la Bourgogne, la Bretagne et d'autres provinces ont voulu se réunir à nous, on ne les a pas plus chicanées sur le sel que sur les aides.

Je fis alors passer, pour ainsi dire, sous les yeux de l'oncle de la petite Mellon, les différentes chartes et immunités des subsides non territoriaux. Je lui donnai la preuve qu'elles étaient aussi bien fondées que celles des subsides territoriaux. Je lui prouvai que les exemptions des aides étaient plus rares que

---

deux mille hommes, dix-huit cents femmes, six mille enfants, plus de mille chevaux ; et sur ce nombre trois cents individus étaient condamnés aux galères à perpétuité. (Voir notre travail : *De l'alimentation publique sous l'ancienne monarchie*, p. 116 et suiv.). En 1789, les gabelles rapportaient au trésor 58,560,000 livres. — L.

celles des tailles, puisque souvent les nobles les
payaient, et que les exemptions des gabelles étaient
encore plus rares, puisque non seulement les nobles,
mais les clercs même payaient le sel au prix commun.

Il tardait à l'oncle de la petite Mellon de parler,
non pour combattre encore mon opinion, mais pour
me dire qu'il la trouvait en tout point fondée, et qu'il
l'adoptait. La petite Mellon était présente. Et vous,
ma nièce, lui dit son oncle, depuis l'âge de onze ans
vous êtes fille de confession, vous êtes inscrite aux
rôles des subsides : qu'en pensez-vous? Mon cher
oncle, lui répondit-elle en style de demoiselle et en
me regardant avec bienveillance, je pense que la
France est imposée comme il convient, et que chacun
ne paye que ce qu'il doit. C'est-à-dire, reprit son
oncle, que les impôts sont justes et qu'ils sont justement répartis, ou, ce qui est encore plus clair, que le
plus jeune des élus vous convient. Eh bien ! ajouta-
t-il, en prenant la main de sa nièce et en me la présen-
tant, voici les étrennes que je vous promets pour le
premier de l'an, pour la Tiphaine au plus tard.

J'allais être heureux; je croyais du moins que j'allais l'être. Mais, ô malheur des élus! ô malheur des
financiers! la veille du premier de l'an, l'oncle de la
petite Mellon avait fait comme tous les débiteurs qui
ne peuvent payer : il s'était croisé contre les infidèles
et avait été dans un port de la Provence attendre ou
un arrangement avec ses créanciers, ou un bon vent
pour s'embarquer et aller renverser l'empire ottoman.
Un autre oncle de la petite Mellon devint son tuteur.
J'allai aussitôt le voir. Il me fit longtemps attendre
dans une salle basse et froide. Il parut enfin. Mon

frère vous a promis notre nièce, me dit-il ; mais il n'a jamais tenu aucune de ses promesses. Quant à moi, vous pouvez être sûr que je vous tiendrai les miennes : je vous promets que jamais financier, quel qu'il soit, ne sera mon neveu. N'ayant alors plus d'espoir, je lui parlai sans ménagement. Vous ne me surprenez pas, lui dis-je : vous êtes de cette ridicule vieille bourgeoisie, plus difficile sur les alliances que les Rohans et les Montmorencys. Toutefois, il n'est pas de financier qui à cet égard ne vous fît honneur.

Vous qui nous méprisez tant, continuai-je, sachez que dans les finances ordinaires, l'administration du domaine, les receveurs, les gardes-magasins, les grènetiers, sont fort puissants ; que les receveurs des bailliages et des sénéchaussées le sont encore davantage, et que, si je monte jusqu'aux trésoriers, c'est là surtout que je trouve la puissance. Ne les avez-vous donc pas vus lorsque, dans leurs chevauchées sur les terres du roi, au milieu d'un nombreux cortége de sergents, de gardes, de forestiers, de châtelains, de régisseurs, de maîtres d'œuvre (1), ils disent : Abattez-moi cette haute tour ! Bâtissez-moi à la place un boulevard, une forteresse ! Ce grand château, démolissez-le, rebâtissez-le plus haut, qu'il domine toute la province ! Agrandissez-moi ce grand étang ! Coupez-moi cette forêt qui borde la rivière ! Mettez-moi tout ce pays de labour en pays de chasse (2), tout

---

(1) Les maîtres d'œuvre étaient des officiers ou des entrepreneurs préposés aux travaux qui s'exécutaient dans les domaines du roi. — L.

(2) Pour comprendre cette phrase, il faut se rappeler que le roi, dans toute l'étendue de son domaine, avait le droit de

ce pays de chasse en pays de labour! Ces administrateurs souverains du domaine sont surtout puissants quand, au commencement de chaque règne, le roi vient de jurer à l'église de Reims de faire réunir de nouveau au domaine toutes les parties qui en ont été aliénées, quand il ordonne aux trésoriers de les reprendre, de les remettre sous sa main, n'importe qui les possède. Alors vous verriez les barons, les comtes qui jouissent de baronnies, de comtés domaniales, s'incliner, s'humilier devant ces hauts trésoriers de France de qui dépend leur rang et leur fortune. Mellon! Mellon! alors vous ne dédaigneriez pas l'alliance des financiers. Mellon! ce serait bien votre faute si vous n'avez entendu parler du changeur ou receveur général, qui, dans ses grands coffres grillés de fer, devrait recevoir tous les ans un million de re-

---

faire aménager les terres au point de vue de ses chasses. Aux abords des châteaux et des forêts, il existait, sous le nom de *capitaineries royales*, de grandes réserves de chasse, qui comprenaient dans leur ensemble environ quatre cents lieues carrées. Sur cet immense espace de terrain, il était défendu de sarcler les blés, de couper les foins et autres plantes fourragères, sans une permission expresse du capitaine des chasses, et il arrivait souvent qu'on ordonnait de les laisser sur pied bien au delà du temps de la moisson, pour conserver des abris au gibier, et le faire tuer plus agréablement par le roi dans des terrains couverts. Les cahiers de 89 s'élèvent avec force contre de pareils abus : « Les *capitaineries des chasses*, disent les députés de Nemours, sont une violation manifeste du droit sacré de propriété. » Le clergé de Meaux proteste avec la même vigueur contre ces *capitaineries*, qui constituent, dit-il, pour le peuple une charge aussi lourde que tous les autres impôts ensemble, car le cultivateur « exposé à voir dévorer son grain à mesure qu'il le sème, arrêté par mille entraves dans le temps de la récolte, porte pendant toute l'année un joug accablant. » — L.

venus, si le patrimoine royal n'avait été morcelé, dilapidé, souvent pour les besoins de l'État, plus souvent pour ceux des courtisans.

Les financiers, poursuivis-je, sont encore bien plus honorables dans les finances extraordinaires, les tailles, les gabelles, les aides. Je ne parle pas des percepteurs, des fermiers : ce ne sont que des financiers temporaires. Je parle des recêveurs des tailles, des receveurs des gabelles, des receveurs des aides, des clavaires, gens qui tiennent bien sous clef, qui serrent bien l'argent du public. Je parle des contrôleurs provinciaux, des contrôleurs généraux. Je parle des receveurs généraux des quatre généralités (1), qui remuent les gros sacs d'argent comme les maçons remuent les pierres. Je parle surtout de ce receveur général des finances de la France, dont tout le monde parle : il tient continuellement ses mains dans ce fleuve d'or qui n'est produit que par trois ou quatre impôts, qui n'a que trois ou quatre sources, et qui a mille embouchures, qui arrose, qui vivifie toutes les parties de l'ordre social.

Ah! lui dis-je, ne croyez pas que je vous tienne quitte de cette laborieuse magistrature des finances, qui est en même temps la volonté, la justice, le bras du roi. Mellon, nous avons dans notre juridiction quarante, cinquante mille percepteurs, quatre-vingt et peut-être cent mille financiers. Mellon, ceux qui

(1) Les généralités étaient de grandes circonscriptions financières auxquelles était attaché un bureau de finances. Ce bureau centralisait les recettes. Le nombre des généralités alla toujours en augmentant. Il fut porté à seize par François Ier; il était de trente-deux en 1789. — L.

ont assisté à nos audiences ne nous refusent pas leur nièce. Vous nous verriez dans notre salle, assis sur une haute estrade, ayant à nos pieds le clerc du greffe, juger toute sorte de procès relatifs aux finances. Me direz-vous que nous ne sommes que trois? Tant mieux : plus petit est le nombre des juges, plus grande est leur puissance. Me direz-vous aussi que le ressort des élections ne doit être que de trois lieues de rayon, afin que le justiciable puisse venir et s'en retourner le même jour? J'en conviens; mais la vérité est qu'il y a des ressorts bien plus étendus. Vous me direz peut-être encore que les cours des élus ne sont que des cours inférieures, dont les appels sont portés aux cours des aides de la langue d'Oyl ou de la langue d'Oc? Soit; toutefois, dans plusieurs cas, nos jugements sont provisoirement exécutés.

Descendus de notre siége comme juges, nous allons encore siéger comme administrateurs. C'est nous qui contrôlons les registres des receveurs; c'est nous qui adjugeons les fermes des subsides. A chaque adjudication nous avons douze deniers pour notre vin. Dans la belle saison nous montons à cheval; nous parcourons les campagnes au moment de la récolte; nous voyons quels sont les pays qui n'ont pas souffert des orages, des grêles, des débordements. Au milieu des populations qui font valoir leurs pertes, leurs dommages, au milieu des populations environnantes qui les reconnaissent ou qui les contestent, nous prononçons les décharges, les modérations, en même temps que les réimpositions sur les communes des environs. Combien de fois encore n'entendriez-vous pas des villages, des bourgs entiers, qui viennent nous entourer, qui nous poursuivent, qui nous crient : Messires les élus, nous payons trop, beaucoup trop : ôtez-nous quelques feux, ayez pitié de nous! Je pense qu'alors vous ne vous trouveriez pas très-honteux de vous dire mon oncle, surtout lorsque nous présidons la commission convoquée pour la réparation ou rectification du nombre des feux, lorsque se trouvent alors assis au-dessous de nous le curé, le procureur du roi, les trois premiers notables de la paroisse qui composent cette commission; lorsque nous demandons au curé *ses livres des paroissiens* pour les conférer avec *les livres des tailles;* lorsque, sur le rapport du notaire-secrétaire de la commission, que nous avons envoyé de porte en porte s'enquérir du nom de ceux qui possèdent une fortune de dix livres, de ceux qui en possèdent une au-dessous, de ceux qui n'en possèdent qu'une au-dessus, nous statuons avec les commissaires sur la rectification, et que nous faisons insérer notre ordonnance dans les livres déposés aux archives royales du bailliage, qui sont comme les perpétuelles matrices des rôles. Je ne vous cacherai cependant pas que notre opération doit être homologuée par des lettres du roi; mais le roi ne les refuse jamais, et trouve toujours que tout ce que nous avons fait est bel et bon; ce qui d'ailleurs est la vérité.

Mais, quelque grands que puissent être les élus, oh! qu'ils sont petits en comparaison des généraux des aides! Les uns, sous le nom de conseillers, rendent, comme souverains juges, en quelque matière de finance que ce soit, la justice civile et même la justice criminelle, et, s'ils condamnaient un homme à mort, et s'ils le faisaient pendre, je ne dis pas qu'il ne fût bien condamné et bien pendu. Les autres généraux, au nombre de quatre, sous le nom de premier, de second, de troisième, de quatrième général, administrent souverainement les finances de l'État. Avez-vous vu comment ils disposent de la richesse de la France, comment leur bouche devient pour ainsi dire royale ? « Receveurs, trésoriers, obéyssez « aux ordres du roy, en payant, sur l'exhibition des « présentes, à maistre Guillaume, la somme de... », et cette somme est quelquefois plus grande que celle que peuvent porter dix et même vingt mulets.

Toutefois, à la fin de leur exercice, les généraux des aides rendent leurs comptes. Il est donc quelqu'un à cet égard au-dessus d'eux ? Oui, et ce sont les maîtres de la chambre des comptes, la régulatrice de toutes les finances, dont les huissiers poursuivent, saisissent, emprisonnent un comptable dans l'étendue de la France entière. Je conviens qu'il y a aujourd'hui plusieurs cours des aides, plusieurs chambres des comptes (1), comme il y a plusieurs parlements. Mais, de même que, pour dire le parlement de Paris, on dit seulement le parlement, de même, pour dire la cour des aides de Paris, la chambre des comptes de Paris, on dit seulement la cour des aides, la chambre des comptes. Quelle gloire d'être premier général des finances, premier président de la chambre des

(1) Les cours des aides étaient au nombre de neuf, avant la Révolution. Celle de Paris, la plus ancienne de toutes, fut créée en 1425. Les autres avaient leur siège à Montpellier, à Clermont-Ferrand, à Rouen, à Pau, à Bordeaux, à Grenoble, à Montauban et à Aix. Les chambres des comptes étaient au nombre de dix : à Paris, à Dijon, à Rouen, à Grenoble, à Nantes, à Aix, à Dôle, à Blois, à Montpellier, à Pau. — L.

comptes ! Eh bien ! un simple élu, que vous ne jugez pas digne de votre nièce Brigitte Mellon, peut monter à ce rang.

Je crus à propos de m'arrêter là ; je saluai ce troisième frère Mellon. Il vint me reconduire. Je remarquai avec plaisir qu'il me fit une révérence plus profonde que la mienne, qu'il me dit plusieurs fois de prendre garde aux marches de l'escalier. Je conservais donc quelques espérances, et mon amour les accroissait ; mais, revenant de tournée, c'était un mardi matin, jour à jamais marqué en lettres noires dans mon souvenir, je passais près de l'église paroissiale : je vis à la grande porte une estrade tapissée où jouaient des musiciens qui réjouissaient un nombreux cortége de noce, entouré d'une foule de peuple. J'en tirai un bon augure, et je me promis aussi d'avoir des musiciens, si je pouvais obtenir la petite Mellon. Je m'approchai, j'entendis que les gens disaient : Oh ! qu'elle est blanche ! Oh ! qu'elle est grasse ! Oh ! qu'elle est douce ! La peur me prit ; je me dressai sur mes pieds pour regarder : je vis la petite Mellon tout odorante de poudre de violette, toute belle de parure et de joie. Je me retirai furieux, et aussitôt j'allai me marier avec la nièce de mon apothicaire, qui demeurait chez son oncle ; elle était laide et méchante : la colère me la fit épouser.

Il n'y a pas longtemps que j'étais dans une des salles de l'évêché, attendant le moment de faire ma cour à l'évêque. Deux fort honorables magistrats me placent entre eux deux, et, pour disputer avec moi, disputent sur les finances. J'entendais l'un mal raisonner à mon oreille gauche, et l'autre plus mal raisonner à mon oreille droite. Je cherchais un prétexte pour m'enfuir; ils me retiennent chacun par un bras. Mais que devient donc, me disent-ils, l'argent des tiercements, des doublements, qui accroissent, sans nouvelle imposition, les fermes du roi (1)? Il est hors de doute que les financiers pourraient être impunément voleurs, et il ne convient pas aux intérêts publics de s'en rapporter plus à la conscience des financiers qu'à celle des autres. Je fis semblant de ne pas voir qu'ils souriaient, qu'ils s'applaudissaient. Messires, leur répondis-je, il vous appartient sans doute de juger, mais non en matière de finances. Écoutez avec quelque attention ce que je vais vous dire, et vous y serez moins ignorants, et vous saurez que, de toutes les choses ingénieuses et simples, la plus ingénieuse, la plus simple, c'est la comptabilité actuelle.

Je suppose que les gabelles ou les aides de l'élec-

(1) Le système des fermes était plus particulièrement appliqué aux impôts indirects, d'un revenu variable et qui portaient sur la production, la consommation et la circulation, tels que les gabelles, les aides sur les boissons, les marchandises, les traites foraines. Il était déjà pratiqué sous les Mérovingiens, comme on le voit par un édit de Clotaire, en date de 561. Il permettait au gouvernement de réaliser immédiatement les fonds dont il avait besoin, au moyen des avances que lui faisaient les fermiers; mais il donna lieu, surtout dans les derniers siècles, aux plus graves abus. Les fermiers, à l'aide de pots de vin, obtenaient sur le prix des baux des rabais considérables. De grands personnages s'intéressaient dans l'affaire et les couvraient de leur protection; le système des adjudications publiques, en vigueur au quatorzième siècle, fut généralement abandonné au dix-septième et au dix-huitième; et comme le dit l'économiste Boisguilbert, l'État sacrifiait un louis pour se procurer un écu. — L.

tion de Troyes aient été affermées six mille livres pour un an; au bout de quatre mois, le tiers de la durée du bail, une autre personne fait un tiercement, offre de donner le tiers en sus, neuf mille livres : elle est de droit nouvel adjudicataire, et le bail de l'ancien fermier aussitôt cesse. Au bout de six mois, la moitié de la durée du bail, une autre personne se présente encore; elle fait un doublement; elle offre de donner le double en sus, douze mille livres : elle est de droit adjudicataire, et le bail du second fermier cesse aussitôt. Que si l'ancien fermier veut garder son bail, il peut couvrir l'offre du tiercement ou du doublement par l'addition d'une enchère ou somme fixée sous ce nom par les élus; mais en même temps celui qui a offert le tiercement ou le doublement peut dans les huit jours surenchérir encore d'une enchère. Dans les huit jours suivants, l'ancien fermier peut encore surenchérir; ainsi alternativement, jusqu'à ce qu'un des deux concurrents se retire. Le troisième fermier, s'il y en a trois durant ce bail d'un an, force le receveur à lui prendre pour comptant les sommes qu'ont versées ou qu'ont été tenus de verser les deux précédents fermiers. Il suit de nécessité qu'il doit y avoir trois termes de compte des fermiers, le premier au bout de quatre mois, le second au bout de six, le troisième au bout de l'année ou du bail. Ces comptes particuliers forment, à pareils termes, les comptes généraux des élections, qui, à pareils termes aussi, forment le compte général des accroissements éventuels des subsides non territoriaux. Je vous ai dit que la comptabilité était aujourd'hui ingénieuse, simple : l'est-elle? Mais vous ne voyez pas encore tout.

Avant le tiercement ou le doublement, les fermiers et les receveurs pourraient s'entendre pour diminuer le montant des recettes éventuelles et frustrer le nouvel adjudicataire. La loi y a pourvu : les quittances ne deviennent pièces comptables que lorsqu'elles ont été contrôlées à époques fixes par les officiers contrôleurs. Cette disposition est commune à toutes les quittances quelconques de l'une et l'autre finances.

Vous ne voyez pas tout encore. Il n'y a, pour les dépenses extraordinaires de l'État, d'autres pièces comptables que les mandements ou rôles signés de la main du roi, et contresignés par son clerc secrétaire. Toutes les fois que ce n'est pas dépense ordinaire, les généraux des finances ne peuvent ordonner la plus petite somme qu'en vertu de ces mandements ou rôles.

Il y a encore à vous apprendre. Vous vous imaginez, comme bien des gens, que les comptes des financiers sont reçus, arrêtés, sans examen ni difficulté ; on le dit, on le croit. Sachez maintenant ce qui en est, et, par la sévérité apportée à l'égard des hauts financiers, jugez de ce qui doit en être à l'égard des autres. Il s'agit des comptes des finances extraordinaires, des comptes des receveurs généraux des quatre généralités et des provinces nouvellement réunies, ou de ceux du trésorier général des guerres, ou de ceux du maître d'artillerie ; ou, si vous voulez, il s'agit des comptes des finances ordinaires, des comptes des receveurs du domaine, des argentiers de la cour, des grands officiers, du grand écuyer. Voyez, aux larges marges de tous ces divers comptes, sur vélin blanc, à côté de ces longues majuscules en ailes, en becs d'oiseau, en ramures, en cornes de cerf; à côté de ces belles écritures où la plume s'est si souvent jouée en grilles, en dégagements, en pleins et en déliés, l'écriture simple, roide et pour ainsi dire inflexible des maîtres des comptes et de leurs notes sévères : *caveatur; nihil de isto onere; radiatur, corrigatur, recorrigatur compotus;* en français : Attention au double emploi; pièce rejetée; article rayé; compte à refaire (1).

Mais s'agit-il des comptes de financiers encore plus hauts, la loi est encore plus vigilante : elle veut que les comptes des recettes et des dépenses générales de l'État soient arrêtés en séance publique; elle veut que la chambre des comptes se fasse assister des généraux quand elle vérifie l'administration des finances ordinaires, les comptes des trésoriers de France; qu'elle se fasse assister, au contraire, des trésoriers de France quand elle vérifie l'administration des finances extraordinaires, les comptes des généraux. Je ne parle pas d'ailleurs de la spécialité qui aujourd'hui commence à s'introduire dans les dé-

(1) Tout ce que dit ici le financier, au sujet des règles minutieuses de la comptabilité du quinzième siècle, est parfaitement exact, mais ce formalisme bureaucratique était impuissant à prévenir les concussions et à faire régner le bon ordre dans les finances. Les règles étaient continuellement violées. La multiplicité des impôts généraux et locaux, l'inégalité de la répartition par suite des priviléges des castes, des provinces et des individus, la vénalité des charges de finance qui introduisait dans l'administration des fonctionnaires incapables et ignorants, l'impunité acquise aux grands personnages, tout concourait à entraver, à démoraliser l'administration, et les ordonnances qui ont pour objet de mettre un terme aux abus attestent par leur nombre même combien ces abus étaient persistants. — L.

penses (1), et qui sans doute suffira pour débrouiller le gothique chaos des finances du dernier siècle.

Messires, a continué le financier, il y a quelque facilité et même quelque plaisir à ôter, en certaines matières, la crasse de l'ignorance à des magistrats gradués ; mais aux gens sans lettres, sans instruction, il n'y a que peine, et c'est même peine perdue. J'ai dans mon voisinage un propriétaire fort riche ; il vient quelquefois me voir, car, ainsi que les Mellon, il ne méprise pas les financiers ; au contraire, il s'honore d'être parent au sixième degré d'un gentilhomme qui a fait longtemps la guerre dans une compagnie de gendarmes, et qui, en récompense, a obtenu un office d'élu. Il vint hier. Je suis, me dit-il, chargé, surchargé de tailles ; mais, ajouta-t-il, je vous le demande, comment se fait-il que ma paroisse en paye tant? Elle en paye quarante livres ; elle ne devrait pas en payer quarante sous, car elle est pe-

---

(1) « Les commissaires ordonnez par le roy... à mectre et imposer ès pays et duchié de Normandie... la taille tant pour le payement des gens de guerre... aux esleuz sur le fait des aides... en l'élection de Coustances salut : comme le roy... nous ait commis et ordonné assoir et mectre sus la somme de quatre cens quarante-sept mille huit cens trente-cinq livres tournois, c'est assavoir pour le payement desdits gens de guerre... la somme de II c. IIII xx x m. l. et la somme de clvii m. viii c. xxxv l. pour très grandes et très nécessaires dépenses... et oultre et par dessus les sommes dessus déclarées, la somme de vi m. l. pour convertir et employer ès reparacions et fortifications d'aucunes places dudit pays... Et se de partie à partie naist sur ce débat ou opposition, les deniers premièrement payés, non obstant oppositions... Faites aux artyes ouyes bon et brief droit et accomplissement de justice.... Donsné soubz nos signetz le ive jour de fevrier, l'an mil cccc soixante-quatorze. »

tite et il y a dix-sept cent mille paroisses en France. Gardez-vous bien de croire ça, lui dis-je ; il n'y a guère en France que cinquante mille paroisses si vous y comprenez les États du duc de Bourgogne et les États du duc de Lorraine ; il n'y en a que quarante mille si vous ne les y comprenez pas. Il cita les vieux livres, dont un si grand nombre aujourd'hui radotent de plus en plus. Il ne me laissait point parler ; il parlait toujours. Enfin un procureur du bailliage entra. Dès qu'il fut instruit du sujet de notre dispute, il condamna l'assertion de mon voisin le propriétaire, dit que le parlement, dans ses remontrances à Louis XI, ne comptait en France que cent mille clochers(1). Il y en avait encore la moitié de trop ; mais je n'insistai pas, car c'est beaucoup, en matière de dénombrement, d'avoir réduit de seize une erreur de seize et demi. Mon voisin le propriétaire s'en alla en nous injuriant tous les deux.

Le lendemain le procureur revint ; il m'injuria à son tour. Il déplorait la misère du tiers état ; il disait que la noblesse et le clergé avaient les deux tiers du produit des terres. Je lui dis que la noblesse en avait tout au plus un neuvième, et le clergé un autre neu-

(1) La France ignora très-longtemps quel était le nombre de ses villes et de ses villages, ainsi que le chiffre de sa population. Aucun essai de statistique générale ne fut fait sous l'ancienne monarchie. Necker disait encore en 1784 « qu'il n'était pas possible de faire le recensement général d'un si vaste pays. » Il en était réduit à prendre pour base de ses évaluations le nombre des naissances qu'il multipliait par 25 3/4, et encore était-ce sur une base incertaine, attendu que les registres de l'état civil étaient tenus par les prêtres, et que l'on n'y portait que les enfants nés catholiques. — L.

vième. Je le lui prouvai par des calculs. Rien ne met en fureur les gens de chicane comme les calculs. Il me dit qu'on voyait bien que j'étais financier jusqu'au bout des ongles. Vous sentez comme la réplique était facile ; elle était sur le bout de ma langue, elle y resta. Je fis semblant de ne pas entendre, quoiqu'il me parlât nez à nez et presque aussi fort que s'il eût été à l'audience. Mais je veux la paix ; je la veux surtout avec les procureurs.

Est-ce là tout, Messires ? Ah ! plût à Dieu !

Les édits du jour, me disait-on il n'y a pas longtemps, ressemblent aux Gascons : belles paroles, belles promesses, et d'effets point. De même, dans les édits actuels, beaux préambules, belles annonces d'égalité, de proportion, de nouvelle répartition, et nous sommes toujours surchargés ; nous n'aurons jamais un cadastre pour toute la France. On nous avait annoncé que nous l'aurions, et trois ans après on nous a annoncé que nous ne l'aurions pas. On a été effrayé des dépenses. Pauvres gens, leur répondis-je, c'est ce qui pouvait vous arriver de plus heureux; vous ne savez pas ce que vous désirez. Pourquoi donc croyez-vous qu'on voulait faire ce cadastre de la France ou compoix général ? C'était pour décharger le pays de la langue d'Oc, c'est-à-dire pour charger le pays de la langue d'Oyl. On se tut. On se tut bien mieux, quand à ceux qui demandaient un équivalent dans toutes les provinces de la France, comme dans celles qui s'imposent d'elles-mêmes, je répondis : Toutes les provinces alors seraient pays d'états; les deux premiers ordres seraient alors tout; le roi, par conséquent le tiers état, le tiers état, par conséquent le roi, ne seraient rien.

Eh! messires les Français, qui vous plaignez tant, considérez que l'Italie, qui paye quatre millions de ducats, paye plus que vous. Considérez que l'Angleterre paye aussi plus que vous : les ecclésiastiques y payent un dixième de leur revenu ; les laïques en payent autant, et, bien que la nation soit taxée sur presque tous les objets, on ne cesse de lui demander des dons gratuits, des bénévolences. Nous avons en France des pays étrangers. Entendez les habitants de la Savoie et de ses enclaves, que le subside du joyeux avènement fait tant crier, que le subside de la régale, que le subside du mariage des princes et des princesses font crier encore plus ; ils soupirent en vain après l'heureux sort des Français.

Si l'on me disait que, quelque petite que soit la somme des subsides, on ne pourra dans la suite l'acquitter sans de grandes difficultés ; que depuis longtemps l'argent s'écoule hors du royaume par plusieurs larges canaux (1) ; que la France s'appauvrit, et qu'à la longue elle se trouvera sans numéraire ; si l'on me parlait raison, tout comme un autre je saurais l'entendre. Oui vraiment! la France s'appauvrit tous les jours, et je crois qu'elle ne possède guère plus de trente millions d'espèces (2), qu'elle dépense peu à

---

(1) Par les indulgences et les dispenses qu'elle payait à la cour de Rome, par les achats d'objets de luxe et de matières premières qu'elle tirait de l'étranger, par les intérêts des emprunts d'État contractés avec l'Italie, l'Angleterre et la Hollande, par les Juifs et les Lombards, qui étaient encore, au quinzième siècle, nos seuls banquiers, et qui quittaient le royaume quand ils s'y étaient enrichis. — L.

(2) Encore est-ce beaucoup que de supposer qu'à cette époque

peu chez l'étranger. Inutilement les rois ont voulu arrêter cette exportation, soit par la hausse des monnaies, soit par leurs édits sur les matières d'or ou d'argent, soit par la pragmatique-sanction (1), soit par la défense aux marchands d'aller aux foires de Genève, soit par l'établissement des foires de Lyon, soit par la suppression des foires de Lyon, soit par le rétablissement des foires de Lyon, soit par les lois somptuaires. Rien n'y fait ; l'argent s'en va et ne revient pas. Le peu qui reste est journellement fondu pour avoir des reliquaires, ou, ce qui est pis, pour avoir des bijoux, de la vaisselle, et bientôt force nous sera d'avoir recours au papier-monnaie, comme les peuples d'Asie dont parlent les livres des voyageurs.

Aussi le peuple est-il toujours mécontent, aussi ne cesse-t-il de crier, et contre qui ? Ce n'est point contre les nobles, contre les gens de guerre, qui le bat-

l'or et l'argent de la France monnayés s'élevaient à une somme sextuple de la totalité des impôts, qui, sous Louis XI, se portait à environ cinq millions. Il faut cependant se souvenir que dans ce temps le clergé, la noblesse et un grand nombre de villes étaient exempts de contributions. — La crainte de l'exportation des monnaies fut, suivant Leblanc, une des causes de leur hausse. Voyez son Traité des Monnaies. — Ordonnances du Louvre, lettres du roi, du 27 novembre 1461. A la suite sont les remontrances du Parlement, années 1372 et suivantes.

(1) Le mot de pragmatique-sanction était synonyme, au moyen âge, d'ordonnance royale; on l'appliquait particulièrement en France aux actes qui avaient pour objet les affaires de l'Église. Il est fait ici allusion à la *pragmatique-sanction de Bourges*, promulguée en 1438 par Charles VII, et qui enlevait au pape divers revenus qu'il percevait dans le royaume.

L.

traient ; contre le clergé qui l'excommunierait ; contre les gens de justice qui l'emprisonneraient : c'est contre les financiers qui n'en peuvent mais. On leur en veut de ce qu'ils ne vont pas nus, de ce qu'ils ne meurent pas de faim, de ce qu'ils ne laissent pas tomber leur maisons ; on dit, on répète qu'ils sont habillés comme des chevaliers, qu'ils font meilleure chère que des abbés, qu'ils ont de plus beaux hôtels que les seigneurs (1); mais ils vous répondent : Nous avons rendu nos comptes ; que voulez-vous de plus ?

Je vous le dis, on trouvera toujours, et plus qu'on ne voudra, des gens de guerre, des avocats, des médecins, des artisans, des laboureurs, des marchands, enfin des gens de tous les états ; mais bientôt on ne trouvera plus de financiers, les payât-on mieux, les traitât-on moins mal. Personne, dans la suite ne voudra faire le métier que cependant n'a pas dédaigné un dauphin de France, et, qui plus est, que n'a pas même dédaigné saint Mathieu ; et les impôts resteront à lever, et l'État, faute de nourriture, faute de revenus publics, périra, parce qu'on aura envié, insulté, injurié, honni des hommes que, par justice, par reconnaissance, on aurait dû considérer, honorer, aimer ; et tout le monde sera malheureux, parce que nous aurons été les plus malheureux.

(1) Au quatorzième siècle et au quinzième, le mot financier s'appliquait principalement aux agents des finances, aux receveurs et aux trésoriers de l'administration royale. Il fut plus tard particulièrement appliqué aux fermiers généraux.

PIÈCES HISTORIQUES

DOLÉANCES DES ÉTATS GÉNÉRAUX
DE TOURS
1484

Chaque fois que les députés de la nation ont été convoqués sous l'ancienne monarchie, ils n'ont jamais manqué de protester contre les vices du système financier, et de réclamer des réformes. Le tiers état, qui était taillable et corvéable à merci, se plaignait amèrement: il voulait que la nation fût appelée à voter l'impôt; il demandait que les crédits, fixés à l'avance, ne fussent jamais dépassés; que des commissaires, choisis parmi les représentants du pays, soumissent les dépenses à un contrôle sévère. Les mêmes doléances se répètent à chaque nouvelle convocation, et pour faire juger du rôle des états généraux dans les questions de finances, nous reproduisons ici l'analyse du cahier présenté par le *commun*, c'est-à-dire par les députés roturiers dans l'une des assemblées les plus célèbres de notre histoire.

L.

Cy sensuit le cayer présenté au roy et son conseil par les troys estatz, touchant le bien, utilité et prouffit du royaume et de la chose publique.

CHAPITRE DU COMMUN.

Quant à la charge importable des tailles et subsides que le povre peuple de ce royaume a non pas porté, car il y a esté impossible, mais soubz lequel faiz est mort et péri de fain et de povreté : la tristesse et la desplaisance innumérable, les lermes de pitié, les grans souppirs et gémissemens de cueur désolé, à peine pourroient souffrir ne permettre l'explicacion de la briefœté d'icelles charges, et l'énormité des maulx qui s'en sont ensuys, et les injustices, viollences et rançonnemens qui ont esté faitz, en levant et ravissant iceulx subcides.

Et pour toucher à icelles charges que nous pouvons appeler non pas seulement charges importables, mais charges mortelles et pestifères ; qui eust jamais pensé ne ymaginé veoir ainsi traicter ce povre peuple, jadiz nommé françoys ! Maintenant le povons appeller peuple de pire condicion que le serf ; car ung serf est nourri et ce peuple a esté assômmé des charges importables, tant gaiges, gabelles, imposicions et tailles excessives.

Et combien que au temps du roy Charles VII, les cottes des tailles imposées par les parroissiens ne se contoient que par nombre de xx, comme xx l., xl.l., lx l.; toutes fois après le trespas d'icelluy seigneur, commencèrent à estre assises par cent, et depuis sont creues de cens à milliers et en plusieurs parroisses qui n'estoient du feu roy Charles imposées que à xl ou lx livres de tailles par an, se sont trouvez, l'an du trespas du roy desrenier, estre imposées à m livres. Et ou temps dudit roy Charles, les duchez, Normandie, Languedoc et autres, n'estoient que à milliers, mais de présent se sont trouveez à millions: et mesmement ou dit pays de Normandie, où les tailles ou temps du trespas du dit feu roy Charles ne montoyent que ii cens L^m livres ou environ, sont creues jusque à xii cens m livres, sans les petites tailles montantes à cent m livres, et sans les quastriesmes, gabelles, imposicions et autres droits qui montoient à grans sommes; toutes les quelles charges montoient ensemble à plus de xv cens m livres, en ce non comprinses autres grandes charges particulières, portées et soustenues par le dit pays; à cause de quoy sont ensuys plusieurs grans et piteux inconvéniens: car les aucuns s'en sont fuiz et retraictz en Angleterre, Bretaigne et ailleurs; et les autres mors de fain à grant et inumérable nombro: et autres par désespoir ont tué femmes et enfants, et eulx-mesmes, voyant qu'ilz n'avoient de quoy vivre. Et plusieurs hommes, femmes et enfans, par faulte de bestes, son contraintz à labourer à la charrue au col: et les autres labouroient de nuyt, pour crainte qu'ilz ne fussent de peur prins et appréhendez pour les dictes tailles. Au moyen de quoy, partie des terres sont demoureez à labourer, et tout parce qu'ilz estoient submis à la voulenté d'iceulx qui vouloient eulx enrichir de la substance du peuple, et sans le consentement et délibéracion des trois estatz. Et paraillement le pays de Languedoc a esté merveilleusement vexé et travaillé des tailles et impostz; tellement que du vivant dudit roy Charles VII ilz ne payoient que environ cinquante mille livres tournois, et à l'eure du trespas du feu roy desrenier, se montoient plus de vi cens м livres. Samblablement a esté fait en la France, Guienne, Bourbonnois, Rouergue, Quercy, Languedoc, Auvergne, Fourestz Beaujolois, Champaigne, Vermandois, Nivernois et Rethelois, Lyonnois et Gastinois, Poictou, Liymosin, Arthois, Picardie, Berry et les autres pays de ce royaumme, chascun en son endroit ; ès quelz pays, pour raison des dictes charges, sont advenuz plusieurs cas piteables et douloureux, qui seroient trop longz à réciter.

Item. Et quant à la manière d'avoir levé icelles tailles et charges, se sont faictes grandes pilleries et roberies, dont chascun est adverti, en commettant sur ce grans abuz et injustices toutes notoires : entre les quelles est advenu, quant les particuliers d'une paroisse qui jà avoient payé leur cotte et assiette, ont esté emprisonnez pour payer ce que leurs voisins devoient, et plus que l'autre parroissien ne devoit; il n'estoit pas quitte de payer la cotte et assiette des autres, ains luy convenoit payer le sergent, geaulier et greffier, sans les pertes de sa journée et dommage souffrir. Ces choses considérées auxdictz estatz, le roy doit avoir pitié de son povre peuple et le descharger desdictes charges et tailles, ainsi qu'il a faict desclairer, affin qu'ilz puissent vivre soubz luy: et de ce l'en supplient très-humblement.

Item. Semble auxdictz estatz que la manière de la

supporter et descharger entre autres choses est qu'il plaise au roy réunir et remettre entièrement son ancien demeine à la couronne; lequel a esté par cy-devant quasi tout aliéné par le feu roy Loys, au moyen de plusieurs dons et aliénacions qu'il en a faictz à plusieurs églises et personnes, et révoquer toutes les donacions et aliénacions des susdictes, en entretenant les fundacions anciennes. Et est la requeste raisonnable, car demeine est le vray patrimoine du roy et de la couronne, lequel de droict et de raison ne peut et ne doit estre aliéné. Et quant il sera réduit et réuny à la couronne, et en auroit acquitté fiefz, aumosnes, gaiges d'officiers, réparacions faictes, il pourra fournir à l'estat du roy : et se le roy donne aucune chose de son demeine, il fault à l'équivalent prendre sur le povre peuple.

Semble aussi auxdictz estatz que doresenavant tous les droictz et devoirs appartenans audict seigneur doivent estre levez et receuz par les trésoriers et recepveurs ordinaires, establiz à recepvoir ledict demeine, sans permettre que par vertu des commissions qui par cy-devant ont esté bailleez, ne semblables sur les francz fiefz et nouveaux acquestz, ou autres dons et commissions quelconques, lesdictz droictz soient levez et receuz, ne que aucune exaction ou recepte indeue en soit aucunement faicte, pour éviter les grans abuz et exactions qui par cy-devant en ont esté faictz.

Aussi qu'il plaise à messeigneurs qui prennent les pensions, eulx contenter de la revenue de leurs seigneuries, sans prendre aucunes pensions ne deniers extraordinaires : au moins se aucunes en ont, qu'elles soient raisonnables, modeerez et supportables, ou regard aux afflictions et misères du povre peuple ; car icelles pensions et deniers ne se prennent pas sur le demeine du roy, aussi n'y pourroit-il fournir, mais se prennent toutes sur le tiers estat : et n'y a si povre laboureur qui ne contribue à payer lesdictes pensions ; donc est advenu souvent que le povre laboureur est mort de faim et ses enfants, car la substance de laquelle il devoit vivre estoit prinse pour lesdictes pensions. Et n'est point à doubter que au payement d'icelles y a aucunes fois telle piè   le monnoye qui est partie de la bourse d'ung laboureur, duquel les povres enfants mendient aux huys de ceulx qui ont lesdictes pensions ; et souvent les chiens sont nourris du pain acheté des deniers du povre laboureur, dont il doit vivre.

(*Journal des états généraux de France tenus à Tours en 1484 sous le règne de Charles VIII*, par Jehan Masselin, publié par Bernier, 1835, in-4°, p. 672 et suiv.).

SEIZIÈME SIÈCLE

LES COMPTES DU BAILLI

DE CHARTRES

ARGUMENT

A dater de François I*er*, la fiscalité prend un grand développement. Ce n'est point seulement la lutte soutenue contre la maison d'Autriche qui augmente dans une très-forte proportion les dépenses de l'État ; ce sont surtout les prodigalités d'une cour galante, avide de fêtes et de plaisirs, la concussion des grands personnages et les désordres de l'administration. Une foule d'impôts nouveaux sont établis, les anciens impôts sont doublés, et malgré les charges qui pèsent sur les populations, malgré les crues des tailles, les taillons, les *brevets* pour le commerce des blés, les aides, les traites foraines, les revenus domaniaux, il faut sans cesse recourir aux emprunts, car, suivant le mot d'un contemporain, la *bourse royale est trouée*, et l'argent ne fait qu'y passer. François Ier engloutit des millions à Fontainebleau pour satisfaire les caprices de la duchesse d'Étampes ; Henri II fait bâtir Anet pour Diane de Poitiers ; Catherine de Médicis, qui érige la corruption en système de gouvernement, sème l'or à pleines mains pour gagner les chefs des partis ou payer les égorgeurs de la nuit du 24 août. Elle donne à Chenonceaux des dîners de cent mille livres, où les plus belles femmes de la cour ne rougissent pas de paraître à moitié nues et *les cheveux épars comme épousées*. Henri III dépense plusieurs millions pour célébrer par des festins pantagruéliques les noces du duc d'Épernon, et le royaume est livré au pillage, jusqu'au moment où Henri IV, vainqueur des dernières résistances de la Ligue, rétablit avec la paix l'ordre dans les finances.

Un fait d'une importance capitale dans notre histoire financière, la création des rentes sur l'hôtel de ville de Paris, marque les premières années du seizième siècle. Jusque-là les rois, lorsqu'ils avaient besoin d'argent, empruntaient sur le domaine et traitaient de la main à la main avec de simples particuliers, en leur donnant pour gages les revenus domaniaux. François Ier, tout en continuant le même système, eut recours à un nouveau mode d'emprunt. Le 27 septembre 1522, il fit prier le prévôt des marchands et les échevins de Paris de lui prêter deux cent mille livres, pour lesquelles il s'engageait à servir un intérêt de 16,663 livres, avec garantie sur la ferme du bétail à pied fourché et l'impôt des vins dans le quartier de la Halle. La proposition fut acceptée, et c'est de là que datent les rentes si connues avant la révolution sous le nom de rentes *sur l'hôtel de ville de Paris*. Quand les rois avaient besoin d'argent, ils chargeaient les magistrats municipaux de la capitale de vendre des titres à tous ceux qui se présenteraient pour en acheter. Ces titres, livrés contre écus, portaient un intérêt payable tous les trois mois, et ce fut là notre premier fonds d'État et l'origine de notre dette publique et de nos emprunts par voie de souscription.

Un autre fait également important s'est produit en 1561. Les principaux membres du clergé de France se trouvaient alors réunis à Poissy pour le fameux colloque; Charles IX leur fit demander un subside extraordinaire, et ils offrirent de payer pendant six ans, et pour chacune des six années, une subvention de 1,493,880 livres. L'offre fut acceptée et ratifiée par une convention connue sous le nom de *contrat de Poissy*. Ce contrat fut depuis renouvelé de dix ans en dix ans par les assemblées générales du clergé, qui paya jusqu'à la révolution une subvention annuelle dite *décime de Poissy*, en souvenir de celle qui avait été accordée dans cette ville en 1561. Une seconde subvention dite *décime extraordinaire* fut perçue tous les cinq ans, en vertu d'un second accord conclu à Melun, le 20 février 1580, et connu sous le nom de *contrat de Melun*.

De 1561 à 1576, le clergé paya pour sa part d'impôts plus de quatre-vingts millions, et il continua de payer jusqu'en 1789 des subsides annuels ou quinquennaux, conformément aux contrats de Poissy et de Melun. On voit par là combien est fausse l'opinion d'après laquelle il aurait été exempt des charges publiques, et cette opinion est d'autant moins fondée que tandis qu'il acquittait, comme grande corporation et comme l'un des trois ordres de l'État, des contributions importantes, chacun de ses membres acquittait en outre, pour ses biens patrimoniaux, les contributions ordinaires.   L.

LES
COMPTES DU BAILLI DE CHARTRES (¹)

Voici aujourd'hui une nouvelle connaissance et à peu de frais. J'étais à peine arrivé à Chartres, qu'un valet de livrée s'est présenté à mon auberge. Seigneur, m'a-t-il dit en assez bon espagnol, mon maître, le bailli des exemptions, qui ne peut venir souper ici, parce que, depuis trente ans, il ne bouge de son fauteuil, ayant été informé qu'un étranger de haute distinction se trouve dans cette ville, m'envoie vous prier de lui faire l'honneur de venir souper avec lui. Je me suis un instant consulté. J'ai suivi ce valet de livrée. Le bailli des exemptions, ou juge des exempts de la justice ordinaire, m'a comblé de politesses. Aus-

(1) Au seizième siècle le denier équivaut à 0,03 3/4 de notre monnaie,
— le sou — 0,43 9/100
— la livre — 9,01 8/10 — L.

sitôt que je suis arrivé, on a dressé le couvert, dont il m'a fait cordialement et splendidement les honneurs.

Après souper, mon fauteuil ayant été, par ses ordres, rapproché du sien, il m'a dit : Messire, bien que mes pieds restent, comme vous voyez, immuablement cloués à cette place, je ne laisse pas de courir le monde, de passer les fleuves et les mers, de voir, comme dit Horace, les villes et les mœurs des nations ; je vis avec les étrangers, je les écoute, et leurs aventures me divertissent. Mon valet m'est, à cet égard, d'un grand secours, car il entend un peu toutes les différentes langues, et il ne vient aucun voyageur qu'il ne sache s'il est un homme notable, et qu'alors il ne réussisse à m'amener. Cette semaine, j'ai eu deux gentilshommes de la pospolite polonaise et un officier anglais ; aujourd'hui, j'ai un homme de guerre espagnol ; mais je ne suis pas toujours aussi heureux que cette semaine, et surtout que ce soir.

Nous avons parlé de l'Espagne tant et aussi longtemps qu'il a voulu. Il m'a paru si content et si reconnaissant, que je me suis permis de lui demander si je ne pourrais pas obtenir de lui que nous parlassions, ou plutôt qu'il parlât un peu de la France, où j'étais venu, à grands frais de temps et d'argent, étudier toutes les parties de la société ; je lui ai ensuite dit où j'en étais et ce que je voudrais maintenant savoir. Ah ! m'a-t-il répondu avec bonté, que mon ami M. Simplice ne vit-il ! Mais, a-t-il ajouté d'un air gracieux, en se soulevant sur son fauteuil, tout ne sera pas perdu ; je crois avoir conservé du moins un peu de mémoire. Il a continué ainsi :

LE COMPTE DE L'OR DE LA FRANCE

Ce fut durant les grands froids de l'hiver dernier que cet excellent M. Simplice mourut, sans que les médecins, avec leurs étoffes neuves, leurs frictions spiritueuses, pussent jamais le réchauffer, tandis que moi, d'un seul mot, je lui aurais rendu la chaleur; car mon ami était, ainsi que tous ceux qui parlent, et sans doute qui ont parlé, qui parleront de finances, à se démener comme un possédé aussitôt qu'on lui en parlait ; je n'aurais eu qu'à lui dire qu'enfin nous avions maintenant des traités d'administration financière, des comptes de l'or de la France complets et vrais, pour qu'il m'eût, comme quelques jours auparavant, et avec les mêmes éclats de fureur, encore répondu que ces traités, ces comptes, étaient incomplets, tous erronés, tous faux, tous contraires à ses calculs, qu'ordinairement il appelait les calculs sans faute, les calculs sans erreur, les calculs sûrs, certains, vérifiés, les calculs de Chartres.

Je me souviens que ce jour-là il me dit, en se courrouçant contre ces nouveaux traités, et en criant comme s'il eût voulu se faire entendre au moins à Montlhéri : Comment voulez-vous que je leur passe de ne pas savoir qu'à la fin du siècle actuel il y a quatre fois plus de numéraire qu'à la fin du siècle dernier ? Comment voulez-vous que je leur passe de ne pas savoir que les subsides, à cette époque, ne se portèrent qu'à six millions, qu'il faut multiplier par cinq pour avoir la somme générale du numéraire de la France, de même qu'il faut multiplier le numéraire de la France par dix pour avoir la somme générale du numéraire de l'Europe ; ce qui suppose qu'il y avait alors en France trente millions (1), et en Europe trois cents? De ne

(1) Lorsqu'on lit dans le bilan hebdomadaire de la Banque de France que le numéraire en dépôt dans les caves de la rue de la Vrillière dépasse la somme exorbitante de UN MILLIARD, *douze cent cinquante-huit millions*, et qu'on jette les yeux sur les ordonnances de Philippe-Auguste en 1204, de Charles le Bel en 1322-1335, de Louis XII en 1506, de Charles IX en 1571, de Louis XIII en 1636, lesquelles, pour cause de rareté et insuffisance du numéraire, défendaient de fabriquer de la vaisselle ou des bijoux d'un ou plusieurs marcs d'or ou d'argent, soit que l'interdiction fût générale, soit qu'elle exceptât les objets fabriqués pour le propre service du roi ou pour les usages de l'Eglise (ordon. 23 août 1343), on ne peut s'empêcher de se demander si en effet ces ordonnances ont bien réellement existé! Souvent la défense était limitée à un certain laps de temps, comme par les ordonnances des 12 juin 1313, 15 janvier 1515, 19 septembre 1521, etc., qui interdisaient la fabrication des objets d'or et d'argent pendant un an, deux ans ou trois ans. Une mesure généralement usitée pour obvier à la rareté des monnaies était l'ordre enjoint, soit aux fonctionnaires de l'État, soit aux particuliers qui ne jouissaient pas d'une fortune désignée, soit même aux corporations religieuses, de porter leur vaisselle et leurs bijoux, en tout ou en partie, à la Monnaie. (Voy. les ordonnances de Henri I*er*, 1059, et de Philippe le Bel, 1294 et 1302.) Quelquefois cette mesure était une simple invitation, et les rois donnaient l'exemple de s'y soumettre, comme le firent Louis XIV en 1689 et Louis XV en 1759.

L'ordonnance de Louis XII du 23 novembre 1506; l'édit de François I*er* du 21 septembre 1543; les lettres patentes d'Henri II, du 14 janvier 1549; la déclaration de Louis XIV du 14 décembre 1689, prononçaient aussi des pénalités très-rigoureuses contre les fondeurs de monnaies : « Défendons à tous orfèvres et ouvriers qui emploient de l'argent de fondre ou difformer pas savoir qu'aujourd'hui les subsides s'élèvent à aucune espèce de monnaie pour employer à leur ouvrage, A PEINE DES GALÈRES A PERPÉTUITÉ. » Il paraît que la peine des galères à perpétuité n'avait pas un pouvoir d'intimidation suffisant, car, afin qu'aucun ne contrevînt à cette interdiction, l'article 18 du règlement du 30 décembre 1677 avait pris en sus les précautions les plus sévères. Les orfèvres étaient tenus de ne travailler qu'en public, d'avoir leur forge dans leur boutique, *sur rue et en vue du public*, avec défense de fondre et de travailler ailleurs « et qu'*aux heures* portées par les ordonnances. » Un arrêt notable rendu par la cour des monnaies le 3 décembre 1759 remit toutes ces dispositions en vigueur et renouvela toutes les prohibitions portées par les édits, tant contre la fonte des monnaies que contre l'accaparement et l'exportation des matières d'or et d'argent.

Arrivant à des temps moins éloignés, l'exportation des monnaies et des matières et ouvrages d'or et d'argent a été prohibée par les lois des 21-28 juin et 3 juillet 1791, 5 septembre 1792, 11 avril 1793 et 23 ventôse an XI. Elle a été permise, au contraire, par les décrets du 5 frimaire an VII, du 17 prairial an X, et par l'ordonnance royale du 8 juillet 1814, qui est restée la règle. Le préambule de cette ordonnance donne en ces termes la juste mesure de l'efficacité de la prohibition qu'elle révoque :

« Nous avons reconnu que les prohibitions d'exportation de ces matières, impuissantes pour en empêcher la sortie, n'ont d'autre effet que d'entraver le commerce et d'empêcher l'entrée ou le transit desdites matières, en sorte que ces prohibitions, loin de tendre à conserver ou à augmenter l'abondance des matières d'or ou d'argent, tendent au contraire à les écarter ou à en diminuer la quantité. »

Des faits qui précèdent, quelle est la conséquence à tirer? C'est qu'on ne saurait trop se garder de violenter le cours des choses, qui, soit qu'il s'agisse de blé ou de numéraire, tantôt fait la rareté et tantôt l'abondance. Ce à quoi on devrait toujours se borner, c'est à étudier avec le même soin les causes de l'une et les causes de l'autre. Lorsqu'il n'est pas le savoir, le pouvoir n'est souvent que l'arbitraire et plus souvent encore l'impuissance. (A. Fagnan.)

vingt millions ; ce qui, par les mêmes calculs, suppose qu'il y a en France, non pas, comme on l'a dit, soixante, mais cent millions, et en Europe un milliard. Et, continuant tout de suite avec une impétuosité sans égale, il ajouta : Mais d'où est donc venu cet accroissement de sept cents millions? Est-il venu des anciennes mines d'Europe? Certes non : elles sont en grande partie abandonnées. Est-il venu des mines d'Amérique? Oui, sans doute, car les registres des douanes espagnoles en font foi. Que si vous me niez la certitude de pareils extraits, je reviendrai à mes calculs sûrs, aux calculs de Chartres, et je vous dirai : les lampes de l'église dont l'entretien perpétuel a été fondé en blé à la fin du dernier siècle brûlent toute l'année ; celles dont l'entretien a été fondé en numéraire ne brûlent que trois mois : les denrées, les étoffes, se vendent quatre fois plus.

Comment, continua M. Simplice, voulez-vous que je passe à ces traités d'ignorer :

Que le revenu de la France, ou territorial ou industriel, est d'environ quatre cents millions? — Que la France donne chaque année à l'Église, aux hôpitaux, aux pauvres, environ soixante millions? — Qu'elle donne au roi, ou aux agents du roi, environ soixante millions? — Qu'elle donne aux gens de justice quarante millions? — Qu'elle ne refuse pas à ses fêtes, à ses jeux, à ses plaisirs, quarante millions? — Qu'elle met à sa nourriture, à son vêtement, à son logement, deux cents millions, plus ou moins (1)?

---

(1) Soit pour le total général huit cents millions. — Les chiffres que donne ici Monteil ne sont qu'approximatifs. La livre, au seizième siècle, équivalant à 9 francs de notre monnaie, le revenu territorial et industriel de la France, à cette

LA MANIÈRE DONT L'OR VA DE NOTRE BOURSE DANS CELLE DU ROI.

L'irritation de mon ami, feu le bonhomme M. Simplice, quand elle était publique et solennelle, comme dans les grands repas, s'accroissait quelquefois à ce point qu'il cessait de manger, de boire, et que sa bouche ne se remplissait plus que de paroles, de chiffres et de calculs.

L'année dernière, nous faisions la Saint-Jean avec un quartier de chevreuil ; nous étions vingt, et peut-être davantage. M. Simplice était assis à côté de moi ; deux de mes neveux, fils d'un procureur général des aides, étaient assis en face. Le plus jeune, voulant trancher du petit docteur, dit qu'aujourd'hui, en finances, tout était nouveau. Non, jeune homme, s'écria M. Simplice, non, tout n'est pas nouveau, car, pour parler comme les bonnes gens, l'or sort de notre bourse et va dans celle du roi par beaucoup d'anciens trous que le temps a seulement agrandis. Alors l'aîné, qui connaissait la considération que j'avais pour M. Simplice, dit qu'en finances, au contraire, il n'y avait guère rien de nouveau. Ah ! monsieur, s'écria encore avec plus de véhémence M. Simplice, il n'y a que trop de nouveaux trous à notre bourse, entièrement et sans cesse exprimée

époque, représentait 7,200,000,000 francs ; il est aujourd'hui de 6 milliards pour l'industrie et de 7,300,000,000 pour l'agriculture. (Voir ce qui a été dit à ce sujet dans le tom. II de *l'Histoire de l'industrie française*, page 260, et l'*Histoire agricole de la France*, page 373.)

dans celle du roi. Puis, se tournant vers celui de mes neveux qui le premier avait parlé, vers le cadet, il lui dit : Jeune homme, si vous m'écoutez, vous saurez d'abord que l'impôt le plus considérable, la taille, est aussi le plus ancien; son nom seul vous apprend qu'elle existait du temps que les financiers ne chiffraient que sur un long bâton et avec un couteau.

Sous Louis XII, sans remonter plus haut, elle était à trois, quatre millions; — Sous François I", à cinq millions; — Sous Henri II, à six millions; — Sous Henri III, aux premiers états de Blois, à douze millions; et depuis elle s'est élevée jusqu'à seize millions.

Pensez, toutefois, que ces accroissements ont eu d'autres accroissements intermédiaires, car nos financiers ont l'habileté de charger insensiblement et imperceptiblement.

Vous saurez ensuite que la gabelle est un impôt très-ancien. Dans la langue des Italiens, nos maîtres en finances, gabelle veut dire javelle, et signifie, au sens littéral, un faisceau de paille, et, au sens figuré, un faisceau d'impôts. Ce faisceau n'est cependant composé que du droit sur le sel. Vous n'avez pas idée de la manière dont cette javelle s'est grossie, et dont les enfants de saint Mathieu, tous à l'envi, grands et petits, s'escriment à bien la battre. On ne payait, du temps de François I", le muid de sel, que quarante-cinq livres; maintenant on le paye trois cent vingt-cinq. L'édit qui force les particuliers à manger ou à prendre une quantité de sel déterminée (1) a rendu le revenu de la gabelle fixe comme celui de la taille.

(1) Cette obligation n'existait pas dans tout le royaume : on distinguait les pays de vente volontaire; — les greniers d'im-

Vous saurez ensuite que l'impôt des aides est aussi fort ancien. Celui-là est véritablement une gabelle ou javelle; il forme véritablement un faisceau de droits sur les denrées et les marchandises. Le roi le donne à ferme, et tenez pour certain que ces fermiers de villes sont aussi riches que ceux des champs.

Ensuite que la douane (1), dont le taux est en général de huit pour cent des marchandises, est encore un impôt fort ancien.

Ensuite ou enfin, qu'il y a plusieurs autres anciens

pôt, — les pays de franc-salé. — Dans les pays de vente volontaire, chacun pouvait acheter telle quantité de sel qu'il jugeait convenable, au prix fixé par les officiers du roi; dans les pays où il existait des greniers d'impôt, les paroisses étaient obligées de prendre chaque année une quantité de sel déterminée, de telle sorte que les habitants étaient forcés de payer pour ce qu'ils ne consommaient pas. Les pays de franc-salé étaient quelques provinces qui, sous le règne de Henri II, s'étaient rachetées des gabelles moyennant des sommes considérables. Le commerce du sel y était libre. La différence des droits qui existait entre les diverses zones territoriales du royaume donnait lieu à une contrebande très-active à laquelle les soldats eux-mêmes se livraient, sous la conduite de leurs officiers. Les contrebandiers de sel étaient connus sous le nom de faux-sauniers. Ce sont eux qui ont formé les premières bandes de la chouannerie. — L.

(1) Les douanes étaient connues sous le nom de traites. On les divisait en douanes frontières et en douanes intérieures. Les premières furent établies par Philippe le Bel; les autres doivent leur origine aux péages féodaux ou aux annexions qui eurent lieu successivement depuis le quatorzième siècle. En réunissant les provinces à la couronne, on maintenait les péages qui existaient sur leurs anciennes limites. Une partie des douanes intérieures fut supprimée par Colbert; mais la moitié de la France refusa d'adopter la liberté de circulation et les douanes intérieures subsistèrent jusqu'à la Révolution dans treize grandes provinces. — L.

petits impôts qui aujourd'hui, à côté de nos grands impôts, paraissent petits, qui autrefois auraient paru grands ; car, en trente-trois années, l'impôt des confiscations a rendu treize millions, et celui des légitimations, avec celui des aubaines (1), neuf millions.

Après avoir assez gaulé, autant vaut ce mot qu'un autre, la vanité de mon neveu le plus jeune, M. Simplice s'adressa à l'aîné. Et vous, monsieur, lui dit-il, vous avez vingt-deux, vingt-quatre ans ; vous devriez être de votre âge.

Vous devriez, ce me semble, ne pas ignorer que le taillon, la petite taille, l'impôt pour la solde de la cavalerie, que l'impôt pour la solde des cinquante mille hommes d'infanterie, que l'impôt pour les fortifications, sont des impôts nouveaux (2).

Vous devriez ne pas ignorer que l'impôt des parties casuelles est aussi un impôt nouveau (3).

Mon neveu a un air si aimable, si bon, que l'irritation de feu M. Simplice en fut adoucie, et que bientôt le ton et la forme de sa leçon changèrent.

Monsieur, continua-t-il, en s'adressant toujours à l'aîné de mes neveux, encore au dernier siècle, les gens d'Église croyaient leur argent sacré ; ils voulaient, quand on leur en demandait, avoir la permission du pape, et cette permission se faisait longtemps attendre. Maintenant, depuis François Ier, toutes les

---

(1) Aubaines, droits perçus au profit du roi sur les étrangers, les *aubains*, établis dans le royaume. — L.
(2) Ces divers impôts ont été établis par François Ier. — L.
(3) On appelait parties casuelles les droits perçus au profit du roi sur les charges vénales de judicature et de finances lorsqu'elles changeaient de mains. — L.

finances sont hors de page, et depuis 1516 (1) le clergé acquitte périodiquement l'impôt des décimes, qu'il appelle, et qu'il appellera sans doute longtemps, don gratuit. Peut-être savez-vous, peut-être ne savez-vous pas, que cet impôt est de treize cent mille livres.

Autres impôts nouveaux.

En 1583, la cour eut besoin de la petite somme de cinq millions : sans autre façon, elle l'imposa sur les villes ; Paris en paya deux cent mille livres.

Les villes étaient accablées, les campagnes étaient depuis longtemps ruinées ; où prendre de l'argent ? On créa encore de nouveaux offices héréditaires pour toutes sortes de fonctions, depuis celles de gouverneur de province jusqu'à celles de langoyeur de cochon, et on fit si bien, ou plutôt si mal, que la finance générale des offices s'éleva à plus de cent millions ; et aujourd'hui elle s'élève peut-être à cent quatre-vingt millions, peut-être à deux cents, peut-être à davantage. Je crois inutile de dire que cette création de nouveaux offices (2) est un nouvel impôt, un nouveau champ aux épis d'or, dont la moisson est toujours mûre, et qu'à chaque grand besoin, surtout

(1) C'est-à-dire depuis le concordat signé à Bologne par Léon X et François Ier. — L.

(2) La vente des offices fut l'une des grandes ressources des derniers Valois et des Bourbons. Cette vente n'était en réalité qu'un emprunt déguisé. L'acquéreur payait à l'État une certaine somme dite finance, et l'État lui en servait l'intérêt sous le nom de *gages*, lesquels tenaient lieu de nos traitements modernes. On attachait en outre aux offices vénaux certains profits qui augmentaient les revenus des titulaires, tels que les deux sols pour livres sur la vente des marchandises pour les offices industriels, les épices pour les offices de judicature. Lorsque le gouvernement voulait supprimer l'office, il en remboursait le prix au titulaire. — L.

à chaque grand désastre militaire, le roi y met la faux (1).

Jeunes gens, continua M. Simplice, en s'adressant en même temps à mes deux neveux, vous devriez me demander s'il n'y a pas d'autres impôts, car je vous apprendrais que, pour achever de dessécher notre bourse, il y en a encore d'autres anciens, et, entre autres, celui des amendes (2), celui des annates (3), celui des rachats d'impôts (4); qu'il y en a d'autres nouveaux, et, entre autres, celui de vingt livres par clocher, celui de cinq livres par procès, et que, sans le parlement, il y aurait de plus les vingt-sept impôts qu'en un jour, et les soixante impôts qu'en un autre jour voulut enregistrer le feu roi (5).

Mon ami avait cessé de manger; il cessa de boire lorsque le père de mes deux neveux, croyant, comme procureur général des aides, l'honneur de son état

---

(1) Il y a tant d'offices et charges en ce royaume pour distribuer entre les nobles hommes que c'est une chose presque incréable, comme tous gouvernements de pays et de provinces, bailliages, sénéchaussées, châtellaineries, capitaineries des villes et châteaux, et plusieurs autres, sans parler des principaux offices qui appartiennent aux grands personnages et tout à vie... et sans les pensions que le roi donne en son État à sa volonté à plusieurs qui n'ont aucune charge et ne sont de sa maison. — Cl. de Seyssel, *La Grande Monarchie de France*, p. 18.

(2) Voir au sujet de la fiscalité des amendes, page 130.

(3) Les annates étaient une redevance imposée d'après le revenu d'une année à tous ceux qui étaient pourvus d'un bénéfice ecclésiastique. — L.

(4) On appelait *rachat d'impôts* les sommes que payaient en une fois certaines provinces ou certaines villes pour être exemptées à temps ou à perpétuité du payement d'un ou plusieurs impôts. — L.

(5) C'était une maxime de notre ancien droit public que les

intéressé dans les assertions de M. Simplice, se prit à lui dire : Quand on vous accorderait tout ce que nous venons d'entendre, il n'en serait pas moins vrai que la France n'est pas l'État de l'Europe le plus chargé, et on n'aurait pas beaucoup de peine à vous le prouver. Prouvez-le donc! lui répondit M. Simplice tout en colère. Voyons ! Est-ce l'Espagne, propriétaire de la moitié de la terre, qui est plus chargée? A combien s'élèvent ses impôts? dites-le moi ! ou que quelqu'un me le dise! Personne ne répond ! Eh bien ! les impôts de l'Espagne s'élèvent à treize millions ! — Et ceux du Portugal, propriétaire des Indes, à combien s'élèvent-ils? Personne ne répnod ! Eh bien ! ils s'élèvent à un million et demi. — Et ceux des Pays-Bas, le pays le plus riche de l'Europe? A trois millions. — Et ceux de l'Angleterre? A quatre millions. — Et ceux de la Suède? A deux millions. — Et ceux de l'Allemagne? A sept millions. — Et ceux de la Pologne? Le savez-vous?

ordonnances et les édits des rois n'étaient exécutoires qu'après avoir été enregistrés par le parlement; lorsque celui-ci les désapprouvait, il adressait des remontrances au roi. Le roi était libre d'accepter ou non les remontrances; s'il les acceptait, il retirait les édits; s'il ne les acceptait pas, il adressait au parlement des lettres de jussion, c'est-à-dire des lettres par lesquelles il donnait l'ordre d'enregistrer. Le parlement refusait quelquefois d'obéir à cet ordre, et présentait d'*itératives remontrances*. Le roi avait alors recours à la contrainte. Il se rendait en grand appareil au parlement et y tenait ce qu'on appelle un *lit de justice*, parce qu'il s'y asseyait sous un dais couvert en manière de ciel de lit. Là, il donnait l'ordre à l'un des grands officiers de la couronne de déchirer les remontrances qui avaient été consignées sur les registres et d'y insérer les édits qui, de ce moment, devenaient exécutoires.—L.

quelqu'un le sait-il? Allons! qu'il parle! Dans ce pays, le roi ne lève pas d'impôt; son revenu, d'environ deux millions, vient des mines de sel ou d'argent. — Et ceux de la Turquie, à combien s'élèvent-ils? A quinze millions. — Et ceux des États du duc de Savoie? A un million. — Et ceux de la république de Gênes? A un million et demi. — Et ceux de la république de Venise? A cinq millions. — Et ceux du Milanais? A trois millions. — Et ceux du grand-duché de Toscane? A cinq . illions. — Et ceux des États de l'Église? Ils forment peut-être la moitié des cinq millions de revenu qu'a le pape. — Et ceux du royaume des Deux-Siciles? A douze millions (1). — Et ceux des autres États de l'Europe, savez-vous à combien ils s'élèvent? Allons! vous ne le savez guère, convenez-en, et je conviendrai que je ne le sais guère mieux; toutefois, je me crois sûr qu'ils sont moins onéreux que ceux de la France.

Mais, continua-t-il, je demeurerai d'accord, si vous voulez, que, dans la plupart des autres États, les peuples, après avoir été fiscalement tondus par le roi, sont encore fiscalement retondus par les seigneurs; qu'il y a et les impôts royaux et les impôts seigneuriaux; si vous voulez je vous en tiendrai compte; car en tous lieux, et surtout à Chartres, nous aimons les calculs justes.

Je m'attendais à voir bientôt diminuer les transports

(1) Il n'est pas besoin de faire remarquer que quand Monteil parle de millions, il compte toujours par millions de livres. Au seizième siècle, la livre qui, était une monnaie de compte, équivalait à 9 fr. 01 cent. 8/10 millièmes de notre monnaie. —

L.

de M. Simplice ; je les vis bientôt augmenter : la tempête était dans sa bouche, dans ses pieds, dans ses mains. Il se leva seul de table en disant crûment à un bon Parisien qui, sans prétention, venait de parler des rentes de l'Hôtel-de-Ville (1) : Monsieur, vous êtes aussi ignorant que les grands savants de Paris et de province, qui n'ont jamais pu ni apprendre ni écrire un mot de finances. Puis, s'adossant à la cheminée, dans l'attitude d'un homme pour qui tout le monde doit se taire, faire silence, il nous dit :

Voici, Messieurs, l'histoire des emprunts publics, que les uns trouvent détestables, en ce qu'ils donnent au prince la malheureuse facilité de ruiner ses finances ; que les autres trouvent excellents, en ce que les sujets sont alors plus attachés au prince, parce que leur fortune est alors plus liée à la sienne ; voici l'histoire de la dette, la voici :

D'abord, persuadez-vous qu'elle n'a pas commencé, comme on le dit, au règne de Henri II ou à celui de François Ier, mais bien au quatorzième siècle, et peut-être au treizième siècle, et peut-être avant.

Il est vrai qu'elle grossit prodigieusement sous François Ier, qui établit des commissaires aux emprunts ;

Et que sous Henri II elle grossit encore plus ; elle

(1) Voir sur ces rentes ce qui a été dit dans l'argument. Elles passaient pour un placement très-solide, mais elles ont été plus de vingt fois réduites ou non payées ; les Parisiens y avaient cependant confiance, parce qu'elles étaient supposées garanties par le prévôt des marchands et les échevins. Elles étaient comme aujourd'hui négociables par voie de transfert.

L.

grossit jusqu'à quarante-deux millions. La soif d'emprunter s'enflammant tous les jours, on demanda de l'argent aux corsaires d'Alger ; on en demanda même aux cantons suisses, et, ce qui est merveilleux, on en obtint. Le canton de Soleure prêta cinquante mille écus, pour le payement desquels le roi hypothéqua son royaume, avec une clause que j'appris par hasard à Genève, où je rencontrai quelques bons Suisses se disposant à aller en toute sûreté piller les velours de Lyon, les toiles de Rennes, l'orfévrerie de Paris ; parce que, me dirent-ils, le roi avait laissé stipuler dans l'acte d'emprunt que, si au terme il ne payait pas, les Suisses pourraient légalement ravager la France. Pensez donc si je ris ; mais ils m'emmenèrent chez eux. Je vis l'expédition des lettres du roi en bonne forme, je lus la clause ; je ris encore davantage (1).

(1) « Henri, par la grâce de Dieu, roi de France à tous ceulx qui ces lettres verront, salut. Comme ainsi soit que nos grans amys, alliez... et bons compères, les advoyers petit et grant conseil et communaulté de la ville ou quanton de Solleure à nostre prière pour nous complaire nous aient levé et presté la somme de L mille escuz... et pour icelle somme les censes accoustumées cinq pour cent... obligé leur ville, païs... que nous sur ce sçachant et bien advisé ne aucunement circonvenus... promectons pour nous et nos successeurs... en bonne foy, en lieu de serment et en parolle de roy, de payer lesdictes censes... et par faulte d'avoir par nous, nos successeurs payé les dictes censes d'an en an et rembourser les dicts L mille escus du jourd'huy en huict ans... dessoubs l'expresso hypothecque... et en deffault nostre royaume... lequel nos dicts alliez et bons compères pourront... empescher, barrer, arrester et engaiger, aliéner... et sans procès de justice de leur propre auctorité par eux mesmes et tous autres qui en ce leur vouldroient bailler faveur, secours et assistance... et en tout ce qui

Sous François II la dette ne grossit pas ; car, à sa mort, le trésor royal ne devait guère que trente-neuf millions avec intérêt, et deux millions sans intérêt.

Mais sous Charles IX les choses allèrent de mal en pis : la dette grossit d'une manière si épouvantable, qu'en 1561, les Parisiens, sans doute par le conseil des Parisiennes, ne voulurent prêter cinq cent mille livres au roi que sur les bagues et les joyaux des princesses.

Sous Henri III, le pire, si l'on peut parler ainsi, empira ; l'Hôtel-de-Ville de Paris, le prête-nom du trésor royal, fit banqueroute en 1584 ; la dette, qui, aux premiers états de Blois, en 1577, avait grossi jusqu'à cent millions, doubla, tripla.

Car, sous Henri IV, au commencement de son règne, il fut constaté qu'elle s'élevait jusqu'à trois cent millions, dont cent dus aux étrangers.

Au jour actuel, la dette ne s'accroît plus (1).

---

sera ainsi faict par eulx, leurs aydeurs et assisteurs, et dehors justice en quelque façon que ce soit, ils ne pourront commettre aucune faulte, violence, excès ne erreur... nous et nos successeurs ne pourront... permettre estre faict aucun empeschement, opposition... jusqu'à ce qu'ils soient entièrement payez... et au cas que en ce fussions défaillans nos dicts alliés et bons compères auront puissance, droict et raison de invader, molester... les assignaulx et biens ypothoquez... comme cy dessus a esté faict mention... avons signé ces présentes de nostre main l'an de grace mil cinq cens 13 le XI mars. » Au dos de ces lettres sont trois payements partiels, l'un de 15,000 écus faict le 6 mai 1590, l'autre de 20,000 écus faict le 9 avril 1600, l'autre de 19,000 écus faict le 9 août 1613. J'ai l'original de ces lettres.

(1) Grâce aux sages mesures de Sully, non-seulement la dette cessa de s'accroître aussi longtemps qu'il fut aux affaires, mais elle diminua dans une proportion considérable. A la fin

On l'acquitte, quand on peut, par les remboursements; on l'amoindrit par les classifications, par les réductions, par les radiations de plusieurs créances.

Messieurs, par combien de milliers de moyens croyez-vous qu'on a élargi les anciens trous de notre bourse, et qu'on y en a fait de nouveaux? C'est par un seul, par la confusion des finances ordinaires et des finances extraordinaires, par la confusion des deniers du domaine et des deniers de l'État. François I*er* l'a voulue; ses successeurs n'ont eu garde de ne pas la vouloir. Il y avait deux trésors; il n'y en a plus qu'un, qu'on a nommé du nom qui lui convenait le moins, l'épargne.

LA MANIÈRE DONT L'OR REVIENT DE LA BOURSE DU ROI DANS LA NÔTRE.

Lorsqu'on se fut levé de table, on demanda à M. Simplice comment l'or des impôts nous revenait. Il répondit qu'il était fatigué. Le lendemain, le surlendemain, je lui rappelai inutilement cette même question; mais voilà qu'un jour, de même que les chanteurs chantent quand on cesse de les en prier, il me fit sa réponse que je n'y songeais plus. Mon cher ami, me dit-il, si jamais, pour le bonheur des peuples, nous avions un compte général des finances bien exact, bien clair, bien net, vous verriez, par les

---

du règne de Henri IV, ce grand ministre avait remboursé cent millions sur la dette exigible; il avait appliqué cent millions à l'extinction des rentes perpétuelles, et réduit les intérêts de seize millions à six. Ce qu'il y a surtout de remarquable dans

diverses levées d'impôts, par les divers chapitres de recette, les diverses ouvertures que le roi fait à notre bourse, et, par les divers chapitres de dépense, les diverses ouvertures que les besoins de l'État ou de la cour font à la sienne.

La première, la plus grande ouverture faite à la bourse du roi, ou le premier, le plus grand chapitre de dépense de ce compte, serait celui de la guerre, car on évalue à deux millions et demi la dépense annuelle de l'infanterie française, et à un million celle de la gendarmerie.

Le chapitre de la marine, qui, jusqu'au milieu du siècle, aurait été un des plus considérables, serait, resterait aujourd'hui à peu près en blanc.

Le chapitre de la dette nous montrerait toute cette plaie, si grande par l'ancienne aliénation des divers impôts, dont, il y a peu d'années, il ne restait plus qu'un million et demi de libres, si grande par l'exorbitant intérêt au denier douze, si honteuse par la part qu'y ont prise les princes, les seigneurs étrangers; si honteuse surtout par la part qu'y ont prise nos seigneurs titrés, nos princes, nos hauts magistrats, nos administrateurs des finances (1).

l'administration de Sully, c'est qu'en même temps qu'il éteignait une portie de la dette, il diminuait les impôts et retranchait six millions sur la taille. Aujourd'hui notre science financière se borne à augmenter à la fois les impôts et la dette. — L

(1) Pour se rendre un compte exact de ce que dit Monteil au sujet de l'ancienne aliénation des impôts dont il ne restait plus qu'un million ou deux de libres, il faut se rappeler que l'ancienne monarchie empruntait en donnant aux prêteurs les impôts en gage du capital et des intérêts; les prêteurs, pour se

Le chapitre du rachat du domaine, dont les aliénations pour cent millions n'en avaient pas fait entrer plus de quarante au trésor, ce nouveau et glorieux chapitre ouvert par le surintendant Sully, présenterait, suivant les temps plus ou moins heureux, une somme plus ou moins grande.

Le chapitre de la justice faisait autrefois partie de la recette; il ferait aujourd'hui partie de la dépense. Et pourquoi faisait-il partie de la recette? C'était à cause des offices productifs, tels que les greffes, les tabellionats, qui ont été vendus. Et pourquoi serait-il aujourd'hui partie de la dépense? C'est à cause de l'intérêt de la finance de ces offices reçue par le trésor.

Le chapitre des gages des officiers, surtout des officiers des finances, serait aussi fort considérable, et incomparablement le plus considérable, s'il ne renfermait que leurs gages; mais il renferme encore leurs profits, leurs gains, qui, sous le nom de frais, de le-

rembourser touchaient ceux de ces impôts qui leur avaient été donnés en garantie, en d'autres termes qui leur avaient été aliénés. Par impôts qui restaient libres, il faut entendre ceux sur lesquels aucun emprunt n'avait été contracté, et dont l'État touchait intégralement et directement le produit. Lorsque Monteil dit que la dette était « honteuse » par la part qu'y prenaient les individus qu'il cite, il ne fait que répéter ce que les états généraux avaient dit vingt fois, à savoir que les personnes de la famille royale, les magistrats, les hauts fonctionnaires des finances, ne devaient point spéculer sur la pénurie du trésor, pour prêter de l'argent au gouvernement à un taux usuraire; c'était là cependant ce qui se voyait tous les jours. Le gouvernement était toujours libre d'emprunter, n'importe à qui, n'importe à quelles conditions; il mangeait ses revenus à l'avance, en les aliénant, et ce fut là une des principales causes du désordre de nos anciennes finances. — L.

vée ou de perception, triplent le montant des impôts.

Le chapitre des pensions aux Français et aux étrangers serait de deux millions. Ce serait ce chapitre, et non celui de la marine, qui devrait être en blanc.

Le chapitre des dons, autre chapitre fort considérable, autre chapitre qui devrait aussi être en blanc.

Le chapitre des fiefs et aumônes, c'est-à-dire des fondations pieuses, ou des bienfaits du roi envers les gens d'Église, devrait dans plusieurs parties être aussi en blanc.

Le chapitre des chemins, des chaussées, des turcies, des ponts, dont les dépenses forment le supplément des corvées, des péages et subventions, serait petit, très-petit, de grand, très-grand qu'il devrait être.

Le chapitre des bâtiments était très-grand autrefois ; il serait de même aujourd'hui très-grand. Je ne m'en plains pas, car des nombreux sacrifices du peuple les bâtiments sont tout ce qui reste (1).

Enfin viendrait le chapitre de la cour, moins grand que celui de la guerre en temps de guerre, plus grand que celui de la guerre en temps de paix.

---

(1) La manie de bâtir fut pour les rois des derniers siècles une cause permanente de ruine. Depuis François Ier jusqu'à Louis XIV, la construction des châteaux royaux a dévoré des sommes considérables; les troupes n'étaient pas payées, la France n'avait pas de routes, mais elle avait Fontainebleau, Anet, Folembray, Versailles. La royauté se donnait le superflu, quand le royaume n'avait pas le nécessaire, ce qui n'empêche pas la plupart des historiens de compter parmi les faits glorieux des derniers Valois et des Bourbons la construction des châteaux royaux qui n'ont été élevés la plupart que pour satisfaire aux caprices des maîtresses en titre. — L.

LES MOUVEMENTS DE L'OR ENTRE NOTRE BOURSE ET CELLE DES AUTRES.

Il tomba le lendemain de l'eau à torrents; personne ne sortait; M. Simplice entre. Me croyez-vous un ignorant? Je lui fis signe de la tête qu'il s'en fallait bien. Tenez, ajouta-t-il, je vous ai montré quel était le mouvement de l'or de notre bourse à celle du roi, de celle du roi à la nôtre; soyez attentif, et je vous montrerai maintenant quel est le mouvement de l'or de notre bourse à celle des autres, de celle des autres à la nôtre.

Je prends un haut magistrat, vous, par exemple. Il vous faut, à vous, à madame la baillive, un maître d'hôtel, un valet de chambre, un cuisinier, un sommelier, un cocher, un palefrenier, un portier, trois servantes, une demoiselle de compagnie; il faut les habiller, leur donner des pourpoints, des mandilles, des jaquettes, des robes, des coiffes : il faut des draps, des serges, des toiles; il faut vous habiller : il vous faut des robes de satin, des soutanes de damas, des pourpoints de velours, des chapeaux de velours, des souliers de velours, des calottes de velours, des pantoufles de velours. Vous payez le marchand; le marchand paye le blé, le vin à vos paysans; vos paysans vous payent les fermages. C'est un des cent mille cercles par lesquels votre or va et vient. En voici d'autres : Il vous faut de l'orfévrerie, il vous faut des miroirs d'argent, d'or, de la vaisselle d'argent, des réchauds d'argent, des bassinoires d'argent, et, pour la chambre de parade, des crachoirs d'argent, des pots de chambre d'argent. Vous payez l'orfévre, l'orfévre paye votre débiteur forcé de vendre son argenterie, votre débiteur vous paye : autre cercle par lequel l'or va et vient. Autre cercle encore : il vous faut, surtout à vous qui êtes sédentaire, au moins un Maure pour vous faire vos commissions, au moins un singe pour vous divertir. Vous payez le marchand qui fait le commerce d'Afrique; le marchand paye au roi ses douanes, aux paysans leurs denrées; le roi vous paye vos appointements, les intérêts financiers de votre office; les paysans vous payent les rentes, les devoirs seigneuriaux de votre terre.

Le cercle est beaucoup plus grand quand vous achetez à des marchands étrangers.

Mais aussi il est beaucoup plus petit quand il ne s'agit pas de gens de loi, de magistrats comme vous, mais bien quand il s'agit d'artisans, de gens de travail.

Le tisserand paye quatre livres l'aune de son drap au drapier; le drapier, à la fin de la semaine, paye au tisserand le prix de son tissage. Le maçon paye un demi-écu ses souliers au cordonnier, dont il bâtit ou dont il répare la boutique; à la fin du jour, le cordonnier lui paye le prix de sa journée.

Voyez-vous comment la France peut dépenser et dépense tous les ans trois, quatre fois plus qu'elle n'a?

Voyez-vous en même temps que, sous les mots de mouvement de l'or, je comprends aussi le mouvement de l'argent, bien plus rapide, et le mouvement du cuivre, bien plus rapide encore?

LE REPOS DE L'OR.

Un jour que le temps était superbe, que je ne pensais pas à M. Simplice, ou que je pensais qu'il était allé se promener, voilà qu'il s'offre à moi et qu'il m'aborde avec les paroles à peu près les mêmes qu'à sa dernière visite. Me croyez-vous une bête? Je lui fis un autre signe de tête encore plus expressif. Véritablement, me dit-il, depuis ce matin il me semble que je ne le suis pas.

Avez-vous remarqué, continua-t-il en reprenant notre précédente conversation, comment le vent s'élève de la plaine, s'insinue dans la forêt, agite le feuillage; comment il s'élève aussi de la surface des mers, va enfler les voiles de cette grande flotte qui fend les eaux plus rapidement que de jeunes coursiers s'élancent à travers les campagnes; eh bien! ôtez le vent, tout aussitôt la forêt, la flotte, retombent dans le calme de la mort. Ainsi, me disais-je, et me suis-je toujours dit jusqu'à ce matin, l'or, sous la forme du numéraire, met en mouvement tous les pieds, toutes les mains, tous les corps, tous les esprits, toutes les âmes, donne la vie à tout; ôter de la société le numéraire, c'est en ôter la vie; en ôter une partie, c'est en ôter une partie de la vie. Ainsi je condamnais François Ier pour avoir, à la fin de son règne, emmuré au château de Rambouillet une grande partie de son or. Je condamnais ceux qui ne le condamnaient pas; mais ce matin, ayant appris que M. de Sully, afin d'asseoir sur des fondements de plus en plus solides la puissance de la France, afin d'avoir non-seulement des soldats tout prêts, mais encore leur solde toute prête, faisait voûter plusieurs caveaux de l'Arsenal destinés à serrer une partie de l'or du roi (1), j'ai eu à l'instant le bon sens de changer d'opinion, en inclinant ma tête devant celle du nouveau surintendant des finances (2), successeur du conseil des intendants, successeurs du surintendant d'O, successeur des ordinateurs des finances, successeurs de l'ancien conseil des généraux des finances des siècles derniers. J'ai cru ne pas mieux savoir administrer que ce grand administrateur, qui a toujours fait des opérations si régulières, si justes ; j'ai cru ne pas mieux savoir calculer que ce grand calculateur qui, à Saint-Germain, à Fontainebleau, à Paris, partout où jusqu'à lui on n'avait fait que des calculs si faux, si désastreux, n'a jamais fait que des calculs bons, excellents, des calculs de Chartres.

LA FISCALITÉ DES AMENDES (3).

En France, les hommes, de quelque état qu'ils soient, ne peuvent penser, agir, sans qu'ils aient une

---

(1) L'Arsenal est le bâtiment où se trouve aujourd'hui, à Paris, la bibliothèque de ce nom. On y voit encore le cabinet de Sully. — L.

(2) Le titre de surintendant des finances paraît pour la première fois dans notre histoire en 1300. Il fut donné par Philippe le Bel à Enguerrand de Marigny. La charge de surintendant des finances, plusieurs fois supprimée et rétablie, correspondait à celle de nos ministres des finances. — L.

(3) Les amendes n'ont pris le caractère de fiscalité dont il est question ici que sous Philippe le Bel. A l'origine de la monarchie, les lois barbares n'édictent que deux sortes de

amende, petite ou grosse, pendue, comme on dit, au bout du nez. Les diverses parties de la société ont toute la même terminaison comminatoire : amende ! amende ! Toutes les cours bailliagères, financières, forestières, municipales, se plaisent à en prononcer, non-seulement contre les simples bourgeois, mais encore contre les procureurs, les avocats, les notaires, les prêtres et autres hommes publics, même contre les sergents exécuteurs de leurs jugements ; et c'est qu'outre le salaire de leurs taxations, outre le prix du papier, du parchemin, des bougies, elles ont leur vin ; aussi *les livres d'amendes* sont-ils plus gros que les plus gros livres du plain-chant ; aussi

peines pécuniaires : l'une est la composition, *wehrgeld*, que le coupable paye à titre de dommages et intérêts à l'offensé ou à sa famille ; l'autre est le *fred*, que le coupable paye ou roi ou au magistrat, pour avoir violé la paix publique. Cette pénalité disparaît avec la monarchie franque, et les amendes, dans l'acception moderne du mot, ne datent que de Philippe le Bel. Ce prince les exploite en grand comme l'une des sources du revenu public. A partir de son règne, elles forment une branche importante du budget de l'État. Elles étaient généralement appliquées aux délits qui sont aujourd'hui du ressort de la justice correctionnelle ; mais le taux n'en était point fixé, comme de notre temps, entre un minimum et maximum que les juges ne pouvaient point dépasser. Elles étaient complétement arbitraires et pouvaient s'élever à de bien fortes sommes pour des délits relativement peu graves. Il est, du reste, à peu près impossible de dire ce qu'elles rapportaient annuellement, car elles ne sont point portées en recette dans nos anciens budgets. On sait seulement que, lorsque le gouvernement n'avait point d'argent pour payer les gages des magistrats, il leur abandonnait le montant des amendes et qu'il leur en laissait une certaine partie comme gratification ou supplément de traitement, ce qui fait dire justement à Monteil que le parlement de Paris en déjeune. — L.

les rouleaux des exécutoires forment-ils, quand ils sont déployés, comme de grandes meules de foin sur le parquet des greffes.

Plusieurs de ces amendes sont payées entre les mains des receveurs publics ; d'autres sont perçues par des fermiers à qui le bail en a été fait.

LA NÉCESSITÉ DES AMENDES.

Mais voici qui est maintenant admirable : tout aussitôt que ces rouleaux d'amendes sont en recouvrement dans les différentes parties de la France, tout aussitôt dans les différentes parties de la France naissent ou renaissent l'ordre, la police, même la politesse, car il y a des amendes contre les incivils et les arrogants. Cela est si vrai que, lorsqu'un fermier veut se venger des habitants d'un quartier, il n'a qu'à ne pas exiger les amendes de malpropreté, à empêcher les sergents de prendre l'habit de ceux qui n'ont pas d'argent et qui la doivent : dans peu de temps le quartier devient inhabitable. Il n'a qu'à ne pas exiger l'amende des insolences, ou, ce qui est pis, à ne pas exiger l'amende des querelles, du bruit, à ne pas faire sévèrement fouetter ceux qui doivent l'acquitter ou pécuniairement ou corporellement, à leur volonté : en peu de temps le quartier devient encore plus inhabitable ; et, s'il nous plaisait de faire souvent des pactisations, des remises, le peuple, voyant se multiplier au milieu de lui les délits et les méfaits, ne manquerait pas de venir crier devant nos maisons : Fermiers ! fermiers ! faites payer les amendes ; vous ne faites pas payer les amendes !

LA PERFECTIBILITÉ DES AMENDES.

Vous ne savez peut-être pas que les plus grands seigneurs sont gratifiés de riches amendes, que plusieurs présidents ont leurs pensions assignées sur les amendes, que le parlement de Paris en déjeune, que le parlement de Toulouse en déjeune et en dîne. Eh bien! les plus grands seigneurs en seraient beaucoup plus richement gratifiés, les présidents beaucoup mieux pensionnés; tous les parlements, toutes les cours, toutes les justices, pourraient en déjeuner, en dîner, en souper; trente mille honnêtes familles de fermiers, de sous-fermiers généraux, de fermiers généraux, pourraient en vivre.

La rivière de l'or des peines qui féconde les finances pourrait devenir un fleuve si les procureurs des cours seigneuriales, les procureurs des cours royales, qui sont les promoteurs de ces peines pécuniaires, voulaient être un peu plus fiscaux, vous entendez que je veux dire un peu plus habiles; surtout s'ils ne voulaient pas faire les équitables, soupeser les amendes, trouver trop lourdes celles de dix mille francs contre les généraux des aides qui n'ont pas le droit de porter le chaperon écarlate à la procession et qui le portent; — celles de dix mille écus contre les maçons qui ne sont pas autorisés à démolir les autels, et qui les démolissent; — surtout s'ils ne voulaient pas faire les compatissants, les tendres, comme si, pour être procureurs des seigneurs, procureurs du roi, ils en étaient moins procureurs; — surtout si les lois criminelles, moins sanglantes et plus bursales, s'étendaient a un grand nombre de cas (1). — En général, les hommes qu'on n'amende pas avec des amendes ne s'amendent guère, et, par la faute des législateurs, les générations restent perverses.

(1) On trouve dans toutes les législations la trace des amendes judiciaires appliquées tantôt comme peine unique, tantôt comme peine accessoire; chez les Grecs elles frappaient presque inévitablement l'accusé ou l'accusateur lorsque celui-ci ne fournissait point la preuve du délit au sujet duquel il avait intenté l'action, c'était une des ressources habituelles du trésor public. Nous les retrouvons également chez les Romains. Les tribunaux de l'ancienne monarchie en firent parfois un étrange abus, soit pour procurer quelque argent à l'État, soit pour appliquer aux juges eux-mêmes une partie des produits. Ce que dit ci-dessus Monteil au sujet des procureurs des cours royales qui se montrent compatissants à l'excès ne convient qu'à un très-petit nombre d'entre eux, car en général les gens de justice se montraient aussi durs dans l'application des peines pécuniaires que dans celle des peines corporelles. On pourrait citer un grand nombre de faits qui prouvent que les amendes, portées à un taux excessif, étaient souvent hors de toute proportion avec les ressources des individus condamnés à les payer; ceux-ci en cas de non-payement étaien exposés à rester longtemps en prison, et la peine qu'ils n'acquittaient point en argent, ils l'acquittaient par la perte de leur liberté. La confiscation était aussi très-fréquemment appliquée dans un intérêt purement fiscal et elle donna lieu, sous plus d'un règne, à des condamnations très-injustes; mais tandis que l'amende frappait indistinctement toutes les classes, la confiscation ne portait que sur les grands personnages, sur ceux dont la fortune éveillait la convoitise des courtisans auxquels les rois transféraient généralement une partie de leurs biens. Le gouvernement monarchique faisait du reste argent de tout : dans les derniers siècles, il créait des offices inutiles tout exprès pour les vendre : au douzième siècle, il avait vendu la liberté ; au dix-septième, il vendait la noblesse; au dix-huitième, il vendait des lettres de cachet et des lettres de grâce

SEIZIÈME SIÈCLE

PIÈCES HISTORIQUES

ÉTAT DES DENIERS REVENANTS-BONS AU ROI

Le titre que l'on vient de lire est l'exacte reproduction des mots sous lesquels on désignait au seizième siècle les tableaux des recettes ; nous avons cru devoir le conserver pour rappeler au lecteur l'une des formules les plus importantes de la vieille comptabilité. Cette comptabilité était encore si défectueuse que les chiffres des recettes présentent souvent, pour la même année, des différences considérables, suivant les documents qui les relatent. Voici néanmoins ceux qui paraissent se rapprocher le plus de la vérité :

Louis XII. — 1514.	Recettes..............	7,650,000
François Ier. — 1547............................		14,044,600
Henri II. — 1557.............................		18,000,000
François II. — 1560.............................		9,128,998
Charles IX. — 1574.............................		8,628,998

Sous Henri III, nous trouvons pour l'année 1581 les revenus suivants :

Les vingt généralités qui formaient à cette date les circons-

criptions financières, donnent comme produit des tailles et
autres impôts ordinaires, fonciers ou personnels.. 3,409,612
La vente des bois des domaines donne......... 225,815
Le clergé................................... 29,979
Les parties casuelles....................... 3,545,885
Les traites, c'est-à-dire les douanes et les aides
sur les vins................................. 4,294,481

     Total................ 11,498,772

Les agitations de la Ligue, la guerre civile, les désordres qui avaient envahi toutes les branches de l'administration avaient réduit les finances au plus triste état. Sully, en 1595, fut chargé par Henri IV de dresser le bilan des dettes du royaume. Son travail donna les résultats suivants :

DETTES DE LA FRANCE EN 1595.

A la reine d'Angleterre, pour argent prêté, solde
des troupes et des vaisseaux auxiliaires......... 7,370,800
Aux cantons suisses......................... 35,823,177
Aux princes d'Allemagne, argent prêté, solde des
reîtres et lansquenets........................ 14,689,834
Aux provinces unies, solde des troupes auxiliaires; vaisseaux fournis à la France.......... 9,275,400
Pensions aux gentilshommes, chefs de troupes
et soldats..................................... 6,547,000
Sommes dues aux villes, pour prêts d'argent;
gages des officiers de finances, de police et de judicature..................................... 29,450,360
Reliquat des dettes du règne de Henri III..... 12,236,000
Constitutions de rentes....................... 150,000,000
Engagements contractés avec les ligueurs pour
la soumission du royaume.................... 32,227,252

     Total............ 296,620,381

Outre les renseignements qu'il fournit sur la situation des finances, ce budget est curieux à étudier, car il fait exactement connaître les ressources avec lesquelles Henri IV parvint à rétablir l'ordre et la paix dans le royaume: secours en hommes et en argent de la Hollande, de l'Angleterre et de l'Allemagne, prêts des villes, pensions et gratifications aux ligueurs.

Les recettes s'élevaient à 23 millions, les charges à 16 millions; il ne restait pour les dépenses courantes que 7 millions.

Quinze ans plus tard, en 1610, les choses avaient complétement changé; les mesures qui amenèrent ce remarquable résultat furent poursuivies avec une infatigable persévérance. Henri IV rendit d'abord le recouvrement des tailles beaucoup plus certain et plus productif, en faisant cesser « les contraintes et exécutions que l'on faisait contre les laboureurs, et la crainte qu'ils avaient d'être vexez et tourmentez, tant pour les grandes dettes desquelles la malice et incommoditez du temps les avait surchargez que pour la recherche du payement des tailles et autres levées qu'ils étaient tenus de payer. » Il fit cesser les exactions des gouverneurs des provinces, introduisit dans la comptabilité un ordre sévère, et diminua le nombre des privilégiés.

L'édit de mars 1600 nous fait connaître quelles étaient ses idées au sujet des exemptions, l'une des plaies les plus graves de notre ancien système financier. Voici cet édit :

« Edict du roi contenant règlement sur les affranchissements de la taille, au soulagement du pauvre peuple, d'après l'avis des notables de Rouen.

« Il est impossible non seulement que nos tailles soyent levées, mais aussi que l'agriculture continue, si l'abus introduict plusieurs années en ça n'est osté. D'autant plus que les charges et impositions ont esté augmentées, d'autant plus les riches et personnes aysées, contribuables à nos tailles, se sont efforcez de s'en exempter.

« Les uns, moyennant quelque légère somme de deniers, ont acheté le privilége de noblesse. Autres, pour avoir porté l'espée durant les troubles, l'ont induement usurpé, et s'y conservent par force et violence. Autres se prévalent de l'appuy de quelques gentils-hommes au service desquels ils se trouvent maintenant, non seulement pour les suivre à la guerre, mais même pour tenir leurs biens à ferme, et par ce moyen s'exemptent dudit payement. Autres, moyennant quelque chose légère, ont acquis le privilége d'exemption à causes des charges et offices de judicature et de finance dont ils se trouvent pourvus.

« Autres se servent des priviléges accordés aux officiers domestiques des rois et roines défunts, autres des priviléges accordés à ceux de l'artillerie, vénerie, fauconnerie, officiers de nos forêts, archers des prévosts de maréchaux, chevaucheurs et maistres de poste.

« Lesquelles exemptions reviennent au très grand préjudice de la chose publique de cetuy nostre royaume, oppression et totale ruyne de nos subjects qui payent la taille.

« Tous ceux qui sont nés et se trouveront de condition roturière seront mis et imposez à la taille, et cottisez à la proportion de leurs moyens et facultés; révoquant à cette fin tous priviléges et lettres à ce contraires. »

DIX-SEPTIÈME SIÈCLE

LE MARCHAND DE FLUTES.

ARGUMENT

Henri IV, nous l'avons vu dans le précédent chapitre, avait trouvé le pays ruiné; mais, grâce à la ferme vigilance de Sully, les désastres furent promptement réparés. La dette, qui s'élevait en 1595 à trois cents millions était réduite à cent en 1610. Quarante-cinq millions en espèces ou en valeurs de premier ordre formaient la plus forte réserve que la monarchie eût possédée jusque-là. Les impôts avaient subi une réduction considérable. Mais la prospérité du royaume tenait à la vie d'un seul homme. A la mort de Henri IV, le désordre reparut. Sully, qui était resté à la tête des affaires, ne put s'y maintenir que peu de temps, et comme tous les grands ministres, il fut forcé de se retirer devant les intrigues des courtisans, et l'hostilité de la reine-mère à laquelle il avait refusé d'ouvrir un crédit de 900,000 livres. Concini, de Luynes et les autres favoris mirent les finances au pillage. En 1614, il ne restait pas un écu des 45 millions mis en réserve. Les impôts furent augmentés. Les grandes choses accomplies par Richelieu coûtèrent à la France des sommes énormes, et Mazarin, tout en ajoutant de nouvelles provinces à ses anciennes enclaves, acheva de la ruiner, bien moins par les dépenses de guerre que par le désordre et le gaspillage des finances. Il vola, pour sa part, plus de cent millions, et ses agents, les surintendants d'Emery et Fouquet, ne suivirent que trop son exemple.

Colbert, appelé au ministère en 1661, entreprit l'œuvre de réparation. Il fit restituer aux financiers une somme de 110 millions, dont ils avaient bénéficié au détriment de l'État. Il diminua les tailles et les gabelles, qui portaient principalement sur les classes laborieuses, et il augmenta en même temps certains impôts de consommation qui atteignaient le luxe et les objets à l'usage des classes aisées, tels que les vins, le tabac, le café, les cartes, etc.

En 1661, les impôts étaient de 84,222,096 livres, dont 31,814,924 seulement entraient dans le trésor, par suite des frais de régie et des malversations des agents des finances.

Les dépenses s'élevaient à 53,377,172 livres, soit 21,562,248 livres de déficit. Six ans plus tard, le revenu était de 95,571,073, dont 63,016,826 livres entraient au trésor. Les dépenses étaient réduites à 32,554,913 livres, soit en excédant de recettes 30,461,913 livres.

Grâce à la bonne situation du trésor, Louis XIV put mettre sur pied ces belles armées qui ont élevé si haut dans la première moitié de son règne la gloire militaire de la France ; il put équiper des flottes redoutables et disputer à la Hollande et à l'Angleterre la domination des mers ; mais Colbert, comme tous les hommes supérieurs qui ont paru dans notre histoire, ne put échapper à la disgrâce. Louis XIV lui manifesta des soupçons blessants au sujet de la dépense occasionnée par la grille de Versailles ; il en mourut de chagrin, et sa mort fut comme le temps d'arrêt de la fortune de Louis XIV.

Les dernières années du règne furent marquées par les crises financières les plus graves. Les impôts avaient atteint leur maximum. Il fallut recourir aux expédients les plus désastreux; on vendit sous le nom d'offices triennaux et quatriennaux des places parfaitement inutiles, auxquelles furent attachés trois ou quatre titulaires, qui faisaient chacun leur service une année sur trois ou sur quatre. On vendit des lettres de noblesse, et quand on ne trouvait pas d'acheteurs, on plaçait des garnisaires chez les individus auxquels on les avait offertes, jusqu'à ce qu'ils en eussent payé le prix, ce qui arriva entre autres à un riche marchand de bœufs du pays d'Auge, Robert Graindorge, qui devint noble, comme Sganarelle devint médecin, malgré lui. Des emprunts onéreux furent contractés avec les princes étrangers, et quand le grand roi ne trouva plus de prêteurs, il envoya à la Monnaie les meubles en argent de Versailles, tels que les toilettes, les fauteuils, les balustrades de lit, les caisses d'orangers et la statue équestre de Louis XIII.

Deux milliards huit cents millions de dettes, des billets d'État, c'est-à-dire des bons du trésor dépréciés de 70 à 80 0/0, et huit cent mille livres en espèces dans les caisses du gouvernement, tel était le bilan de la France le 15 septembre 1715, jour de la mort du grand roi. Nous verrons plus loin que le bilan de la Convention et du Directoire fut tout aussi triste, et que sous le rapport des finances la monarchie et la république peuvent, chez nous, se mettre sur la même ligne.   L.

LE MARCHAND DE FLUTES.

Vous parlez de rencontres inexplicables, nous disait ce soir notre président du grenier à sel, avec qui nous avons été nous promener, eh bien ! à votre tour expliquez-moi celle-ci.

Il n'y a pas longtemps qu'étant en tournée j'entrai pour dîner dans une auberge de Luzy ; on me servit dans une salle où m'avait précédé un homme vêtu comme moi, habit marron, veste à boutons d'or, petite perruque ronde, chapeau à ailes retroussées, et, pour comble de singularité, à peu près de la même taille et du même âge. Après l'avoir considéré quelque temps, je lui adressai la parole le plus gracieusement que je pus. Monsieur, me permettrez-vous de vous dire que vous êtes à peu près mon menechme ; êtes-vous aussi comme moi président de grenier à sel ? — Moi, monsieur ! non certes, il s'en faut bien, car je vis de la joie publique, je suis marchand de flûtes ; mais, pour mon commerce, je suis obligé d'étudier les finances, au moins autant qu'est obligé de les étudier un président de grenier à sel : sans cela comment saurais-je quand le peuple est content, quand il ne l'est pas, quand je dois acheter, quand j'ai espoir de vendre, quand je ne dois pas acheter, quand je n'ai pas espoir de vendre des flûtes? Je le regardai fixement en riant; il me regarda plus fixement en riant encore plus que moi. Monsieur, ajouta-t-il, vous doutez de ce que je vous dis, il vous faut des preuves; les voici, faites-moi l'honneur de m'écouter :

A la mort de Henri IV, vous voyez que je remonte un peu haut, le surintendant Sully fut obligé de quitter sa place. Plusieurs intendants lui succédèrent, jusqu'à ce que les finances tombèrent dans les mains du surintendant Fouquet (1); elles ne pouvaient tomber dans de pires : car, lorsqu'il fut dépossédé du ministère, la caisse de l'épargne était vide et deux années étaient consumées d'avance. Ensuite elles passèrent dans celles du contrôleur général Colbert (2); elles ne pouvaient passer dans de meilleures.

(1) Fouquet, né à Paris en 1615, surintendant des finances en 1652, mort en 1680. Louis XIV le fit arrêter en 1661 et traduire devant une commission extraordinaire comme coupable de concussion et de complicité avec les ennemis de l'État. Il fut condamné à la confiscation de ses biens et au bannissement, et sa peine fut commuée en une prison perpétuelle. Pélisson, madame de Sévigné, La Fontaine ont pris sa défense, mais si la complicité avec les ennemis de l'État ne fut pas prouvée, les concussions n'étaient que trop évidentes, et ce n'était au fond qu'un voleur des fonds de l'État. Il avait dépensé 17 millions dans la terre de Vaux; il donnait des fêtes qui dépassaient en magnificence celles de Versailles, et il entretenait à ses frais une garnison à Belle-Isle-en-Mer. Il avait laissé les finances dans le plus grand désordre lorsque Colbert le remplaça. Il y a encore aujourd'hui des érudits naïfs qui s'évertuent à le justifier. — L.

(2) Colbert (Jean-Baptiste), né à Reims en 1619, d'un fabri-

De prime abord M. Colbert brisa le dédale d'écritures où il était si difficile de poursuivre les voleurs : il ne fit que deux chapitres, un de recette, un de dépense. A l'exemple de ce grand ministre, je ne ferai que deux chapitres de ce que j'ai à vous dire sur mon commerce de flûtes, considéré dans ses rapports avec les finances, et ces deux chapitres seront les mêmes que les siens.

cant de draps, attaché comme commis à l'administration des finances en 1648, contrôleur général en 1661, l'un des plus grands hommes de notre histoire, l'un de ceux qui ont rendu les plus éclatants services au pays. Mort le 6 septembre 1683. Il porta, pendant la durée de son ministère, les finances du royaume au plus haut degré de prospérité et résolut un problème que personne n'a pu résoudre après lui : ce fut de diminuer la dette dans une proportion considérable et d'augmenter les revenus du trésor, tout en abaissant le chiffre des impôts. La vie et les travaux administratifs de Colbert ont été de notre temps l'objet de nombreuses études, parmi lesquelles nous indiquerons : *Notice historique sur Colbert*, par M. le marquis d'Audiffret ; — *Histoire de Colbert*, par M. Pierre Clément ; — *Études sur Colbert*, par M. Joubleau.

RECETTES.

Tous les comptes des revenus généraux du royaume commencent par les tailles; commençons donc par LES TAILLES. Je me souviendrai toute ma vie qu'un jour, il y a déjà bien longtemps, je parcourais, en faisant mon commerce, une belle vallée, longue de plusieurs lieues. J'étais à cheval; mes sacoches, mes fourreaux de pistolets, étaient remplis de flûtes, que je vendais à droite, à gauche, et au prix que je voulais. Tout à coup je cesse d'en vendre. En même temps et tout à coup aussi je m'aperçois que le pays est changé, que les terres ne sont plus aussi bien closes, aussi bien travaillées, aussi bien cultivées. J'étais, sans le savoir, sorti d'une province cadastrée, où les tailles étaient foncières, fixes, et, sans le savoir aussi, j'étais dans une province non cadastrée, où les tailles étaient foncières, industrielles, personnelles, variables. Dans l'une, le propriétaire ne craint pas d'augmenter sa taille en fertilisant ses terres, et il les fertilise; dans l'autre, il craint d'augmenter sa taille en les fertilisant, et il ne les fertilise pas. On parle de cadastrer toute la France (1); mais quand cela se fera-t-il? Ah! que de flûtes je vendrais! On parle

(1) On en avait déjà parlé sous Louis VI, sous Louis XI, sous Henri IV, et le cadastre était toujours resté à l'état de projet. — L.

aussi de classer les terres. Ah! si cela se faisait je n'aurais pas assez de flûtes (1).

Je dois cependant dire que dans les provinces, cadastrées ou non cadastrées, je trouvais quelquefois des gens qui jouaient de la flûte au milieu de gens qui n'en jouaient pas. Je leur demandais s'ils étaient clercs, privilégiés, nobles, ou si leurs terres étaient nobles. Non, me répondaient-ils; mais, pour notre argent, le roi les a affranchies à perpétuité. Et ils se remettaient à jouer de la flûte.

---

(1) Le mode de répartition et de recouvrement des tailles fut pour les sujets des rois de France une source de misère.

Restreintes d'abord entre les classes privilégiées, les exemptions de la taille devinrent à la longue l'objet d'un indigne trafic; elles furent acquises à prix d'argent par ceux mêmes qui ne pouvaient les réclamer ni en vertu de leur naissance ni en vertu de leurs fonctions, ou étendues par la faveur et l'intérêt personnel à ceux qui n'étaient point appelés légalement à en profiter. « Des personnes puissantes, dit Vauban, font souvent modérer l'imposition d'une ou deux paroisses à des taxes bien au-dessous de leur juste portée, dont la décharge doit justement tomber sur d'autres voisins qui en sont chargés... Ces personnes puissantes sont payées de leur protection dans la suite par la plus-value de leurs fermes ou de celles de leurs parents ou amis, causée par l'exemption de leurs fermiers et de ceux qu'ils protégent, qui ne sont imposés à la taille que pour la forme seulement. » Ces exemptions avaient pour résultat de rejeter en grande partie les tailles sur la population la plus pauvre, surtout sur les campagnes.

En 1707 Vauban nous apprend que, dans les provinces les plus fertiles, des cantons tout entiers restaient sans culture, et que dans d'autres les paysans ne travaillaient qu'à demi, de peur que, si leur terre était bien cultivée, bien fumée, on n'en prît occasion de les imposer doublement à la taille, et il montre les grands chemins, les rues des villes et des bourgs remplis « de mendiants que la faim et la nudité chassent de chez

Je ne dois pas différer plus longtemps de vous dire qu'assez souvent on m'a fait cette question : La taille, à la fin du quinzième siècle, était de trois millions ; à la fin du seizième, de seize millions ; elle est, à la fin du dix-septième, de quarante millions : s'ensuit-il qu'aux temps passés il y eût plus de joueurs de flûte ? — Non ! car il faut tenir compte des variations dans la valeur des monnaies.

Autre et dernière observation sur les tailles : c'est que, si la contrainte militaire qui arrive dans le village au son de la cloche et du tambour, si le spectacle des maisons démolies, des pierres, des poutres, des planches, des fers publiquement vendus, faute par les propriétaires de payer la taille, m'a bien souvent empêché de débiter mes flûtes, la remise des arrérages qu'au nom du roi Colbert accorda aux peuples m'en fit débiter beaucoup ; et ce qui, depuis le commencement de son ministère, m'en fait de même beaucoup débiter, c'est une meilleure répartition. Aujourd'hui on n'a plus recours à la ridicule opération arithmétique d'asseoir sur une montagne stérile la somme égale à celle des erreurs.

Viennent maintenant LES GABELLES. Ce vieil impôt du sel (1) a, depuis quatre cents ans, fait taire bien

---

eux. » Les cahiers des États, à toutes les époques, accusent partout les mêmes abus et les mêmes souffrances. — L.

(1) L'impôt du sel, que l'on croit établi par Philippe de Valois, est bien antérieur, car une charte de Philippe Ier de l'an 1079 en fait mention. On trouve dans une ordonnance du roi Jean, Lyon, février 1350, le vidimus de cette charte. Mais il paraît que cet impôt n'a été royal et général que sous Philippe de Valois. Le manuscrit du Revenu du roy en 1084 porte

des flûtes, surtout des flûtes à bergers. La viande vivante, si l'on peut s'exprimer ainsi, a besoin d'être salée aussi bien que la viande qui est sur la table. Il est vrai qu'année commune les gabelles rendent au roi trente millions; mais il est vrai aussi que ces trente millions en coûtent au peuple trente autres, et ce ne serait rien si elles ne lui coûtaient encore ses plus nobles vertus, la franchise, la véracité. Dans les familles, d'ailleurs honnêtes, la ruse, le mensonge, vous le savez mieux que moi, monsieur le président, sont applaudis pourvu qu'ils aient pour objet la gabelle. Sans doute Colbert a réprimé bien des exactions, sans doute aussi, j'en conviens, j'ai vendu quelques flûtes de plus; mais il n'avait qu'à imposer et qu'à rendre le sel vénal aux salines, à renvoyer cette armée de gardes et de financiers qui, chaque année, encombrent de dix ou douze mille quittances les archives de la ferme, que de flûtes, que de flûtes il eût fait aussitôt entendre! Alors il aurait traité plus avantageusement avec la ferme générale, et il aurait plus facilement exécuté son projet de dégrever les fonds de terre par l'accroissement des impôts indirects. Que de flûtes! que de flûtes vendues!

La RECETTE DES AIDES. J'arrivai un bel après-midi à

---

l'impôt du sel à 26 millions; il est à présumer que les augmentations progressives de cet impôt pendant douze ans, à les supputer par les augmentations progressives des autres impôts pendant la même période, l'élevèrent au moins à 80 millions. Je dois ajouter que c'est à peu près l'année commune des gabelles de Forbonnais, qui donne des tableaux dans ses *Recherches* des finances, et qui n'en a pas pour les gabelles au delà de 1688.

Évreux. J'avais marché pendant plusieurs heures, j'étais fatigué. Je m'assis sur mon sac de flûtes, devant une maison de la longue rue des halles ; ma tête se trouvait au-dessous de l'accoudoir des fenêtres du rez-de-chaussée, en sorte qu'un homme qui était en dedans et qui parlait croyait n'être entendu que de ceux qui passaient dans la rue. Il parlait fort haut, car il était avocat et il était fort irrité. Que l'enfer reprenne les aides! disait-il ; qu'il nous envoie le diable! nous y gagnerons. On ne pourra donc jamais boire un verre de vin, de cidre ou de bière sans que les employés de la ferme viennent le jauger ou le flairer. Ah! monsieur de Vauban! inutilement, sous le nom de *Dîme royale* (1), vous proposez la perception en nature ; la voix des bons citoyens n'est pas entendue. Cette ferme, cette dangereuse et redoutable ferme, corrompt le peuple, pensionne les intendants et les cours des finances ; elle tient en sa puissance les canaux de l'agriculture, de l'industrie et du commerce, la vie, la mort de l'État, et elle bouche avec de l'or les oreilles du prince, à qui elle persuade que la régie seule peut assurer le service public ; que la ferme seule peut contracter l'engagement de payer d'avance ou à terme fixe ; et, des sommes immenses qu'elle arrache si durement à ses sujets, tantôt par les droits sur les boissons, tantôt par d'autres perceptions y jointes, elle lui en rend à peine chaque année vingt-un millions (2).

(1) Ce livre fut publié en 1707. L'auteur y proposait l'établissement d'un impôt unique portant sur *toutes les classes*. Louis XIV fit saisir la *Dîme royale* et elle fut brûlée par la main du bourreau. — L.

(2) Pour donner une idée exacte de ce qu'était l'impôt des

Cet avocat marqua ensuite par des réflexions amères la longue nomenclature des autres anciens impôts. Il excepta les dons gratuits ou impôts des pays d'états. Heureuses provinces! dit-il, elles s'imposent elles-mêmes; elles payent, chaque année, huit millions, elles payent allégrement; elles portent allégrement leur charge, car elles se chargent elles-mêmes, et, pardonnez-moi l'expression populaire, elles savent où le bât les blesse, du moins où le bât les blesserait. A ces mots, et sur la foi de cet avocat, je remis mon

aides sous Louis XIV, nous ne pouvons mieux faire que de reproduire ici le tableau des droits levés à Paris sur les boissons en 1680. Voici quels étaient ces droits :

1° Les premiers 5 sols; — 2° les anciens et les nouveaux 5 sols; — 3° les 30 sols par muid, — 4° les 5 sols des pauvres; — 5° la ceinture de la reine; — 6° les 10 sols de la ville; — 7° les 10 sols du canal; — 8° les 10 sols des batardeaux; — 9° les 45 sols des rivières; — 10° les 3 livres par muid; — 11° le domaine; — 12° l'ancien et le nouveau barrage; — 13° les 20 sols de Sedan, ainsi nommés parce qu'ils avaient été établis pour payer la solde d'une garnison de huit mille hommes chargée, sous Henri IV, de la défense de cette ville; — 14° les 20 et 10 sols de subvention; — 15° l'augmentation du barrage; — 16° les 3 sols pour livre de ces trois droits : ce qui constituait, comme le surcens pour le cens, un impôt de l'impôt; — 17° le parisis; — 18° le sol pour livre sur la vente; — 19° les 20 sols de l'hôpital; — 20° les 6 deniers pour livre. Outre les contributions ci-dessus, le vin, dans la capitale, payait encore le droit de *gros* et le détail sur la vente. Voilà quelle était la part de l'État. Venait ensuite la ville, qui levait onze autres droits, et les hôpitaux, qui en levaient quatre; soit pour une seule localité, pour une seule boisson, trente-sept droits différents. Les vingt premières impositions mentionnées plus haut furent totalisées par l'ordonnance de 1680, sous les noms de *droits réunis*, et continuèrent à être perçues avec les quinze autres jusqu'à la Révolution. — L.

sac sur le dos et je partis pour ce pays des flûtes, où véritablement j'en vendis beaucoup plus que dans les autres.

Viennent

LES DÉCIMES

Tandis qu'on entend les clers chanter à l'église, leurs valets jouent de la flûte à la maison. Sous le nom de décimes ou de don gratuit, le clergé paye au roi, tous les ans, jusqu'à dix millions. Au siècle dernier, la révolution enleva au clergé et aux églises les biens donnés librement par les fidèles. Ces biens furent vendus pour assouvir l'avarice des Danton et des Robespierre. En 1880, la chambre des députés, demande que les maisons religieuses soient imposées trois fois plus que les biens des séculiers. Toujours de l'arbitraire et de l'escamotage dans les révolutions.

Vient

LE PAPIER TIMBRÉ

Quel si méchant marchand de flûtes ! me disais-je ; comme ses flûtes sont aigres ! Il va injurier encore plus les nouveaux impôts. Jusqu'ici j'ai eu trop de patience ; je me retire ! Mais à l'instant je fus retenu par son changement subit dans l'objet de sa colère. Non, dit-il, je ne connais rien de plus sot que la nation des Bossuet, des Pascal, des Corneille, des Racine, des Molière ; elle est accablée sous les impôts, surtout sous l'inégalité de leur poids. On en établit un, celui d'un papier timbré d'effigies monétaires (1). Cet impôt atteint indistinctement tout le monde : Je me révolterai, dit-elle. Cet impôt ne fait pas taire une flûte ; il ne va chercher de l'argent du fisc

(1) Le papier timbré fut établi en France en 1635. — L.

que dans la bourse de la chicane ; Je me révolterai, répète-t-elle. Et, au milieu d'une des plus grandes villes de France, elle se révolte et brûle le receveur dans les rames de son papier timbré (1) ; mais la main

(1) Parmi les révoltes auxquelles le papier timbré a donné lieu, la plus grave est celle qui éclata dans la Bretagne en 1675. Les paysans bretons, après avoir pris les armes pour repousser le timbre, la marque d'étain et l'impôt sur le tabac, publièrent sous le titre de *Code paysan* une sorte de charte qui devint l'acte de foi de tous les insurgés.

Cette pièce très-curieuse, dont un exemplaire fut envoyé à Colbert par le duc de Chaulnes, gouverneur de la Bretagne, (Lettre du 9 juillet 1675), comme l'expression des prétentions de la révolte, était restée inconnue et introuvable jusqu'à ce jour. Une copie du temps vient d'en être heureusement recouvrée par un habile paléographe des Côtes-du-Nord, M. Gaultier du Mottay.

« *Copie du règlement fait par les nobles habitants (les paysans) des quatorze paroisses unies du pays d'Armorique, situé depuis Douarnenez jusqu'à Concarneau pour être observé inviolablement entre eux jusqu'à la Saint-Michel prochaine 1675, sous peine de* TORRÉDEN *(sic) (d'avoir la tête cassée).*

« 1. Que lesdites quatorze paroisses, unies ensemble pour la liberté de la province, députeront six des plus notables de leurs paroisses aux états prochains, pour déduire les raisons de leur soulèvement, lesquels seront défrayés aux dépens de leurs communautés, qui leur fourniront à chacun un bonnet et camisole rouge, un haut-de-chausse bleu avec la veste et l'équipage convenable à leurs qualités.

« 2. Que les habitants des quatorze paroisses unies mettront les armes bas et cesseront tout acte d'autorité jusqu'au dict temps de la Saint-Michel, par une grâce spéciale qu'ils font aux gentilshommes qu'ils feront sommer de retourner dans leurs maisons de campagne au plus tôt, faute de quoi ils seront déchus de ladite grâce.

« 3. Que défense soit faite de sonner le tocsin et de faire assemblée d'hommes armés sans le consentement universel

de la force est, cette fois, la main de la raison ; elle maintient l'impôt, dont le produit est compris dans le bail général des fermes.

« de ladite union, à peine aux délinquants d'être pendus au
« clochers ou d'être passés par les armes.

« 4. Que les droits de champart et corvée, prétendus par
« lesdits gentilshommes, seront abolis comme une violation de
« la liberté armorique.

« 5. Que pour affirmer la paix et la concorde entre les gen-
« tilshommes et nobles habitants desdites paroisses, il se fera
« des mariages entre eux à condition que les filles nobles
« choisiront leurs maris de condition commune qu'elles ano-
« bliront, et leur postérité qui partagera également entre eux
« (sic) les biens de leurs successions.

« 6. Il est défendu, à peine d'être passé par la fourche, de
« donner retraite à la gabelle et à ses enfants, et de leur four-
« nir ni à manger, ni aucune commodité, mais, au contraire,
« il est enjoint de tirer sur elle comme sur un chien enragé.

« 7. Qu'il ne se lèvera, pour tout droit, que cent sols par
« barrique de vin horet (du dehors) et un écu pour celui du
« crû de la province, à condition que les hôtes et cabaretiers
« ne pourront vendre l'un que cinq sols et l'autre trois sols la
« pinte.

« 8. Que l'argent des fouages anciens sera employé pour
« acheter du tabac qui sera distribué avec le pain bénit, aux
« messes paroissiales, pour la satisfaction des paroissiens.

« 9. Que les recteurs, curés et prêtres seront gagés pour le
« service de leurs paroissiens, sans qu'ils puissent prétendre
« aucun droit de dîme, novale ni aucun autre salaire pour leurs
« fonctions curiales.

« 10. Que la justice sera exercée par gens capables, choisis
« par les nobles habitants, qui seront gagés avec leurs gref-
« fiers sans qu'ils puissent prétendre rien des parties pour
« leurs vacations sous peine de punition, et que le papier tim-
« bré sera en exécration à eux et à leur postérité, pour ce que
« tous les actes qui ont été passés seront écrits en autre pa-
« pier et seront par après brûlés, pour en effacer entièrement
« la mémoire.

« 11. Que la chasse sera défendue à qui que ce soit depuis

7.

Vient

LA CAPITATION.

Nous, les marchands de flûtes, nous demandions, depuis longtemps, des impôts personnels que payassent indistinctement tous les sujets de l'État ; on établit la capitation ou impôt par tête (1), qui divise la

« le premier jour de mars jusqu'à la mi-septembre, et que
« fuies et colombiers seront rasés et permis de tirer sur les
« pigeons en campagne.
« 12. Qu'il sera loisible d'aller aux moulins que l'on voudra,
« et que les meuniers seront contraints de rendre la farine au
« poids du blé.
« 13. Que la ville de Kemper et autres adjacentes seront
« contraintes, par la force des armes, d'approuver et ratifier le
« présent règlement à peine d'être déclarées ennemies de la li-
« berté armorique et les habitants punis où ils seront rencon-
« trés, défense de leur porter aucune denrée ni marchandise
« jusqu'à ce qu'ils aient satisfait, sous peine de *torrében*.
« 14. Que le présent règlement sera lu et publié aux prônes
« des grandes messes et par tous les carrefours, et affixé aux
« croix qui seront posées.
« Signé : TORRÉBEN *et les habitants.* »

Extrait du mémoire de M. Du Chatellier, sur les *anciens évêchés de la Bretagne*, § IV. — Compte rendu des séances et travaux de l'Académie des sciences morales et politiques, août 1860, p. 202-203.

On sait que six mille hommes de troupes appelées en Bretagne par le duc de Chaulnes mirent fin à cette révolte des *bonnets rouges*, comme on les désignait, et que ce fut elle qui fit dire à madame de Sévigné que les révoltés de la *Basse-Bretagne* auraient besoin d'être pendus pour leur apprendre à parler. — L.

(1) Cet impôt parut chez nous pour la première fois en 1350 ; mais jusqu'à Louis XIV il ne fut que rarement et temporairement perçu. Il fut rétabli par Louis XIV en 1695, supprimé en 1698 et définitivement rétabli en 1715. — L.

nation en vingt classes, toutes appelées, sans aucune exception, à contribuer suivant leur fortune. Eh bien ! quoique cet impôt soit levé sans frais, qu'il ait produit la première année plus de vingt millions, et qu'il en puisse produire plus de quarante ; quoiqu'il soit redouté, repoussé par les classes privilégiées, parce qu'il rappelle l'ancienne égalité civile ; quoiqu'il soit par conséquent éminemment populaire, le peuple n'en veut pas.

Vient

LE CONTRÔLE DES ACTES.

Ah ! quel malheur pour un marchand de flûtes qu'une nation sotte ou ignorante en finances ! Je craignais qu'elle voulût aussi rejeter de même l'impôt du contrôle qui donne aux contrats entre particuliers un caractère public, une date certaine (1), en les assujettissant, non pas à l'ancienne formalité du sceau, d'ailleurs maintenue dans les cas où elle était en usage, mais à l'ancienne formule de son enregistre-

_____

(1) Il m'est passé sous les yeux des milliers d'anciens actes de diverses espèces, et j'ai remarqué que le vidimus du garde-sceau rappelle et le nom du notaire, et le nom des parties contractantes, et la date du contrat. Même remarque sur les sceaux apposés aux actes judiciaires antérieurs au jugement, bien que d'une espèce différente, sur le jugement lui-même et sur les actes qui en sont la suite. Même remarque sur tous les autres genres d'actes possibles. L'enregistrement n'est guère que l'ancien contrôle, et l'ancien contrôle que l'ancien sceau. Remarquons enfin que l'acte notarié, scellé, contrôlé, avait et a trois dates certaines, celle du notaire, celle du sceau du notaire, celle du contrôle ou enregistrement. Voilà, en peu de mots, l'histoire du sceau, aujourd'hui l'enregistrement.

ment ; aussi mon avis est-il que cet impôt devrait porter le nom d'enregistrement au lieu de celui de contrôle, car il n'est pas perçu sur deux rôles, un rôle et un contre-rôle. Et combien croyez-vous que, en attendant qu'il porte le nom d'impôt de l'enregistrement, rende cet excellent nouvel impôt de contrôle, qui est d'une perception non moins équitable que facile ? Il rend neuf cent mille livres ; encore un, deux siècles, il rendra dix, cent fois autant, et jamais il ne fera taire une flûte.

Vient

LE TABAC.

Autre excellent impôt (1) ; il rend, chaque année, cent cinquante mille livres, et peut-être au fermier un million, qui est payé doucement, pour ainsi dire prise à prise, et qui, ainsi que l'impôt du contrôle, ne fait pas taire une flûte.

On payerait aussi doucement encore l'impôt sur le chocolat, sur le café. On le payerait de même, tasse à tasse.

Vient

LA POUDRE A TIRER.

Elle rapporte, année commune, quatre cent mille livres (2). Soit ! mais la poudre à poudrer rapporterait

---

(1) L'impôt du tabac date de 1674. En 1718, il rapportoit 4 millions et 32 en 1790. Il en donne aujourd'hui 82. — L.

(2) On lit dans l'Estat de tous les revenus du roy en 1684 : « Pour les poudres et salpêtres, les nouveaux fermiers se sont

bien plus. Considérez que dans les villes presque tout le monde poudre les cheveux; considérez que dans les villes et dans les campagnes tout le monde poudre les perruques, et que, grandes ou petites, blondes ou brunes, il y en a dans le royaume au moins cinq cent mille. Ce serait encore un impôt qu'on payerait doucement, même avec plaisir, en se faisant peigner, en se regardant au miroir, ou en jouant de la flûte.

Au lieu de cela, qu'a-t-on fait, ou que va-t-on faire? On va établir le contrôle des perruques (1), dont le bail, qui, dit-on, doit rendre deux cent mille livres par an, ne pourra subsister; car aujourd'hui, en France, ce sont les perruques qui gouvernent.

Vient

LA POSTE AUX LETTRES.

Excellent impôt encore; il rend, une année portant l'autre, environ deux millions, et ne me coûte pas une flûte.

Viennent

LES PARTIES CASUELLES.

Elles rendent annuellement trois millions payés, pour les finances des charges, par les officiers de justice ou autres.

« obligés de livrer au roy, par chacun an, huit cent milliers
« de poudre qui sont évalués à la somme de quatre cent mille
« livres... »
(1) Le contrôle des perruques fut, en effet, établi en 1706. — L.

Ai-je nommé tous les anciens et tous les nouveaux impôts? Je crois du moins n'en avoir omis aucun d'important. Leur produit, joint à celui de ce pauvre domaine, qui depuis tant de siècles est inaliénable, qui depuis tant de siècles ne cesse d'être aliéné, qui cependant rend encore, année commune, sept millions, porte l'état des revenus à cent quarante millions. Quels revenus si riches !

L'Italie, en y comprenant la Sicile, n'en a guère que la moitié ; — La Turquie, le tiers ; — L'empire d'Allemagne, le quart ; — L'empereur d'Allemagne, le huitième ; — L'Espagne, le cinquième ; — La Hollande, le septième ; — L'Angleterre, le huitième ; — La Suède, le treizième ; — Le Portugal, le vingtième ; — La Pologne, le quarante-troisième.

DÉPENSES.

Vous devez aimer Versailles, monsieur le président; quant à moi, je l'aime à la folie; car c'est vraiment une folie à moi d'aimer ce grand somptueux château qui m'a coûté tant de flûtes.

Je m'y promenais à la fête de la Pentecôte avec mes associés. Nous étions assis près d'une nappe d'eau; notre entretien avait pour objet notre commerce, par conséquent la situation des finances, à laquelle il est si étroitement lié. Je disais : Ah! si l'on pouvait parler au roi! si l'on pouvait s'approcher de son oreille! Eh bien! le voilà qui tout à coup paraît et se penche vers moi. Vous hésitez à me croire; et véritablement ceci a besoin d'explication. La nappe d'eau réfléchissait la sommité d'une terrasse qui tout à coup se couronne de la cour de France, au milieu de laquelle était le roi, coiffé d'un chapeau à hauts panaches rouges; il semble s'approcher, et, par jeu, aussitôt je me jette à genoux devant lui; je parle à son image comme si c'eût été lui-même; et, aux grands éclats de rire de mes associés, témoins de cette momerie, après lui avoir fait les calculs que je viens de vous faire sur les finances de la France, comparées avec celles des autres nations, j'ajoutai : Sire, les revenus de ces États sont cependant grands, parce que leurs dépenses sont petites, au contraire des revenus du vôtre, qui sont petits, parce que vos dépenses sont grandes. Ayez le courage de les réduire.

Pour les dépenses de votre maison civile, les ministres mettent, années ordinaires, onze millions ; vous, Sire, ne mettez que le double, que le triple de celles de Henri IV, ne mettez que six millions.

Pour la dépense des bâtiments, ils ne mettent maintenant que deux millions ; c'est encore trop : mettez néant, vous avez assez bâti. Lorsque Idoménée eut nommé Mentor son contrôleur général, les travaux des édifices royaux furent suspendus et les campagnes reverdirent. Cette leçon si belle, que Fénelon n'entend donner qu'à votre petit-fils (1), serait bien aussi à votre usage. — Idoménée, quand Mentor ou la sagesse fut son ministre, ne donna plus de pensions. Vos ministres mettent pour cet objet, années communes, trois millions ; mettez néant. — Idoménée réduisit alors les dépenses de la guerre. Réduisez les vôtres, elles absorbent près de la moitié de vos revenus ; elles absorbent soixante millions. — Idoménée fortifia et dut fortifier ses frontières ; les fortifications des frontières sont comme de grands monuments, comme des bornes qu'un prince puissant pose à son empire ou à l'ambition dont on l'accuse : Idoménée eût passé à vos ministres leurs quatre, leurs cinq, leurs six millions. — Idoménée leur eût passé aussi, pour la marine, leurs quinze, leurs vingt millions : la marine est la protectrice du commerce, autant vaut dire du mouvement vital de l'État.

(1) Le duc de Bourgogne, né le 6 août 1682, mort le 18 février 1712. Son éducation fut en partie confiée à Fénelon, qui composa pour lui le *Télémaque*. — L.

— Idoménée eût pu passer à vos ministres leurs trois cent mille livres de récompenses; mais ses valets n'y auraient pas eu la plus petite part. — Idoménée, s'il eût eu besoin de cent mille chevaux pour sa cavalerie, eût pourvu richement aux haras. La dépense de soixante mille livres vous a paru trop forte, vous l'avez supprimée. — Idoménée eût employé plusieurs millions aux travaux des grandes routes, et les deux cent mille livres qui ont suffi à vos ministres vous ont aussi paru suffire. — Idoménée eut comme vous un chapitre de fonds secrets ; comme vous, il les diminua successivement; comme lui, supprimez-les.

Sire, écoutez Idoménée : commencez par diminuer les recettes, c'est-à-dire les impôts ; et ensuite encore plus les dépenses, c'est-à-dire les dépenses inutiles. — Sire, écoutez Idoménée : et l'état au vrai, malheureusement trop au vrai, de vos finances, changera.

Comptez vous-même : vous trouverez que les dépenses, y compris les assignations, les charges de toute espèce, s'élèvent chaque année à cent cinquante millions, à dix millions au-dessus de vos recettes! Quelle énorme différence! quel effrayant déficit!

Aussi, pour rétablir la balance, vos ministres sont-ils forcés de se jeter dans les affaires extraordinaires. Ils vendent diverses parties de votre domaine, les plus belles, et ensuite toutes les parties restantes. — Ils imaginent d'obscures taxes, de petits impôts, aussi absurdes que vexatoires. — Ils vendent les offices les plus bizarres ou les plus onéreux (1). — Ils ven-

---

(1) Tels que ceux d'ossayeurs de beurre salé, de rouleurs de tonneaux, de contrôleurs aux empilements de bois, de

dent les distinctions, la noblesse ; ils vendent les croix aux gens de guerre, les robes rouges aux magistrats.

Cela ne suffit pas : ils refondent la monnaie, moins au profit de la France qu'au profit de l'étranger. — Ils haussent la valeur du marc d'argent, qui était au commencement du siècle à vingt-deux livres et qui à la fin est à trente-cinq. — Ils mangent d'avance une partie des revenus de l'année suivante.

Cela ne suffit pas encore : ils mettent dans la circulation les billets des officiers des monnaies, des receveurs généraux, des fermiers généraux, des trésoriers des guerres.

Cela ne suffit pas encore : ils empruntent, Dieu sait à quelles conditions! Sire, combien de numéraire croyez-vous avoir dans votre royaume? Vous avez cinq cents millions. Eh bien, le dixième suffit à peine aux intérêts de la dette (1). Je sais que vous en avez tenté le remboursement ; mais faute d'avoir, comme les Anglais, établi des fonds de rachat, vos efforts ont été inutiles. Sire! soyez effrayé de cette bouche dévoratrice de vos finances, qui a commencé à s'ouvrir depuis plusieurs siècles, qui était sur le

---

hâteurs des rôts du roi, de gardes des cravates et manchettes de Sa Majesté. Voir ci-après aux pièces historiques. — L.

(1) Le Régent, parlant au nom du roi, dans un édit d'août 1717, déclare que quoique « le soulagement des peuples ait été le premier objet de ses vœux, il n'a pu y parvenir aussi promptement qu'il l'aurait voulu, soit à cause de la multiplicité des engagements, soit par la difficulté de connaître à fond la véritable situation des finances et de fixer la masse des dettes de toute nature dont le royaume était chargé, soit par la confusion qui se trouvait dans les différentes parties des finances et des revenus, qui étaient presque tous con-

point de se fermer sous le bon Henri, qui s'est rouverte plus grande sous le règne de feu votre père Louis XIII, et encore plus grande sous le vôtre (1). La patience des peuples à se laisser tondre et retondre est longue, je le sais; mais enfin vos successeurs peuvent en voir la fin. Laissez-leur un héritage pacifique. Sire, je suis marchand de flûtes; rendez la joie aux campagnes, l'abondance aux villes; faites-moi vendre beaucoup de flûtes. Si les historiens pouvaient savoir comment se sont vendues les flûtes durant les différents règnes, ils jugeraient bien mieux les rois.

J'étais étonné de la hardiesse de cet homme, quel qu'il fût. Monsieur le marchand, lui dis-je, les *Provinciales* ont communiqué un ton mutin à notre siècle, et le *Télémaque* un ton réformateur. Toutefois, sachez que la haine contre les jésuites a fait le succès des *Provinciales*, et que l'envie contre notre glorieux monarque a fait le succès du *Télémaque*. — Monsieur le

sommés par des obligations anticipées. » Voir ci-après aux pièces historiques. — L.

(1) Les Mémoires de Boulainvilliers, 6e mémoire, chap. Mémoire de Fouguerolles, disent que le numéraire du royaume, à la mort de Colbert, s'élevait à 500 millions, en comptant le marc d'argent au prix de 25 livres 15 sous. Forbonnais, dans ses *Recherches* sur les finances, année 1693, porte aussi le numéraire à 500 millions. Voltaire, dans le *Siècle de Louis XIV*, le porte à pareille somme. Remarquons cependant qu'à la fin du dix-septième siècle l'impôt s'élevait à 140 millions, ce qui, d'après mon arithmétique d'évaluation, dont j'ai fait usage aux notes sur le numéraire des trois siècles précédents, porterait la somme du numéraire à 700 millions. Il faudrait donc ici me départir de l'opinion qu'en général l'impôt est le cinquième du numéraire; mais il faut aussi tenir compte qu'en ces temps les levées des deniers étaient forcées, et qu'il y avait en circulation quantité de billets de caisse, espèce de papier-monnaie inconnue aux siècles précédents.

président, me répondit-il, je m'en rapporte à vous sur le mérite de ces deux célèbres livres; mais ce que je puis vous dire, c'est que l'un est de tous les livres celui qui m'a fait vendre le moins de flûtes, et que l'autre est celui qui m'en a fait vendre le plus.

L'ADMINISTRATION ET LE PERSONNEL

DES FINANCES.

Qu'était cet homme? a continué notre président du grenier à sel; je ne cessais de le regarder, de l'examiner, de réfléchir; je me perdais en conjectures. Je me hasardai à lui faire encore quelques questions. Monsieur, lui dis-je, vous avez beaucoup parlé de finances, vous n'avez guère parlé de financiers; toutefois, depuis Charles VII, qui rendit perpétuelles les tailles, et, on peut ajouter, les autres impositions, leur état a, surtout durant notre siècle, éprouvé plusieurs changements.

Je voudrais bien savoir ce que vous pensez : d'abord sur le conseil royal des finances, composé de grands seigneurs, de financiers, et toujours présidé par le roi (1); — Ensuite sur la suppression du surintendant, qui n'avait pas besoin de la signature du roi;

(1) Le marchand de flûtes ne répond rien aux questions que lui pose le président du grenier à sel, de peur sans doute de se compromettre vis-à-vis d'un si grand personnage, mais l'histoire répond pour lui que, sauf les temps qui correspondent au ministère de Colbert, l'administration des finances fut déplorable sous Louis XIV, et que malgré le conseil, les gardes du trésor, les receveurs et les contrôleurs de toute sorte, la fortune publique fut indignement dilapidée. Le conseil des finances en 1661 était composé du maréchal de Villeroy, des conseillers d'État d'Aligre et de Sève et du contrôleur général. — L.

— Ensuite sur son remplacement par le contrôleur général, qui en a besoin ; — Ensuite sur les deux gardes du trésor, les deux payeurs des dépenses de l'État ; — Ensuite sur les receveurs généraux des dix-huit généralités des pays d'élection ; — Ensuite sur les receveurs des tailles ; — Ensuite sur les collecteurs des tailles des communautés ; — Ensuite sur les vingt-trois fermiers généraux des cinq grosses fermes, ou plutôt sur les vingt-trois cautions d'un pauvre diable nommé Domergue, seul fermier titulaire, contractant avec le roi, seul sujet à prise de corps, en considération de quoi on lui donne, chaque année, une honnête somme, qu'il mange en paix et sans rien craindre ; — Ensuite sur les onze fermiers généraux (1) ou plutôt sur les onze cautions d'un pauvre diable nommé Charrier, payé aussi chaque année du bail, pour prêter son nom et engager sa personne ; — Ensuite sur leurs vingt parts ou sous, qui servent de base et de quotité à leurs riches dividendes ; — Ensuite sur les employés des gabelles ; — Ensuite sur les employés des aides, où il peut bien y avoir quelques anciens laquais, ainsi que le disent les romans et les comédies, mais où il y a aussi des gens d'un grand mérite, habiles, instruits, tenant parfaitement les registres de leur gestion et quelquefois dressant fort exactement la carte géométrique du pays, et quelquefois même fort exactement et fort spirituellement aussi la carte des mœurs des habitants ; — Ensuite sur les nombreux payeurs des hôtels de ville, où,

---

(1) Le nombre des fermiers généraux était de quarante en 1780 ; cette augmentation s'explique par l'accroissement des revenus publics. — L.

selon les différents jours, on paye les rentes auxquelles sont hypothéquées les différentes parties du revenu public; — Ensuite sur les nombreux trésoriers payeurs des provinces; — Ensuite sur l'immuable et pour ainsi dire sacerdotale permanence de la magistrature financière, qui, depuis des siècles, n'a guère éprouvé d'autre changement que l'introduction de la vénalité des charges; mais ce changement est grand, car aujourd'hui, pour être conseiller d'élection, il en coûte huit mille livres, pour être seigneur conseiller de la cour des aides vingt-cinq mille, et pour être chevalier trésorier général des généralités trente mille (1).

Vous ne dites rien, monsieur, absolument rien? pas un mot, un seul mot? pas même sur les tribunaux des greniers à sel?

Cet homme, pour toute réponse, tira de la longue

---

(1) L'administration des finances a subi sous Louis XIV de nombreuses modifications, ainsi que l'indique ici Monteil. Les réformes des premières années du règne furent toutes entreprises sous l'inspiration et par les conseils de Colbert; ce grand homme remettait au roi des mémoires où il signalait toutes les mesures à prendre; il avait toujours grand soin d'en faire remonter l'initiative à Louis XIV et celui-ci s'empressait d'y faire droit, parcequ'il avait dans son ministre la plus grande confiance. Les mémoires de Colbert sont nombreux: ils sont remarquables par leur clarté et leur précision. M. Chéruel en a reproduit des fragments dans *l'Histoire de l'administration monarchique en France*. On en trouve aussi des extraits dans les *Recherches* de Forbonnais, et malgré la distance des temps et la différence des institutions, on peut encore les consulter fort utilement aujourd'hui. L'une des idées de Colbert, était de rendre l'administration des finances si simple qu'elle pût être facilement entendue par toute sorte de personnes, et conduite par peu de personnes. — L.

poche de ses chausses une jolie flûte d'ébène, garnie d'argent, en joua, fort juste, fort nettement, et de temps en temps en s'interrompant par de grands éclats de rire, l'air si connu : *Madame de Lavallière;* après quoi il appela l'aubergiste, paya magnifiquement, monta sur un beau et bon cheval et en quelques moments disparut.

LES LOTERIES.

Dans notre petite rue des Juifs est une jeune et jolie savetière aux yeux noirs, à la peau blanche, dont cependant personne guère ne se souciait, excepté un jeune garçon du voisinage, serrurier de son métier, grand, bien fait, adroit, dont cependant personne guère non plus ne se souciait, excepté la jeune savetière. Ces deux amants s'étaient promis de s'épouser aussitôt qu'ils seraient un peu riches; mais la fortune est longue à venir aux hommes par le marteau ou la lime; elle vient plus vite aux femmes par le bonheur. La veille du jour où l'on devait tirer le billet de la loterie ou blanque d'une maison et d'un fonds d'épicier, la jeune savetière en prit un, dont le prix absorbait au moins tous ses gains d'une année; ce fut le billet gagnant. Aussitôt et sans autre retard, bans, contrôle de bans, bénédiction nuptiale, noces, où la savetière invita ses parents et tous ceux qui voudraient se reconnaître tels. J'en comptai, lorsque le cortége passa, jusqu'à cinquante, portant tous le bouquet et le ruban de livrée. La savetière était en tête, parée d'un beau collier de perles en cire argentée de nouvelle invention. Son petit air égrillard, leste, faisait dire qu'elle avait vu le billet gagnant autrement qu'en songe; mais, à mon avis, c'était pure malice des envieux et des envieuses, car pourquoi ce billet ne pouvait-il venir à une jeune comme à une vieille savetière ? Pourtant, je ne dis pas que fort souvent, dans les blanques, il ne se commette de grandes fautes, et que ces tirages puissent naturellement être exempts de méfiance. Aussi, quand, au dernier siècle, la loterie s'est introduite parmi nous, on ne lui a pas fait bon visage (1). Les parlements, tantôt la voix, tantôt l'écho du peuple, l'ont d'abord proscrite, poursuivie. Mais bientôt nos rois l'ont, au contraire, accueillie, fêtée, enfin adoptée, et, en quelque manière, fleurdelisée, en lui accordant le titre de loterie royale.

Qui ne sait qu'en France, pour qu'on aime, pour qu'on haïsse, il suffit que le roi aime, haïsse? Les loteries étant devenues à plusieurs reprises une des magnificences de Louis XIV, elles ont eu de plus en plus la vogue à la cour et à Paris, ou, comme on dit, à la cour et à la ville. Elles l'ont eue de même en province. Aujourd'hui qu'on me montre, qu'on me nomme quelque chose de difficile défaite qui n'ait pas été mis en loterie.

(1) Les produits de la loterie furent d'abord affectés à des œuvres de charité et de bienfaisance, ainsi qu'à la construction, dans Paris, de divers édifices publics; mais sous les derniers rois de la dynastie capétienne, les produits en furent exclusivement appliqués aux dépenses courantes. De 1797 à 1814, le produit brut de la loterie a été en moyenne de 64 millions par an; de 1814 à 1830, il a été en moyenne, de 58 millions. Sur ladite somme, Paris fournissait à lui seul 30 millions. Cette ville ne comptait pas moins de 150 bureaux. (Voir, sur l'administration de la loterie, *Système financier de la France* par M. d'Audiffret, Paris, 1863, t. 1er, p. 183 et suiv.) — L.

LES LOTERIES

Une maison, un château, affichés depuis longtemps ne sont pas vendus ; on trouve qu'ils sont mal situés, il n'y a pas une offre. Une ferme affichée depuis longtemps n'est pas non plus vendue ; on n'en veut pas, on dit qu'elle est pierreuse, stérile. Les propriétaires les mettent en loterie ; il n'y a pas assez de billets pour le public. Toutes les maisons, tous les châteaux, mis en loterie, sont agréablement situés, toutes les fermes sont d'un bon rapport, sont fertiles.

Dans notre ville de Nevers, la dernière foire fut pluvieuse ; il ne vint pas le quart des étrangers que dans les hôtelleries on attendait. Que faire des provisions ? La pâtisserie, le gibier, la volaille, commençaient à s'altérer ; les vins commençaient à sentir l'évent. En loterie ! vite en loterie ! Tout ce qui est mis en loterie est frais et bon.

Un excellent vieux homme que j'ai connu n'avait que vingt mille livres, il voulait doter de quarante mille livres un hôpital ; eh bien ! il fit une loterie ; il avait été conseillé par un pieux marguillier qui n'avait que cinq mille livres, qui voulait honorer son patron d'une châsse de dix mille, et qui fit aussi une loterie. Les metteurs à la loterie consentirent avec plaisir à ne gagner que la moitié de l'argent du total des billets ; l'hôpital, le saint, gagnaient le reste.

De nos jours le roi, s'apercevant qu'on n'avait pas un très-grand empressement à placer des fonds sur le trésor, a fait comme le fondateur d'hôpital, comme le marguillier ; il a fait une loterie dont les sommes des billets gagnants doivent être acquittées moitié en argent comptant, moitié en rentes constituées. Tout le monde est venu apporter son argent.

N'est-ce pas que ce joli jeu de chiffres et d'espérances donne un grand mouvement à la vie, aux affaires, et que sa brillante roue, comme celle de la Fortune, portant de très-bas très-haut les savetiers, les savetières, les pauvres diables, les pauvres diablesses, enchante, charme tous les yeux?

LES RENTIERS.

Je suis bien aise que la fortune de M. Monfranc doive, dans la suite, s'accroître de quarante bonnes mille livres. On me l'a dit ce matin ; on m'a dit de quelle manière ; je me hâte de l'écrire.

Un jour qu'il pleuvait, neigeait et ventait, le couvent de je ne sais plus quelle abbaye de moines noirs défroqua et mit impitoyablement à la porte un jeune novice. Le voilà qui, semblable à un pauvre petit merle à moitié déplumé, suit lentement le grand chemin, en pleurant, en se dépitant, en enrageant, tandis qu'au même moment la Fortune venait à lui en poste, au galop. Le courrier du roi en Orient passait dans sa voiture. La physionomie du jeune novice plut si bien au courrier, la physionomie du courrier plut si bien au jeune novice, qu'en un instant ils se décidèrent, l'un à quitter le pays, l'autre à fournir aux frais d'un long voyage. Le novice se cramponne lestement au bras du courrier et se jette dans son soufflet, dans lequel il traverse avec lui la France, la Turquie, la Perse et le Mogol. Après un séjour de quelques années dans ces pays, il revint avec un chargement de manuscrits orientaux, qu'il vendit quarante mille livres aux agents de Colbert (1).

(1) L'histoire de ce jeune homme qui s'enrichit en vendant à Colbert des manuscrits orientaux, s'explique par ce fait que ce grand ministre est le fondateur de l'école des langues

Que faire de tant d'argent? se dit le jeune aventurier orientaliste, aujourd'hui vieux et très-vieux rentier; le placer? Oui. Sur l'hôtel de ville de Paris (1)? Non.

Sur l'hôtel de ville de Lyon? Non.

Sur les emprunts du trésor royal? Encore moins!

Sur les impôts? Le domaine? Peut-être!

Sur les octrois des villes? Plutôt!

Sur les états provinciaux? Plutôt, bien plutôt!

Sur le clergé? Oui! oui!

En France, et surtout depuis notre siècle, il s'est formé une classe d'hommes de tous les états qui, sous le nom de rentiers, sont les vrais rois fainéants, pour lesquels on laboure, on tisse, on travaille; c'est

orientales, dont le siège est encore aujourd'hui à la bibliothèque Nationale. Ce fut pour favoriser les études de cette école, que Colbert forma la belle collection connue de tous les savants de l'Europe. — L.

(1) Les détails que nous avons donnés précédemment au sujet de la création des *rentes sur l'hôtel de ville* nous dispensent d'y revenir ici. Il nous suffira de dire que les emprunts en rentes ont été extrêmement nombreux depuis François Ier jusqu'à Louis XVI; ils étaient hypothéqués, comme le dit Monteil, sur les revenus publics, mais c'était là pour les prêteurs une garantie illusoire, attendu que le gouvernement se réservait le droit absolu de réduire les intérêts à sa guise, de rembourser le capital, comme il le fit sous Louis XIV, avec des papiers qui perdaient 60 p 0/0, et qu'il comptait au pair, ou avec des monnaies qui valaient intrinsèquement 12 sols et qu'il comptait pour une livre. Les diverses espèces de rentes étaient si nombreuses que les employés des finances finissaient par ne plus s'y reconnaître. Il y en avait de perpétuelles, mais la perpétuité n'empêchait pas le gouvernement de les rembourser, quand il le jugeait convenable; il y en avait de mixtes, qui étaient perpétuelles pour une certaine somme, et remboursables pour une autre; de viagères sur une tête ou sur plusieurs têtes, les

ce que de tous côtés j'entends dire. Mais ils ont prêté leur travail, leurs sueurs, leur argent, c'est ce que je voudrais entendre et ce que je n'entends pas dire.

Le rentier, l'ancien novice défroqué, n'a pas de proches parents ; il aime uniquement l'académicien, et, par son testament, il laisse tout à son ami, et nécessairement tout à M. Monfranc.

unes avec accroissement, les autres sans accroissement ; il y en avait comme aujourd'hui de transmissibles par voie de transfert, et d'autres qui ne pouvaient sortir des mains des prêteurs. Enfin le taux de l'intérêt était aussi variable que la nature même des titres. Au seizième siècle ce taux varie entre 8 et 15 p.0/0, il est à certains moments de 30 p.0/0 sous Mazarin. Colbert le ramène momentanément à 6 et 7 ; il atteint 12 et 15 dans les dernières années de Louis XIV ; et, pendant le dix-huitième siècle, il varie entre 4 et 8. L.

LES RENTIERS VIAGERS.

Qu'ils sont heureux, disait aujourd'hui le valet de chambre de l'académicien, ceux qui ont mille écus de rente ! il n'y a de plus heureux que ceux qui en ont deux mille. Mon ami, lui a dit son bon maître, veux-tu, par passe-temps, essayer d'un jeu où tu seras sûr d'en gagner cent mille ? On était à dîner ; tous les domestiques sont allés se placer derrière la chaise de l'académicien, et il s'est fait subitement un grand silence. Écoute-moi ! Tu sauras qu'il y a environ quarante ans, un Italien, nommé Laurent Tonti, proposa une espèce de blanque, ou plutôt d'association, dans laquelle trente-trois mille personnes mettraient chacune cent écus en rente constituée ; la part de chaque sociétaire était acquise par sa mort aux survivants ; en sorte que le dernier finissait par avoir cent mille écus de rente pour sa mise de cent écus. J'apprends que cette association vient d'être érigée par lettres patentes en tontine publique, à peu près dans la forme autrefois proposée par Tonti.

(1) On distinguait deux espèces de tontines : les *tontines d'État*, et les *tontines privées*; les premières n'étaient que des emprunts déguisés; et comme elles étaient plus dispendieuses que profitables au trésor public, elles furent supprimées par une déclaration du 21 novembre 1763 et par un arrêt du conseil de 1770. Les tontines privées étaient des associations de

Maintenant, mon ami, tu n'as qu'à retirer les cent écus que t'a donnés ta feue tante, à les porter à la tontine, à ne pas aller à la guerre, à te coucher de bonne heure, à te lever matin, à manger sobrement, à mettre de l'eau dans ton vin, à te tenir gai, enfin à suivre de point en point les règles de l'almanach de Meyssonnier, pour les divers âges de la vie, les diverses saisons de l'année, les diverses heures du jour, et tu es sûr d'être enterré ayant cent mille écus de rente.

capitaux destinés à être répartis entre les survivants à une époque déterminée, avec la part des fondateurs décédés et les intérêts accumulés. Les plus célèbres tontines, sous l'ancien régime, ont été la *caisse Lafarge*, créée en 1759, et la *compagnie royale d'assurances* créée en 1787. C'est de là que sont sorties les compagnies d'assurances sur la vie, mais ces compagnies diffèrent des tontines, en ce sens qu'elles ne servent pour les capitaux placés à fond perdus, qu'un intérêt calculé d'après l'âge des participants, et que le capital de création, ainsi que les bénéfices, sont accumulés pour former le fonds social, dont le revenu assure le payement des rentes viagères. — L.

LES ACTIONNAIRES DES COMPAGNIES
DE COMMERCE.

Qu'il faut pâtir, me dit un jour, au Havre, un riche propriétaire, grand ami de mon hôte ; qu'il faut pâtir, pour avoir, avant de mourir, un peu d'aisance ! Je l'ai ; mais, pour y parvenir, j'ai été souvent obligé de hasarder en une fois ce que j'avais diversement acquis en mille. J'ai gagné maintenant, je crois, la dernière partie. Je ne joue plus qu'avec la pluie et avec le beau temps. J'ai presque tout mon bien en bonnes terres labourables ; je l'ai eu pendant longtemps tout en actions sur les diverses compagnies de commerce.

Sans doute, la France doit à Louis XIV beaucoup d'établissements ; toutefois, elle ne les lui doit pas tous. Elle ne lui doit pas, comme on veut bien le croire, les premières compagnies de commerce.

En 1604, Gérard Leroi en avait établi, pour les Indes orientales, une dont le souvenir s'est à peine conservé.

En 1626, Louis XIII avait établi celle de Saint-Christophe ;

En 1628, celle de la Nouvelle-France ;

Et, en 1642, celle de l'Orient.

Pendant les guerres civiles de la Fronde, ces compagnies, ou mal régies ou mal secourues, dépérirent (1).

(1) L'établissement des compagnies françaises de commerce remonte plus haut que ne l'indique ici Monteil. Déjà, sous Charles V, des armateurs normands avaient fondé des comptoirs sur la côte d'Afrique. En 1432, plus de trois cents facteurs, organisés par Jacques Cœur en association commerciale, trafiquaient en Afrique, en Syrie et dans les Indes. Les premiers comptoirs européens de l'Amérique du Nord, et principalement du Canada, furent fondés par des Français. Voici du reste, à partir de la fin du seizième siècle, la liste de nos plus importantes compagnies coloniales, avec la date des ordonnances qui en autorisent l'établissement :

Canada.............................	1599.
Sumatra, Java, Moluques............	1600.
Acadie.............................	1603.
Indes Orientales...................	1619.
Iles d'Amérique...................	1626-1633.
Cap-Nord...........................	1633.
Guinée.............................	1634.
Cap-Vert...........................	1634.
Madagascar.........................	1642.
France Equinoxiale.................	1663.
Indes Occidentales.................	1664.
Sénégal............................	1679.
Occident...........................	1717.
Mer du Sud et Guinée...............	1719-1720.
Indes..............................	1720.
Tonnegrande........................	1768.
Cassipaour.........................	1780.
Sénégal............................	1785

Quelques-unes de ces diverses compagnies furent dissoutes après quelques années d'existence ; d'autres firent renouveler leurs priviléges, car on sait que sous l'ancienne monarchie nul ne pouvait faire le commerce colonial sans une autorisation du gouvernement. — L.

On les avait, ou peu s'en faut, oubliées, lorsque, en 1664, Louis XIV et Colbert, voulant que la France partageât les immenses profits que faisait la compagnie hollandaise dans les régions lointaines, formèrent la compagnie des Indes-Orientales, pour lutter avec elle pied à pied, corps à corps, et sur le même terrain. Cette nouvelle compagnie, toute glorieuse d'avoir le roi et son ministre au nombre de ses associés, toute riche d'ailleurs de la munificence et de l'éclat que le roi mettait toujours à ses entreprises, devint à la mode. L'or aussitôt surabonde dans ses coffres. Elle se fait un capital de quatre millions ; elle a plusieurs vaisseaux de ligne en propriété, et l'État lui donne la grande île de Madagascar.

Dans ce temps on me remboursa une grande partie de ma fortune, qui était presque toute en argent placé. Ma femme était inquiète : Tranquillisez-vous, lui dis-je, nous achèterons des actions de la compagnie des Indes ; il y en a de mille livres et de quinze cents livres ; je pense que nous pourrons en prendre vingt-cinq ou trente, de mille livres chacune. Je partis vite pour Paris ; je craignais de n'être pas à temps. Mais à peine je fus en voyage, que je me hâtai moins d'arriver.

Toujours dans les relations qu'on nous fait des contrées éloignées, toutes les terres sont fertiles et ne demandent que la charrue ; toutes les rivières sont remplies de poissons ; toutes les forêts foisonnent de gibier. Telle était la grande île Dauphine ou de Madagascar dans les papiers qu'on nous donnait à lire au Havre et ailleurs. Cependant, je rencontrai en chemin deux marins jaunes, mais si jaunes qu'ils semblaient peints. Je leur demandai où ils avaient gagné une pareille jaunisse : A l'île Dauphine, me dirent-ils, et nous ne sommes pas les seuls ; c'est la livrée de tous ceux qui y vont demeurer. En avançant vers Paris, j'appris encore que les régisseurs de la compagnie étaient fort nombreux, et qu'ils faisaient grande dépense ; que, d'ailleurs, ils étaient toujours et impunément trompés par des agents éloignés, maîtres de mal faire. J'en conclus que la compagnie, avec des contrées malsaines et des administrateurs nombreux et infidèles, ne pouvait guère fleurir. Effectivement, nous vîmes, en quelques années, le prix des actions de cette compagnie, qui avait transféré son principal comptoir à Pondichéry, réduit au quart.

J'étais fort près de Paris ; je me déterminai à achever mon voyage, mais à ne pas acheter d'actions.

Cette même année, 1664, le roi et Colbert, voulant aussi faire partager à la France les incalculables profits que faisait la compagnie anglaise en Amérique, formèrent la compagnie des Indes occidentales, avec la même ou plutôt avec une plus grande munificence.

L'ancienne compagnie de Saint-Christophe et celle de la Nouvelle-France, dont j'ai déjà parlé, avaient aliéné à diverses personnes les pays qui leur avaient été concédés, car durant quelque temps les chevaliers de Malte furent aussi chevaliers de Saint-Christophe, chevaliers de la Martinique, chevaliers de Saint-Domingue.

Ils auraient pu devenir les plus riches entreposeurs, les plus riches facteurs de la Méditerranée, de l'Amérique, mais ils redoutèrent les cheveux longs, l'habit uni, la cravate à deux pendants, enfin le costume, l'habillement des marchands ; ils craignirent pour leurs blasons et pour leurs croix ; ils ne voulurent pas. Ils revendirent leurs îles au roi, qui les donna aussitôt à la nouvelle compagnie, déjà en possession de l'Acadie et du Canada, pays qui, au midi, commence aux Florides, et, au nord, ne finit qu'avec la terre. Cette compagnie avait, d'ailleurs, plus de quarante vaisseaux marchands pour son commerce. Je vis là une si grande puissance, je la vis si solide, que, de préférence, j'y plaçai mes fonds. Je devins actionnaire, non-seulement pour les trente mille francs qu'on m'avait remboursés, mais pour tout mon argent disponible. Il ne me restait plus qu'une maison de campagne, celle où nous sommes. Je m'y retirai.

J'étais censitaire, ou, pour mieux dire, ma maison était dans la dépendance d'un haut château, où le seigneur attendait ma visite. J'en fus informé, et je ne la lui fis pas. J'allai voir le bon curé de la paroisse, à qui je dis, par manière de conversation, que j'avais la copropriété d'une terre bien autre que celle de ce village : Elle est grande, lui dis-je, au moins quatre fois comme la France ; il y a des villes, il y a des forteresses. Je lui parlai d'artillerie, d'armée, de victoires ; je lui parlai de droits de paix et de guerre ; je fis une description pompeuse des possessions et des souverainetés de la compagnie dont j'étais actionnaire.

Je déployai mon grand brevet sur parchemin. J'éblouis le curé ; le curé éblouit le seigneur ; il descendit aussitôt de son château, et vint me voir. Je fis la compagnie encore plus puissante ; je l'enflammai si bien, que, dès le jour même, pour devenir actionnaire, il aurait vendu ses fiefs et ses tours, s'ils n'eussent été substitués à ses fils et à ses petits-fils.

Quoique je me plusse assez souvent à me pavaner devant ce fier seigneur, je ne manquais pas pour cela de faire, à part moi, tous mes petits calculs. Je lisais assidûment les papiers hollandais, les papiers anglais, et, à la première menace de guerre, je vendis toutes mes actions. Bien m'en prit, la compagnie d'Occident eut le sort de celle d'Orient.

Le temps était encore aux compagnies de commerce D'autres compagnies se formèrent, dont trois d'Afrique :

Celle du Bastion de France, en 1673, pour la pêche du corail ;

Celle du Sénégal, même année, pour le commerce de la gomme ;

Celle de Guinée, en 1685, pour le commerce de la poudre d'or, de l'ivoire et des nègres.

Celle du Mississipi, pour la possession de la Louisiane, avait été formée, l'année précédente, en 1684.

De toutes ces compagnies, celle de Guinée me parut la plus avantageuse. J'y mis tous mes fonds. Je pouvais m'y ruiner ; je m'y enrichis : les récoltes des nègres, pour parler comme les agents de la compagnie, furent excellentes, et tous les ans on exportait pour les îles de l'Amérique plusieurs milliers de bons nègres, aujourd'hui plus heureux sous le Code actuel, appelé le Code noir, que jamais ils l'aient été.

Cette fois, j'employai ma grosse part de dividende

à acheter des champs, des prés, des bois, des fermes, qui, vous en conviendrez, ne seront pas sujets aux tempêtes des mers de la Chine ou de la baie d'Hudson.

Ne croyez cependant pas que je me sois entièrement brouillé avec les compagnies de commerce. J'ai gardé une action de chacune. Je l'ai divisée en coupons, que j'ai distribués à mes fils, à mes gendres. Chacun a eu sa part ; et, tous les dimanches, avec mes amis, leurs fils, leurs gendres, qui ont aussi quelques actions, divisées aussi en coupons, nous nous réunissons autour d'une grande table, dans mon pacifique pavillon, transformé en une petite bourse, où, au milieu des dissertations politiques sur la puissance commerciale et maritime de la France et des autres États, nous échangeons mutuellement nos coupons. Eh ! Monsieur, le jeu de l'agio n'est pas moins propre qu'un autre à nous amuser dans la barque de ce monde, en attendant qu'elle aille toucher au bord de l'autre.

PIÈCES HISTORIQUES.

RÈGNE DE LOUIS XIV.

Le document suivant donnera une idée exacte de ce qu'étaient au déclin de la monarchie les charges du trésor public, et il suffira de comparer les dépenses de l'Etat, dans la dernière année du règne de Louis XIV, avec celles qui incombent aujourd'hui à notre budget, pour juger combien notre organisation et les besoins de notre société sont différents de ce qu'ils étaient avant la révolution.

Sauf quelques largesses à des ecclésiastiques et à des couvents, il ne figure, dans le budget de 1715, aucune dépense pour le culte, ce qui s'explique par l'ancienne constitution du clergé, qui ne touchait aucun traitement de l'État et qui vivait de ses revenus, ou des aumônes des fidèles. Les dépenses pour l'instruction publique n'y figurent pas non plus, parce que cette instruction était donnée gratuitement par les ordres religieux, par l'université qui était richement dotée, ou payée par les familles seules, dans toutes les écoles qui n'étaient pas gratuites. Les travaux publics, qui tiennent une si grande place dans nos budgets modernes, n'y sont représentés que pour une très-faible somme, attendu qu'à part quelques tronçons de grandes routes, aboutissant à Paris, la création des chemins et leur entretien étaient mis à la charge des seigneurs, ou des paroisses dans les villages, des villes dans le parcours de leur banlieue, des populations dans les pays d'états, et que ceux que le gouvernement établissait ou réparait se faisaient au moyen de corvées d'hommes, de chevaux et de voitures. Colbert au début du règne avait consacré aux améliorations matérielles des sommes assez considérables, mais après lui ce chapitre avait à peu près disparu ; quant aux ponts, ils étaient mis en général à la charge des seigneurs ou des villes, qui se dédommageaient de leurs frais par des péages.

En 1715, comme aujourd'hui, la plus forte dépense est celle de l'armée; elle se monte pour la solde des troupes de ligne à 29,009,500 livres, sans compter diverses sommes affectées à l'artillerie, aux états-majors, aux troupes de la maison du roi, aux garnisons, aux étapes. Ce chapitre spécial, comparé aux chapitres correspondants de nos budgets modernes, présente une énorme différence en moins, mais il faut remarquer que la paix était faite, et qu'une grande quantité de troupes avaient été licenciées, comme cela se faisait toujours après chaque période de guerre : on ne conservait sous les drapeaux, pour faire des économies, qu'un effectif peu nombreux, et ce fut là l'un des vices essentiels de notre ancienne organisation militaire, car, à chaque nouvelle guerre, il fallait improviser en quelque sorte les armées, et comme le service n'était obligatoire que pour la noblesse, le recrutement ne s'opérait qu'avec de grandes difficultés ; d'autre part, le budget étant presque toujours en déficit, il fallait de même improviser les ressources financières. Nous remarquerons, en outre, que les états-majors absorbaient près de la moitié des fonds, car ils étaient hors de toute proportion avec les besoins du service, comme on le voit entre autres sous Louis XVI, où, sur un effectif de 132,000 hommes, on ne comptait pas moins de 1,042 généraux.

Après l'armée, c'est le roi et sa maison qui coûtent le plus cher. Le budget de leurs dépenses s'élève à près de 14 millions ; mais ici encore il faut remarquer que l'état d'épuisement où se trouvait le royaume avait forcé Louis XIV à faire, comme on disait, *de grands retranchements*. Ce prince prodigue et glorieux qui, dans les jours de galanterie et de prospérité, avait dépensé 12 millions pour Fontanges, et 600 millions pour Versailles, avait grand'peine à trouver 240,000 livres pour ses menus plaisirs, et 12,000 livres pour l'achat de ses chevaux. Cependant malgré les retranchements le budget de 1715 s'élevait encore, pour les dépenses courantes, à 170,800,000 ; c'était trop pour la France épuisée d'or et de sang. Le régent, en prenant le pouvoir, le réduisit pour l'année 1716 à 98 millions, mais comme toujours cette somme fut de beaucoup dépassée.

La dette absorbait tous les revenus disponibles, il ne restait plus d'autre issue que la banqueroute, et quelques années plus tard le système de Law permit au gouvernement de la faire sous le nom de cet aventureux financier. — L.

BUDGET DES DÉPENSES
EN 1715 (1)

MAISONS ROYALES

Maison du roi.

	Liv.
Dépenses ordinaires, 99,226 liv. 8 s. par quartier....................................	396,905 12
Gages des grands officiers.............	90,000
» des officiers des princes.........	88,000
	574,905 12

Chambre aux deniers (2).

Dépenses ordinaires, 230,588 liv. 12 s. 9 den. par quartier.....................	922,354 11

(1) Nous reproduisons ce budget dans sa forme historique sans y rien changer. — L.

(2) On désignait sous le titre de *chambre aux deniers* la caisse principalement affectée aux dépenses des vivres, des frais de voyage et de la domesticité, et sous le titre de *maison du roi* les dépenses des grands officiers de la couronne et les dépenses personnelles du roi. — L.

	Liv.
Dépenses ordinaires par ordonnances particulières...............................	60,000
Augmentations........................	74,000
Dépenses ordinaires...................	300,000
Parfait paiement.....................	20,000
Officiers de paneterie.................	6,000

Officiers de fourriers.......	9,300 liv.	
Officiers de fruiterie........	4,500	
Capitaine des charrois......	6,387 10	
Indemnité au pourvoyeur...	120,000	(1)
Indemnité au boulanger....	21,000	
Livrées d'aucuns officiers...	80,000	
Autres livrées...............	9,900	

Argenterie.

Dépenses ordinaires 31,191 l. 1 s. 3 den. par quartier (2)....	121,776 5	
Entretenement des tapisseries........................	4,000	(1)
Parfait paiement de la garde-robe.......................	7,000	
Dépenses du garde-meuble.	120,000	
Pour achat des pierreries...	116,000	

(1) Dépenses non totalisées dans l'original de ce budget.

(2) 124,000 livres d'argenterie par an, c'était beaucoup pour un prince ruiné; mais il ne faut pas oublier qu'en 1709, Louis XIV avait envoyé à la monnaie tout ce qu'il possédait en fait de métaux précieux, et qu'il était obligé, comme on dirait aujourd'hui, de remonter complétement son ménage. — L.

Menus (1).

	Liv.		Liv.
Dépenses ordinaires, 49,548 liv. 5 s. 9 den. par quartier....	198,193	3	
Logement du grand-prévôt.	3,000		
Logement des musiciens....	8,000		240,093
Pensions des ouvriers de théâtre......................	900		
Pour le garde-meuble......	30,000		

Écuries.

	Liv.		
Dépenses ordinaires, 53,804 liv. 5 s. 6. den. par quartier..	215,217	2	
Augmentation de la grande écurie......................	77,317	10	
Augmentation de la grande écurie......................	120,944		
Dépenses extraordinaires...	140,000		
Pour le haras.............	40,000		
Petite oye des livrées......	12,000		(2)
Pour les selliers...........	6,000		
Pour l'éperonnier.........	4,000		
Pour les hautbois et musettes.	8,000		
Pour les médecins, chirurgiens et apothicaires.........	2,000		
Pour les habillements et fournitures....................	260,000		
Pour la lingerie...........	3,000		
Pour livrées..............	20,222	10	

(1) C'est-à-dire les menus plaisirs.
(2) Dépenses non totalisées dans l'original de ce budget.

Achat de chevaux.

	Liv.
Dépenses ordinaires, 3,000 liv. par quartier..................................	12,000

Offrandes.

		Liv.
Quartier de janvier..	9,725	
Quartier d'avril......	5,825	21,200
Quartier de juillet...	2,225	
Quartier d'octobre...	3,425	
Parfait paiement pour le touchement des malades.........		2,000
Parfait paiement des livres de la semaine sainte............		2,000
Aux pauvres des faubourgs.		20,000
Aumônes à plusieurs communautés......................		60,000
Pour les nouveaux catholiques (2).....		60,000
Pour les nouvelles catholiques......................		7,200
Pour la maison des nouveaux convertis...................		4,000
Pour le séminaire de St-Nicolas du Chardonnet........ .		1,200
Pour l'Hôtel-Dieu..........		3,600
Pour la communauté de Ste-Agnès......................		1,000

(1) Dépenses non totalisées dans l'original de ce budget.
(2) C'est-à-dire pour les protestants qui s'étaient convertis depuis la révocation de l'édit de Nantes. — L.

	Liv.	
Pour la communauté du Bon-Pasteur.....................	5,500	
Pour les filles de St-Joseph.	3,000	
Pour l'union chrétienne......	3,000	
Pour la fabrique de Saint-Germain.....................	1,500	(1)
Pour les sœurs de la charité de Saint-Germain............	5,850	
Pour les Annonciades de Meulan...........................	3,000	
Pour les Bernardines de Courville.......................	2,000	
Pour les maisons des nouveaux et nouvelles catholiques.	60,000	

Prévôté de l'hôtel (2).

	Liv.	Liv.
Dépenses ordinaires 3,009 liv. 19 s. 9 den. par quartier......	12,039 19	
Parfait paiement............	44,000	62,039 19
Gages extraordinaires du grand prévôt	6,000	

Cent-Suisses.

	Liv.	Liv.
Dépenses ordinaires 10,092 liv. 2 s. 3 den. par quartier...	40,368 91	53,094 91
Pour la solde de trente-six Suisses d'augmentation........	12,726	

(1) Dépenses non totalisées dans l'original de ce budget.
(2) On donnait le nom de *prévôté de l'hôtel* à une juridiction spéciale qui représentait la justice du roi, et qui connaissait de tous les crimes et délits qui pouvaient être commis dans les résidences royales. — L.

Vénerie et fauconnerie.

Dépenses ordinaires 33,718 liv. 1 s. 4 den. par quartier...	131,872 5 Liv.
Parfait paiement de la vénerie.	52,125
Parfait paiement de la fauconnerie (2)	29,360
Au sieur comte de Mornay pour les Suisses du parc St-Germain	12,000
A lui pour les faisandiers, renardiers et valets de limier..	3,600
Au sieur marquis de St-Héran pour ceux de Fontainebleau...	3,600
Au sieur marquis de Saumery pour ceux de Chambord......	3,000
A lui pour les casaques des officiers de Chambord........	5,010
Au sieur Bontemps pour celles du Louvre............	5,000
Au sieur Menas pour celles de Blois.................	4,050
A M. le duc de Tresmes pour celles de Montreaux.........	2,570
A M. le duc d'Humières pour celles de Compiègne.........	4,830
Pension du sieur de Sorey..	1,000
Au sieur Vabois, pour l'équipage du vol pour lièvre......	3,887 10
Pour les gages des officiers des capitaineries royales.....	83,788 12

(1) Dépenses non totalisées dans l'original de ce budget.
(2) La chasse au faucon était encore en usage sous Louis XIV, mais les vieilles traditions commençaient à se perdre, et l'on ne la pratiquait plus que pour donner de temps à autre *quelque récréation* aux dames de la cour. — L.

Louveterie.

	Liv.	
Dépenses ordinaires, 5,818 liv. 5 s. par quartier.........	23,273	
Au marquis d'Heudicourt, grand louvetier............	10,300	(1)
A lui gratification.........	1,500	

Maison de Mme la duchesse de Berry.

Dépenses ordinaires, 145,000 par quartier................................... **580,000** Liv.

Maison de Madame.

	Liv.	Liv.
Dépenses ordinaires 60,000 liv. par quartier............	540,000	
Augmentation...............	48,000	300,000
Parfait paiement...........	12,000	

Maison de Monseigneur le duc d'Orléans.

	Liv.	Liv.
Dépenses ordinaires 136,000 liv. par quartier............	540,000	
Dépenses extraordinaires...	100,000	660,000
Parfait paiement...........	20,000	
Pension de M. le duc de Chartres........................	150,000	

(1) Dépenses non totalisées dans l'original de ce budget.

Maison de Mme la duchesse d'Orléans.

		Liv.
Pension..................	150,000	
Intérêt de sa dot..........	100,000	250,000

Récompenses des officiers de la maison du roi.

		Liv.
Quartier de janv.	24,012 10	
» d'avril...	24,012 10	95,970
» de juillet.	23,972 10	
» d'octobre.	23,972 10	
Aux maréchaux des logis à raison de 900 liv. par mois....		10,800
Aux fourriers des logis à 1800 liv. par mois.................		21,600
Aux trompettes à raison de 240 liv. par mois.............		2,880
A quatre gardes de la porte qui servent près de la reine d'Angleterre, à raison de 960 liv. par quartier.............		3,840
Au sieur de Villeneuve, lieutenant de la prévôté.........		1,200
Au sieur la Chapelle, capitaine des gardes, à raison de 900 liv. par quartier..........		3,600
Aux femmes de chambre de M. le dauphin...............		4,200
Aux officiers de M. le dauphin pour la Chapelle........		1,800
Au sieur Balon, maître à danser de M. le dauphin........		3,000

(1)

(1) Dépenses non totalisées dans l'original de ce budget.

BUDGET DES DÉPENSES EN 1715

Comptant du roi (1).

	Liv.	Liv.
Dépenses ordinaires, 36,000 liv. par quartier.............	144,000	
Au roi pour la petite écurie.	180,000	924,000
A Sa Majesté pour les trois premiers quartiers à raison de 201,000 liv. chacun.........	600,000	

Dépenses du roi et de la reine d'Angleterre (2)

	Liv.
Pour les dépenses pendant les douze mois à raison de 50,000 liv. par mois.........	600,000

Bâtiments.

	Liv.	
Dépenses ordinaires......	1,939,145	(3)
Supplément de dépenses par comparaison à 1714....	1,000,000	

(1) On désignoit sous ce nom les sommes que le roi prenait dans le trésor, chaque fois qu'il en avait besoin, et dont il n'avait à justifier par aucune pièce de comptabilité. — L.
(2) Charles-Édouard, dit le *prétendant*, fils de Jacques II, que Louis XIV avait reconnu roi d'Angleterre, à la mort de Jacques le 15 septembre 1701. — L.
(3) Dépenses non totalisées dans l'original de ce budget.

Au sieur Deville....	12,000	
» Merlet.....	2,000	
» Balon......	1,000	
» Desgodets.	2,000	
» Bailly.....	1,500	
» Pigoreau..	1,500	23,000 liv.
» Dufreny...	1,200	
» Mazagatti..	400	
» Soulaigre..	400	
» Chevalier..	400	
A la veuve Jourdain.	300	
» Fleuron..	300	

Pour l'entretien des missionnaires de Fontainebleau..	6,000	
Pour les officiers des bâtiments de Fontainebleau......	2,900	
Aux héritiers de M. l'archevêque de Rouen pour loyer de maison à Paris pour la bibliothèque du roi................	5,000	(1)
Au collége de Cambray.....	1,200	
Au curé de Marly pour indemnité.....................	684	
A celui de Croissy.........	375	

Ligues-suisses (2).

Dép. ordinaires.. { 60,000 / 35,000 / 80,000 } 195,000 liv.

A reporter..

(1) Dépenses non totalisées dans l'original de ce budget.
(2) Ce crédit représente les sommes payées par la France à la Suisse, comme prix de l'alliance perpétuelle qui avait été conclue par Louis XI, et renouvelée par ses successeurs. — L.

Report... 195,000 liv.

		Liv.
Parfait paiement par comparaison à 1714..............	370,505	
Pour change, différentes espèces et remise des fonds ci-dessus..................	161,810 5 1	1,081,568 5.1
Pour le remboursement de l'alliance en 1715...........	269,253	
Pour le paiement des chaînes et médailles d'or........	91,000	

Garnisons ordinaires.

	Liv.	Liv.
Pour les dépenses ordinaires desdites garnisons.........	2,231,920	2,231,920
Pour supplément d'appointement par ordonnances particulières...................	67,117	
Aux officiers majors des places rasées..............	18,188	

Ordonnances expédiées pour la solde des troupes des mois de (1)

	Liv.	Liv.
Janvier	4,026,000	
Février	4,026,000	
Mars	3,355,000	
Avril	3,202,500	
Mai	3,050,000	
Juin	3,050,000	
Juillet	3,050,000	29,009,500
Août	3,050,000	

Ordonnances à expédier.

Septembre	3,050,000	
Octobre	3,050,000	
Novembre	3,050,000	
Décembre	3,050,000	(2)
Pour les appointements des officiers majors de la cavalerie	61,300	
Pour les appointements de l'état-major des dragons	20,710	

(1) Nous ferons remarquer ici en passant, que depuis Henri IV la solde des troupes, malgré les progrès de la richesse publique, a toujours été en diminuant. Henri IV l'avait portée à 8 sols par jour ; elle fut réduite sous Louis XIII, réduite de nouveau sous Louis XIV, et sous Louis XVI elle n'était plus que de 5 sols 6 deniers, dont 2 sols étaient retenus pour le pain de munition. Nous ferons remarquer en outre que les troupes, même en temps de paix, n'étaient pas toujours régulièrement payées ; les soldats en étaient souvent réduits à demander l'aumône pour vivre, à rançonner les habitants, et même à faire à main armée la contrebande du sel, du tabac et des marchandises étrangères. — L.

(2) Dépenses non totalisées dans l'original de ce budget.

Étapes.

On estime que la dépense pourra monter à............ 3,000,000 Liv.

Artillerie.

Ces trois articles sont tirés par comparaison aux années précédentes.

	Liv.	Liv.
Pour les gages des officiers en titre................	680,000	
Pour les dépenses de l'artillerie..	150,000	1,330,000
Pour les poudres	500,000	

Gardes du corps.

Ordonnances expédiées: / Art. le septbre.

Janvier....	143,500 liv.
Février....	143,500
Mars......	143,500
Avril......	143,500
Mai........	143,500
Juin........	161,000
Juillet.....	161,000
Août......	161,000
Septembre.	161,000
Octobre...	161,000
Novembre.	161,000
Décembre.	161,000

(1)

(1) Dépenses non totalisées dans l'original de ce budget.

Report... liv.
le paiement du guet
près le roi.................... 202,775
Pour récompense des 40 officiers du guet à raison de 1,225
liv. par quartier............ 4,900
Pour les pensions des officiers des gardes du corps... 68,572

Chevau-légers et mousquetaires.

Janvier....	61,750 liv.	
Février....	61,750	
Mars.......	61,750	
Avril......	61,750	
Mai	61,750	
Juin.......	61,750	
Juillet.....	61,750	(1)
Août	61,750	
Septembre.	61,750	
Octobre....	61,750	
Novembre.	61,750	
Décembre.	110,000	

Pensions des officiers des   liv.
mousquetaires................ 12,000
Pensions des maréchaux de
logis des deux compagnies... 7,200
Pensions des grands offices
de chevau-légers et gens-
d'armes...................... 80,875

(1) Dépenses non totalisées dans l'original de ce budget.

Gendarmerie (1).

Ord. à expédier. Ordonnances expédiées.	Janvier....	61,250 liv.
	Février....	61,250
	Mars......	55,125
	Avril......	55,125
	Mai.......	55,125
	Juin.......	55,125
	Juillet.....	55,125
	Août......	73,500
	Septembre.	61,250
	Octobre....	61,250
	Novembre.	61,280
	Décembre..	61,250

(2).

Pensions des officiers de la gendarmerie................ 196,612 liv.
Pensions des maréchaux des logis.................. 6,600

---

(1) Il s'agit ici, non pas du corps de police qui est aujourd'hui chargé d'assurer la paix publique, mais d'une compagnie de cavalerie qui faisait partie de la maison du roi. Les troupes que l'on désigne maintenant sous le nom de gendarmerie étaient désignées avant la révolution sous le nom de *maréchaussée*. L.

(2) Dépenses non totalisées dans l'original de de budget. O.

Régiments des gardes (1).

Ordonnances expédiées.	Janvier....	159,250 liv.
	Février....	160,550
	Mars......	159,990
	Avril......	159,990
	Mai	159,990
	Juin.......	159,990
	Juillet.....	159,990
Ord. à expédier.	Août......	161,000
	Septembre.	164,000
	Octobre....	164,000
	Novembre.	164,000
	Décembre..	164,000

(2)

	Liv.
Pensions des officiers desdits gardes................	87,250
Au sieur de Salians, lieutenant-colonel...............	2,700

Marine.

Dépenses ordinaires..................		14,000,000 liv.
	Liv.	
Pour les bâtiments des arsenaux.......................	60,000	
Pour les dépenses secrètes.	100,000	(2)
Pour les jeunes orientaux, pensions..........	6,000	
Pour les gages des officiers en titre, par estimation......	1,000,000	

(1) Ces régiments étaient au nombre de deux, l'un suisse, l'autre français; les soldats suisses jouissaient de divers priviléges auxquels les soldats français ne participaient pas, et cette circonstance ne fut pas étrangère à l'ardeur avec laquelle les gardes françaises se rallièrent à la révolution. — L.

(2) Dépenses non totalisées dans l'original de ce budget.

Galères.

		Liv.
Dépenses ordinaires.......	2,800,000 liv.	
Pour les bâtiments de l'Arsenal........................	10,500	2,810,500

Fortifications.

			Liv.
Comparaison à 1714.	Pour les dépenses des places de terre.	Liv. 1,020,833	
	Pour les places maritimes.	612,500	1,673,139 5
	Gratifications des ingénieurs	24,806	
	Pour les fortifications de Lyon......................	15,000	

Ambassades.

	Liv.
Pour les appointements des ambassadeurs et envoyés dans les cours étrangères.	1,000,000

La Bastille (1).

	Liv.	
Pour les dépenses des prisonniers de la Bastille........	80,000	
Pour ceux de Vincennes (2)	15,000	
Pour ceux de Pierre-en-Cize.	30,000	
Pour ceux des îles Sainte-Marguerite................	5,000	136,765
Pour ceux de Saumur, Loches et autres.............	6,400	
Pour un prisonnier à Nantes....................	365	

Pensions.

Officiers des troupes.

	Liv.
Aux officiers des troupes par ordonnances particulières.	2,300,000
Aux lieutenants-colonels, majors et capitaines de grenadiers......................	150,000

(1) La construction de la Bastille fut commencée en 1369. On la désignait alors sous le nom d'*hôtel des Tournelles* à cause des tours dont elle était flanquée. Elle servit d'abord de dépôt au trésor de la couronne et ne reçut la destination de prison d'État qu'à la fin du règne de Charles VII. Nous n'avons pas besoin de rappeler qu'elle fut détruite par le peuple de Paris le 14 juillet 1789. Nous engageons les personnes qui voudraient connaître par les documents même l'histoire de cette forteresse célèbre, à lire le recueil de pièces publiées par M. François Ravaisson sous le titre de : *Archives de la Bastille*. — L.

(2) Vincennes, Pierre-en-Cize, et les autres localités ci-dessus désignées étaient comme la Bastille des prisons d'État. — L.

Aux majors des régiments de cavalerie...............	Liv. 25,000
Aux officiers du régiment des carabiniers............	36,000
Aux officiers majors de dragons...................	50,000

(1)

Autres pensions.

A M. le duc de Bourbon...	100,000 liv. 10,000
A Mme la duchesse de Bourbon................	100,000 90,000
A Mme la princesse de Conty, 1re douairière............	100,000
A Mme la princesse de Conty, 2e douairière............	60,000
A M. le prince de Conty...	70,000
A M. le duc du Maine.....	100,000
A M. le comte de Toulouse.	75,000 15,000
A M. le prince de Vaudemont...................	72,000
Aux prélats et barons de Languedoc...............	66,500
Pour les gentilshommes aux états de Bretagne........	33,000
Pour les académiciens.....	52,400
Pensions, gratifications et menus dons par ordonnances particulières par estimation..	3,500,000

(1)

(1) Dépenses non totalisées dans l'original de ce budget.

Appointements et gages du conseil (1).

	Liv.
Appointements et gages du conseil, des grands officiers, des cours supérieures, ministres et secrétaires d'État.....	1,291,167 10
Quartier retranché des gages (2)....................	320,230
Au sieur marquis de la Vrillière.....................	4,500
Appointement des commis au bureau des fermes.......	118,000
Appointements de commissaires pour la régie du dixième..........................	86,875
Appointements de commissaires pour les rentes sur les tailles.....................	33,000
Appointements de commissaires pour les rentes sur le contrôle des actes...........	89,000
Ces deux bureaux finissent cette année. { Appointements de commissaires pour le jugement des prises..	31,700
Ces deux bureaux finissent cette année. { Appointements de commissaires pour les vivres...............	17,487 10
Appointements d'inspecteurs de manufactures	16,000

(3)

(1) C'est-à-dire le conseil du roi, qui formait sous la monarchie le premier ou plutôt le seul corps politique du royaume.

(2) Il faut entendre par là le remboursement des retenues qui étaient arbitrairement faites sur le traitement des fonctionnaires.

(3) Dépenses non totalisées dans l'original de ce budget.

BUDGET DES DÉPENSES EN 1715

	Report...	
Aux agents du clergé.....	9,000 liv.	
Aux doyens des maîtres des requêtes.......................	9,600	
Aux professeurs royaux pour gages................	22,800	(1)
Appointements des intendants dans les provinces....	575,100	
Autres dépenses et appointements de commis par ordonnances particulières.........	20,000	

Affaires secrètes (2).

		Liv.	
Subsides de Cologne à raison de 101,500 liv. par mois.		1,218,000	
Pensions à l'étranger......		110,000	
ans cet article sont compris près de trois millions d'ordonnances pour l'électeur de Bavière.	Le montant des autres ordonnances expédiées pendant les 8 premiers mois 1715, est de....	5,000,000	(1)
		Liv.	
On croit qu'il en sera encore expédié pendant les quatre derniers mois pour......................		500,000	

(1) Dépenses non totalisées dans l'original de ce budget.

(2) Ce crédit comprenait les subsides payés aux puissances étrangères pour obtenir leur neutralité ou leur alliance, et le traitement des espions que le gouvernement entretenait, en dehors des agents diplomatiques, dans les pays qu'il avait intérêt à faire surveiller. — L.

Intérêts d'avances (1) et remise de traités.

	Liv.	Liv.
Les ordonnances expédiées pendant les 8 premiers mois 1715 montent à	8,760,000	
On écrit qu'il pourra en être expédié pendant les 4 derniers mois pour...............	6,240,000	15,000,000

Ponts et chaussées.

Par ordonnance de suppléments outre le fonds fait dans les états des finances monte par comparaison aux années précédentes à.......... .... 120,000 liv.

Acquits patents.

Pour les ministres secrétaires d'État, leurs premiers commis et autres............ 220,000 220,000 liv.

(1) C'est-à-dire les intérêts payés aux fermiers généraux pour leurs avances de fonds. Par les mots *remise de traité*, il faut entendre les remboursements que l'État faisait à ces mêmes fermiers sur le chiffre de leurs baux.. Tel fermier, par exemple, avait affermé un impôt 100,000 livres ; il payait intégralement cette somme, et demandait ensuite qu'elle fût réduite. L'État lui remboursait 10,000 livres, et c'était là ce qu'on appelait une *remise de traité*. — L.

Appointements des grands officiers de la couronne et maréchaux de France.

Appointements de M. le duc du Maine en qualité de général des Suisses....... 12,000	134,000	
Appointements des maréchaux de France............ 122,000		530,040 liv.
Appointements des grands officiers de la maison du roi. 396,040		

Gratifications extraordinaires et autres dépenses.

Les ordonnances expédiées pendant les 8 premiers mois montent à.................. 8,500,000	15,000,000 liv.
On estime que celles qui pourront être expédiées pendant les quatre derniers mois monteront à................ 6,500,000	

Guet de Paris et brigades.

Au sieur Duval pour le guet. 130,000	
Au porteur pour les brigades,...................... 26,526	169,426 liv.
Au sieur Duval............ 4,500	
Aux commandants des brigades...................... 8,400	

Pavé de Paris.

Pour les dép. ordinaires (1)............ 454,600 liv.

(1) A l'époque où fut dressé le budget qu'on vient de lire, le déficit se montait à quatre milliards environ. — L.

RÈGNE DE LOUIS XIV.

BUDGET DES RECETTES.

LES AFFAIRES EXTRAORDINAIRES.
en 1704.

Les revenus de l'ancienne monarchie se composaient de trois éléments distincts : le domaine, les impôts, les affaires extraordinaires. On comprenait sous ce dernier nom une foule d'opérations financières auxquelles on avait recours dans les moments difficiles, telles que la vente des lettres de grâce, des lettres de noblesse, la création d'offices de judicature et de finances et d'offices industriels, les exemptions d'impôts, moyennant finances ; les taxes sur les privilégiés, etc.

Aujourd'hui que nos budgets des recettes sont arrêtés à l'avance, ces sortes de spéculations sont devenues impossibles ; mais sous l'ancien régime, les ministres y avaient continuellement recours ; elles donnaient lieu aux manœuvres les plus désastreuses, et jetaient la comptabilité dans un chaos inextricable. On les distinguait en *affaires extraordinaires par traité* et *affaires extraordinaires sans traité*. Les premières étaient conclues par le gouvernement lui-même directement et sans intermédiaire avec les intéressés ; les secondes étaient abandonnées à des capitalistes connus sous le nom de partisans ou traitants, qui se chargeaient de l'exploitation en avançant des fonds au Trésor et qui réalisaient ainsi de grands bénéfices, en tirant des contribuables des sommes beaucoup plus fortes que celles qu'ils avaient payées en contractant avec l'État.

Les affaires extraordinaires ont joué un très-grand rôle dans les derniers siècles de la monarchie. Il n'existe rien de semblable dans notre organisation financière, et nous ne saurions mieux faire, pour en donner une idée exacte, que de reproduire ici le tableau complet de toutes celles qui ont eu lieu en 1704. — L.

LES RECETTES EN 1704.

AFFAIRES EXTRAORDINAIRES PAR TRAITÉS.

	liv.
Offices de visiteurs et contrôleurs de poids et mesures, net..........	1,666,666 13.4
Contrôleurs des greffes des hôtels de ville, greffiers de l'écritoire des revues et logements de gens de guerre, avec attribution de moitié des droits des greffiers et exemption de tailles personnelles, net....	500,000
Greffiers des rôles de la subvention du ressort des parlements de Metz et Besançon, et des fouages en Bretagne, net......................	250,000
Offices des contrôleurs des recettes des gabelles, avec attribution de 4 sols par minot dans les gabelles de France, et de 3 sols dans celles du Lyonnais, des excédants	

de vente, bons de masses et autres droits, net.................... 2,916,666 13.4 liv.

Offices de lieutenants criminels dans tous les greniers à sel du royaume, avec attribution de plusieurs droits sur le sel et de 6 deniers par cotte de rôles, exemption de toute taille, etc., et d'un office de notaire en chacun desdits greniers, net.................... 8,333,333 6.8

Offices d'inspecteurs des boucheries dans toutes les villes et bourgs fermés du royaume, avec attribution de 3 livres par chacun bœuf et vache, 12 sols par veau et génisse, et 4 sols par mouton, net.................. 4,000,000

Offices de seconds présidents dans tous les bureaux des finances, à l'exception de celui de Paris, net... 833,333 6.8

Offices de trésoriers, receveurs et payeurs des revenus des fabriques et confréries à Paris et dans toutes les villes du royaume où il y a présidial, bailliage, sénéchaussée, élection, net.................... 683,333 6.8

Offices de jurés auneurs de draps à Paris, courtiers, commissionnaires d'étoffes, concierges et autres offices avec attribution de différents droits, net.................... 333,333 6.8

Établissements des chambres souveraines des eaux et forêts dans

AFFAIRES EXTRAORDINAIRES

	liv.
tous les parlements du royaume excepté celui de Paris, net............	2,000,000
Offices de contrôleurs des exploits, avec attribution de 1 sol par augmentation et 3 sols des saisies mobilières, exemption de tailles et autres impositions, net............	1,666,666 13.4
Offices de procureurs syndics dans les communautés des procureurs et huissiers audienciers, avec attribution de 6 deniers du montant des dépens aux syndics, et 1 sol aux contrôleurs, commissaires, gardes des ports et chantiers de Paris, gardes de nuit, déchargeurs, rouleurs et chargeurs de vins, vendeurs et contrôleurs avec attribution de différents droits par augmentation; syndics dans les communautés des procureurs et greffiers; et greffiers des baptêmes, net..................	1,750,000
Offices de secrétaires du roi, net.	2,000,000
Offices de subdélégués dans les provinces et généralités du royaume, avec exemption de tailles, net......	2,000,000
Offices de contrôleurs jurés mesureurs de charbon dans la ville et faubourgs de Paris, avec attribution de 2 sols par chaque minot de charbon, par augmentation du prix, net.	416,666 13.4
Établissement d'un présidial à Ypres et Valenciennes, net........	500,000

Offices des chambres des comptes

de Rouen, Dijon, Bretagne, etc. Taxes sur les greffiers, receveurs et payeurs des épices et autres, à cause de l'attribution de nouveaux droits, net.................... 1,000,000 13,4

Offices de marine avec 105,000 liv. de gages, exemption de tailles, etc., net........................ 2,210,000

Offices de buvetiers ès chambres des parlements, chambres des comptes et autres cours, avec attribution de 1,500 liv. de gages, avec un minot de franc-salé ; jurés vendeurs visiteurs de porcs, avec attribution de différents droits, 20 sols, 10 sols ou 6 sols de chaque porc, suivant la situation des marchés, net.......... 701,000 13,4

Augmentations de gages attribués aux payeurs des gages des pays d'État........................ 500,000

Huit offices de vendeurs, visiteurs et priseurs de foin arrivant à Paris, avec attribution de 4 sols par quintal de foin pour augmentation, et quarante contrôleurs jurés visiteurs de ladite marchandise, avec attribution de 8 sols par quintal de foin, net......................... 600,000 13,4

Offices en la chambre des comptes, aides et finances de Montpellier, net....................... 500,000

Attribution de 1 denier pour livre de l'imposition de la taille, tant aux

AFFAIRES EXTRAORDINAIRES

receveurs généraux que particuliers des pays d'élection, net............ 1,722,000 liv.

Union de la cour des monnaies à la sénéchaussée et siége présidial de Lyon................................. 458,333 3.3

Offices créés en l'Hôtel de Ville de Paris, avec attribution de gages et droits considérables, net........ 333,333 3.3

Cinquante contrôleurs, visiteurs marqueurs de toutes sortes de papiers entrant et vendus dans la ville de Paris, avec attribution de 5 sols par rame, compris 1 sol 4 deniers qui se levaient par les fermiers, net. 333,333 3.3

Vente et revente des offices de receveurs des droits d'entrée et de sortie du royaume, net............ 1,033,333 3.3

Offices de commissaires inspecteurs sur la vallée et dans les halles de la ville et faubourgs de Paris; et soixante-dix contrôleurs courtiers de la vente de la volaille, gibier, cochons de lait, etc., avec attribution de 6 deniers pour livre de toutes les marchandises, net................ 2,025,000

Offices de greffiers des enregistrements dans toutes les villes et lieux où il y a maîtrise, net........ 1,333,333 3.3

Trésoriers des bourses communes des huissiers et sergents royaux et d'armes en Bretagne.......... 80,333 3.3

Offices de contrôleurs des actes d'affirmations dans toutes les juridictions du royaume, avec attribution de moitié des droits des greffiers des insinuations, net. ... ...   250,000 liv.

Quatre-vingts offices de gardes bâteaux metteurs à port dans la ville et faubourgs de Paris, net........   360,000

Quatre offices de greffiers en chef au Châtelet de Paris, avec 9,000 liv. de gages, deux greffiers, etc. Auditeur, et de quatre offices de garde-scel, etc. Auditeur et de toutes les juridictions du Châtelet et des consuls avec attribution de tous les droits qui appartiennent au roi.....   637,500

Cinquante offices de jurés cribleurs de blés et autres grains sur les ports, marchés et halles de la ville de Paris, avec attribution de 20 sols par muid de blé, net..............   250,000

Inspecteurs généraux et commissaires visiteurs, contrôleurs des draps et toiles des manufactures, gardes, concierges des halles aux draps et toiles, avec attribution de 60,000 liv., net....................   1,000,000

Droits attribués aux engagistes des greffes des présentations et à ceux des affirmations, et aux quatre greffiers en chef de la cour des aides, avec 3 sols pour livre d'augmentation, net....................   1,166,666 13.4

Quatre dispenses d'un degré de nbleosse en faveur des officiers des

	Liv
cours supérieures du royaume, avec attribution de 300 livres d'augmentation de gages, désunion des offices garde-scel près les cours, et rentes attribuées aux acquéreurs de lettres de noblesse, et aux capitouls et échevins des villes de Toulouse et Lyon, net.........................	2,150,000
Augmentation de gages attribués aux officiers des chancelleries et secrétaires du roi près le parlement de Paris et autres parlements, cours supérieures et présidiaux, net......	1,250,000
Droits d'amortissement et nouveaux acquêts, net................	1,666,666 13 4
Offices de conseillers rapporteurs du point d'honneur, secrétaires et greffiers; archers de la connétablie dans tous les bailliages où il y a des lieutenants des maréchaux de France; attribution auxdits officiers de 25,000 livres de gages, pareille attribution de 25,000 livres d'augmentation de gages, exemption de tailles, etc., et de 15 livres de gages à chacun desdits gardes, net........	500,000
Offices de jurés, mesureurs visiteurs et jurés porteurs de charbons de bois et de terre, dans les ports et quais de la ville et des faubourgs de Lyon avec attribution aux visiteurs de 18 deniers par banc de charbon et 1 sol aux porteurs, net..........	250,000

	liv.
Offices de commissionnaire de vins, eau-de-vie et autres liqueurs dans l'étendue de la généralité de Paris, avec attribution de 1 sol et du vingtième de tous les droits d'entrée, gros, augmentations, etc.....	1,800,000
Offices de courtiers de change et de marchandises, et courtiers commissionnaires de vins, cidres, bières et autres, net....................	416,666 13 4
Augmentations de 300,000 livres de gages attribués aux maires, assesseurs, greffiers et payeurs des augmentations de gages, net.......	4,166,666 13 4
Offices casuels de présidents grainetiers, procureurs et greffiers dans le Lyonnais et le Languedoc, avec attribution auxdits officiers de 10 sols d'augmentation de droits manuels et de 5 sols par minot de sel ; attribution d'augmentation de gages aux anciens officiers, net.............	1,000,000
Cent cinquante priviléges de limonadiers à Paris et autres villes du royaume.........................	250,000
80,000 livres d'augmentations de gages aux receveurs généraux et particuliers des fermes, greniers à sel et domaine d'Occident.........	1,000,000

Deux offices de trésoriers de France et autres offices en Bretagne, et cinquante offices de notaire en Roussillon; offices créés dans les maréchaussées de la Bourgogne, net.... Liv. 183,333 6 8

AFFAIRES EXTRAORDINAIRES SANS TRAITÉS.

Sept charges de présidents aux cinq chambres des enquêtes à 200,000 liv. chacune............. 1,400,000 Liv

Quinze charges de conseillers laïques à 100,000 liv................ 1,500,000

Trois principaux commis au greffe de la grand' chambre............. 450,000

Quatre maîtres des comptes à Paris....... 480,000
Quatre correcteurs... 200,000
Quatre auditeurs.... 180,000
Attribution aux officiers de la chambre de 120,000 liv. d'augmentation de gages au denier seize............ 1,920,000
} 2,780,000

En considération de cet accroissement d'officiers, le roi augmenta les épices de la chambre d'un vingtième.

Deux offices de présidents à la cour des aides de Paris............. 400,000
Six conseillers...... 360,000
} 760,000

Deux offices de présidents à la cour des aides de Montauban.........	70,000	
Deux offices de conseillers..............	44,000	114,000 liv.
Un président, six conseillers, deux correcteurs, quatre auditeurs et un receveur des restes en la chambre des comptes, aides et finances de Montpellier...		222,000
Deux intendants des finances....		800,000
Trente commissaires provinciaux des guerres, ...		3,000,000
Deux trésoriers payeurs des pensions des officiers des troupes, avec 5,000 liv. de gages effectifs, 11,500 liv. de taxations, etc., dans l'année d'exercice, prérogatives des commensaux de la maison du roi.......		300,000
Deux contrôleurs desdits trésoriers............................		80,000
Un conseiller d'État garde du trésor royal, trésorier payeur des appointements, pensions, gratifications et menus dons..		1,000,000
Réunion aux secrétaires du conseil des quatre offices de commis...		50,000
Payeurs et contrôleurs des charges assignées sur les gabelles avec 30,500 liv. de gages et taxations ; mouleurs de bois, aides à mouleurs.		1,600,000
Maîtres chableurs des ponts et pertuits des rivières de Seine, Yonne		

et Marne..........................	272,510 liv.
Rachat de la taxe pour les boues et lanternes de Paris	5,400,000
339,048 livres de rentes viagères au denier dix.....................	3,390,480
Loterie de 2,000,000 livres, dont les actions étaient de 100 livres pour les lots de laquelle il fut constitué 100,000 livres de rentes viagères, 100,000 liv. de rentes perpétuelles.	2,000,000
Au mois d'octobre création d'un million de rentes au denier vingt, à répartir entre les acquéreurs de la noblesse depuis dix ans..........	20,000,000
Traité pour la fabrication des pièces de 33 sols dans la monnaie de Strasbourg.........................	600,000

On le voit par ce curieux document, Louis XIV ramassait l'argent de toutes mains. Les offices les plus inutiles étaient mis en vente, et, comme le disait le contrôleur général Desmaretz, c'était l'un des plus beaux priviléges de la couronne de France que, du moment où le roi mettait une charge en vente, Dieu créait un sot pour l'acheter. Pour trouver des acquéreurs, il fallait nécessairement leur offrir des avantages, et voici quels étaient ces avantages :

Dans les offices de judicature et de finances, le gouvernement servait d'abord, sous le nom de *gages*, un intérêt annuel pour l'argent que les acquéreurs avaient versé, comme prix d'achat. Mais comme cet intérêt était peu élevé, afin de charger le trésor le moins possible, on attachait aux offices divers droits de perception qui restaient à la charge du public.

Dans les offices industriels, il n'y avait point de gages, mais seulement des taxes au profit des titulaires. Ces taxes variaient depuis six deniers jusqu'à deux sols par livre, sur les ventes, les achats ou le prix des marchandises, et c'était toujours le public qui payait.

Il résultait de là, par les offices des gens de finances, une surtaxe sur les impôts ; par les offices de judicature, une surtaxe sur les frais de justice; par les offices industriels, une surtaxe sur le prix marchand des denrées ; mais ces inconvénients n'étaient point les seuls. Pour vendre les offices plus cher, on accordait aux titulaires des exemptions d'impôts et des privilèges de noblesse; en diminuant ainsi le nombre des contribuables, on aggravait les charges des non-privilégiés; on détournait les capitaux du commerce et de l'agriculture, et l'on encombrait les administrations de fonctionnaires plus inutiles les uns que les autres, et qui, pour rentrer dans leurs fonds, pressuraient le public de toutes manières.

La vénalité, qui n'était que l'expédient d'un fisc aux abois, fut l'une des plaies de notre ancienne administration : le gouvernement en reconnaissait lui-même les abus; mais pour supprimer les offices vénaux, il fallait rembourser les titulaires, et la situation du trésor ne permit jamais de faire que des remboursements partiels. La vénalité était regardée d'ailleurs comme un moyen d'éviter les aggravations d'impôts ; et ce fut là un des arguments invoqués par l'administration monarchique contre les nombreuses protestations auxquelles elle donna lieu.

Dans les tableaux ci-dessus, il est souvent question *d'augmentations de gages*. On entend par là les augmentations de traitements que le gouvernement accordait aux fonctionnaires, moyennant une certaine somme que ceux-ci versaient au trésor, et dont ils touchaient l'intérêt. C'était une manière d'emprunt fort en faveur sous l'ancien régime.

Quant aux affaires extraordinaires, elles étaient livrées aux traitants; et l'on pourra se faire une idée exacte de la haine qu'ils inspiraient aux populations, par le pamphlet intitulé : *l'anti-financier*, Amsterdam, 1769, in-8°.

LES PRIVILÈGES D'EXEMPTION

(1707.)

Nous donnons ici, d'après *la Dîme royale* de Vauban, la liste des individus qui jouissaient de l'exemption des tailles et de ses accessoires. On jugera par cette liste combien était inique et vicieuse, sous l'ancien régime, la répartition de l'impôt personnel et foncier. La misère était pour ainsi dire la seule cause d'exemption qui ne fût pas admise.

Étaient exempts de la taille, taillons, ustensiles des troupes, en 1707, comme ils l'étaient encore en 1789, les personnages ci-après indiqués :

I. Les terres du roi, de la reine, du dauphin; les enfants de France, les princes du sang, leurs principaux officiers et domestiques.

II. Celles des ministres, de leurs commis, secrétaires, etc.

III. Les commandants de la maison du roi de toute espèce, les gendarmes, chevau-légers, gardes du corps, grenadiers à cheval, toutes les autres charges civiles et militaires de la maison du roi et des enfants de France.

IV. Les cardinaux, archevêques, évêques, gros abbés commendataires, leurs officiers et ceux qui en sont protégés.

V. Les ordres de chevalerie du Saint-Esprit, de Malte, de Saint-Louis, de Saint-Lazare, etc.

VI. Toute la noblesse du royaume, depuis les princes, ducs et pairs, les maréchaux de France, les marquis, comtes, barons, jusqu'aux simples gentilshommes.

VII. Les hauts officiers de robe, savoir: le chancelier, les conseillers d'État, les maîtres des requêtes, tous ceux qui composent les conseils du roi, les présidents, conseillers, procureurs et avocats généraux du parlement, la chambre des comptes et cour des aides, les bureaux du trésorier de France.

VIII. Les baillis, sénéchaux, présidents, conseillers, gens du roi des siéges et juridictions subalternes.

IX. Les intendants des provinces, leurs secrétaires et subdélégués et ceux qui en sont protégés.

X. Les officiers des élections, les receveurs généraux des provinces, les receveurs des tailles, les officiers des eaux et forêts, des greniers à sel, la maréchaussée, etc.

XI. Les gouverneurs des provinces et ceux des places frontières, les états-majors de ces mêmes places.

XII. Les officiers de guerre servant actuellement qui ne sont pas gentilshommes; les officiers d'artillerie, commissaires des guerres et plusieurs autres espèces de gens semblables; ceux qui possèdent les intendances des provinces vendues depuis peu, ainsi que les gouvernements des villes du dedans du royaume; les maires et syndics des villes et leurs lieutenants, et les échevinages privilégiés.

XIII. Plusieurs charges que la nécessité a fait créer dans les derniers temps à la grande foule des peuples.

XIV. Les terres franches et nobles des pays d'états; les villes franches et plusieurs autres comprises dans le corps de l'État, sans en porter les charges qui retombent toujours sur le pauvre peuple.

XV. Les gros fermiers et sous-fermiers des premier, deuxième et troisième ordres.

XVI. Les exempts par industrie, qui sont ceux qui trouvent le moyen de se racheter en tout ou en partie des charges publiques par des présents, ou par le crédit de leurs parents et autres protecteurs; le nombre de ceux-ci est presque infini.

DIX-HUITIÈME SIÈCLE

LA DÉCADE DES ONZE SOUPERS

ARGUMENT.

Au lendemain même de la mort de Louis XIV, le Régent convoqua un conseil de finances, qui fut présidé par le duc de Noailles. Ce conseil ouvrit une enquête sévère sur la situation du trésor, et dans des *Mémoires* qui sont restés célèbres, il fit connaître les abus, indiqua les réformes et traça un programme qui devait assurer dans l'avenir, s'il avait été exactement suivi, la bonne administration des deniers publics. Une chambre de justice fut instituée pour rechercher les malversations, et plus de quatre mille personnes furent condamnées à restituer les sommes qu'elles avaient dérobées, par suite de marchés frauduleux ou de falsifications d'écritures. Le chiffre total des restitutions s'élevait à deux cent vingt millions ; mais soixante-dix millions seulement rentrèrent dans les coffres de l'État, car le Régent eut la faiblesse d'accorder des lettres de grâce, que les gens en crédit vendaient aux individus condamnés.

Les mesures adoptées par le conseil rétablirent momentanément le bon ordre et l'équilibre, mais deux ans s'étaient à peine écoulés que tous les anciens abus reparaissaient ; les dettes du règne de Louis XIV étaient d'ailleurs tellement considérables que les ressources disponibles ne pouvaient suffire à combler le déficit. Le Régent s'adressait à toutes les personnes compétentes, pour leur demander des conseils et des projets financiers, lorsque l'Écossais Law (1) lui présenta des *Mémoires* où se trouvait développé un nouveau système de crédit qui devait, d'après son auteur, amener en quelques années la liquidation de la dette et faire naître dans le royaume une prospérité jusqu'alors inconnue. Ce système contenait quelques idées justes mêlées à beaucoup d'idées fausses.

Voici les idées justes :

« L'impôt doit être général et réparti sur tous, proportionnellement aux ressources de chacun ;

« Les emprunts en rentes perpétuelles ne doivent être permis que dans des cas d'extrême nécessité, et seulement quand les impôts ne sont plus susceptibles d'augmentation ;

« Lorsque l'État contracte un emprunt, il doit prélever sur les revenus de chaque année un fonds spécial destiné au remboursement, et le remboursement intégral doit être fait dans un délai fixé et à une époque connue d'avance ;

« La valeur des espèces ne peut être déterminée ou changée arbitrairement par le prince. La circulation internationale des espèces doit être libre.

« Le crédit qui décuple les échanges est le nerf du commerce et le commerce est l'aliment des impôts. Le gouvernement doit donc favoriser le commerce et faire en sorte que les impôts ne l'entravent pas. »

Voici maintenant les idées fausses :

---

(1) Jean Law de Lauriston, né à Édimbourg en 1671, mort en 1729.

« Le travail, l'agriculture et la population se développent proportionnellement à l'abondance des espèces.

« Toutes les matières qui se prêtent au monnayage peuvent se transformer en espèces.

« Le papier, comme signe monétaire, peut remplacer toutes les matières monnayables. »

De ces trois propositions Law concluait que les dettes de l'État pouvaient être liquidées en monnaie de papier, que la mise en circulation de cette monnaie quintuplerait l'aisance générale et que le problème serait résolu par la création d'une banque, appuyée par les opérations d'une grande société commerciale, qui devait prendre le nom de *compagnie d'Occident*.

Le Régent fut séduit plus encore par les idées fausses que par les idées justes. Il autorisa Law à fonder une banque qui prit, au bout de deux ans, le titre de *Banque royale*. La direction des fermes lui fut confiée. Des compagnies pour l'exploitation du commerce des deux Indes furent placées sous sa surveillance ; et la banque, pour faire le capital de ces compagnies, fut autorisée à émettre des billets et des actions jusqu'à concurrence de douze cents millions. Les compagnies, toujours à l'état d'organisation, ne rapportaient rien, mais les fermes donnaient de beaux bénéfices, ce qui permettait de servir aux porteurs des actions de gros dividendes. Ces actions, émises à mille livres, s'élevèrent jusqu'à vingt-neuf mille.

A chaque nouvelle hausse, la banque émettait de nouvelles actions et de nouveaux billets, avec lesquels elle remboursait des rentes sur l'État. Au bout de deux ans, les billets et les actions s'élevaient à trois milliards, qui n'étaient garantis que par un encaisse métallique relativement minime, et de prétendues entreprises commerciales et coloniales qui ne rapportaient rien.

Le parlement s'émut, voulut connaître la situation de la banque, rendit des arrêts et donna l'éveil au public. Les détenteurs de billets se portèrent en foule, ou plutôt s'écrasèrent, dans la rue Quincampoix, pour se faire rembourser leur papier en espèces. Le Régent essaya vainement de soutenir la banque par le cours forcé de ses billets et des mesures extrêmes qui achevèrent de tuer son crédit.

Les caisses étaient vides, comme le dit Monteil, et la banque, ouverte en 1716, fut fermée en 1720, en ne laissant de ces trois milliards d'actions que des papiers complétement dépréciés. Mais le Régent, à l'aide de ces papiers, avait remboursé plus de seize cents millions de la dette de Louis XIV, et la responsabilité de la banqueroute était rejetée sur Law et son système.

L'équilibre du budget fut maintenu, à quelques millions près, sous le ministère du cardinal de Fleury; mais la guerre de la succession d'Autriche — 1741, et quelques années plus tard la guerre de sept ans — 1756-1763 — ouvrirent de nouveau le gouffre du déficit.

Aux désastres financiers occasionnés par une lutte formidable s'ajoutèrent les dilapidations de la cour. Madame de Pompadour coûta pour sa part 36 millions au budget de l'État. Le trésor était comme une caisse commune où le roi, les courtisans, les maîtresses et leurs créatures puisaient à pleines mains; la Du Barry coûta plus cher encore que la Pompadour, et porta le coup le plus fatal à la fortune publique en élevant, par sa protection toute puissante, aux fonctions de contrôleur général le plus méprisable et le plus effronté des intrigants, l'abbé Terray. Doué de beaucoup d'esprit et d'une grande aptitude pour les affaires, Terray n'utilisa ses talents que pour le mal, et viola sans scrupule les lois de la probité la plus vulgaire. Il mit la main sur les tontines et sur les fonds de la caisse d'amortissement, révoqua les remboursements des aliénations du domaine et liquida par des banqueroutes partielles et successives une partie de la dette publique. Louis XVI, en montant sur le trône, s'empressa de le mettre à la retraite, et le força de restituer quelques-unes des énormes pots-de-vin qu'il s'était fait allouer par les fermiers généraux et les traitants, c'est-à-dire par les capitalistes qui avançaient des fonds au trésor, ou passaient avec l'État des marchés qu'on désignait alors sous le nom d'affaires extraordinaires.

Louis XVI, animé des meilleures intentions, inaugura son avénement en appelant au contrôle général l'un de nos plus grands citoyens, l'illustre Turgot. Dès les premiers jours de son ministère, Turgot réalisa des réformes importantes et mit un terme aux fraudes et aux gaspillages qui avaient déshonoré la précédente administration. — Point de banqueroute, point d'augmentation d'impôts, point d'emprunts, réduction de la

dépense au-dessous de la recette, tel fut le programme qu'il
développa dans une *Lettre au roi*, et que Louis XVI s'empressa d'adopter. Du mois de mai 1774, époque de son arrivée
aux affaires, au mois d'août 1776, il put disposer d'un reliquat
de 39 millions, avec lesquels il éteignit une somme égale d'anticipations assignées sur les budgets des années suivantes.

L'équilibre commençait à se rétablir, mais Turgot, en réprimant les abus, s'était fait des ennemis irréconciliables, au premier rang desquels se trouvait le comte de Provence, qui fut
depuis Louis XVIII. Turgot fut sacrifié et remplacé par M. de
Clugny, qui n'arriva au contrôle général que pour y faire preuve
d'incapacité. Necker le remplaça bientôt, et ses talents financiers, sa probité à toute épreuve, promettaient des améliorations importantes, lorsque la guerre d'Amérique vint brusquement interrompre l'œuvre de la réparation. Cette guerre fut
glorieuse et habilement conduite, mais elle engagea fortement
l'avenir; il fallut recourir aux emprunts, et Necker, forcé comme
Turgot de se retirer devant des intrigues de cour, céda la place
à de Calonne, intrigant vulgaire, « inconsidéré par caractère,
immoral par système, qui déshonorait, ainsi que l'a dit un de
ses contemporains, ses talents par ses vices et ses dignités par
son caractère. » De Calonne, qui n'avait d'autre mérite qu'une
remarquable facilité de parole, réussit pendant six ans à tromper
Louis XVI et le pays.

En 1787 les choses en étaient arrivées à un tel point, qu'il devenait impossible de cacher plus longtemps la vérité. Louis XVI
convoqua les notables; de Calonne, tout en cherchant à se justifier,
fut contraint de donner des renseignements précis sur la situation des finances et de faire connaître le déficit. Ses aveux produisirent une émotion profonde; les parlements firent entendre les
remontrances les plus sévères, et comme l'assemblée des notables
n'avait rien pu résoudre, Louis XVI se décida à recourir aux
états généraux.

La dette, en 1788, s'élevait à plus de trois milliards; le déficit sur le budget de cette même année était de 160,747,493 liv.
Il était impossible, sans de nouveaux emprunts et de nouveaux impôts, de servir les intérêts de la dette; mais le
parlement ne voulait pas autoriser la création de nouveaux im-

pôts, le pays ne voulait pas d'emprunts ; et, quand les états généraux furent réunis, le gouvernement fut mis en faillite.

Le dix-huitième siècle n'était du reste qu'une longue protestation contre le système financier de la monarchie. Le parlement de Paris avait donné l'exemple : tous les parlements de province l'avaient appuyé ; et déjà en 1763, on parlait « *de l'heureuse révolution qui devait purger la France du fléau des financiers* ». On demandait l'abolition des fermes, l'établissement d'un impôt unique, la publicité pour toutes les opérations, recettes et dépenses, la responsabilité des agents du fisc (1), mais ce n'était pas *Louis le bien-aimé*, comme on disait de Louis XV, qui pouvait accomplir ces réformes. — L.

(1) Voir *l'Épître au parlement de France*, en tête de *l'Anti-financier* Amsterdam, 1763, in-8°.

DIX-HUITIÈME SIÈCLE

LA DÉCADE DES ONZE SOUPERS

Robert a été chez son beau-père chercher le chapitre que voici.

Il n'est revenu que le douzième jour après son départ. Dès que nous l'avons aperçu, nous avons couru au-devant de lui, nous lui avons tenu l'étrier; nous l'avons amené au milieu de nous. Il souriait, il était tout aise; et sans autre préliminaire il nous a dit : Mes chers amis, j'ai obtenu de mon beau-père le chapitre sur les finances que nous désirions tant; mais il m'a fallu demeurer chez lui onze jours, et, comme vous allez voir, a-t-il ajouté en riant, y souper onze fois à la même place, à la même heure,

PREMIER SOUPER

Necker. — Le receveur et le caissier des tailles. — Les impôts.

Mes chers amis, a continué Robert, n'est-ce pas un anachronisme, et ne pourrais-je encore dire n'est-ce pas une incivilité que de vouloir aujourd'hui faire aux gens du monde une leçon sur les finances? C'est bien ce que sentait mon beau-père, à qui, le soir de mon arrivée, je demandai de nous les faire connaître.

Il me répondit que, depuis environ vingt ans, les cafés, les cabarets même, familiarisés avec les notions de ce genre par le *Compte rendu* de Necker (1) ou par les journaux, discutaient sur les recettes et les dépenses publiques et sur le déficit ou la différence entre les unes ou les autres.

Toutefois, comme mon beau-père se plaît beaucoup à parler de son métier, il se tourna vers mon jeune

---

(1) Necker, deux fois ministre sous Louis XVI, en 1776 et en 1788, né à Genève en 1732, mort en 1804. Il administra les finances avec beaucoup de sagesse, opéra d'utiles réformes et publia, en 1781, le *Compte rendu* dont parle ici Monteil. Cette publication produisit un très-grand effet, car c'était la première fois depuis l'origine de la monarchie qu'un document officiel et public faisait connaître au pays la véritable situation des finances. Necker, comme tous les ministres hostiles aux abus, succomba sous des intrigues de cour, et sa disgrâce, ainsi que celle de Turgot, fut l'un des événements les plus graves du règne de Louis XVI. — L.

frère, garçon de quinze ou seize ans, qu'il aime beaucoup et qu'il veut maintenant élever comme son fils. Mon petit ami, lui dit-il, lorsque j'étais comme toi sur le point de prendre un état, mon père, qui était un simple mais habile musicien, se mit successivement à me jouer du violon, ensuite de la basse, ensuite du cor, ensuite de la clarinette, ensuite de la flûte, et il me parla ainsi :

Philippe, lequel de ces instruments te plaît le plus? duquel veux-tu faire le tien? Je n'aimais pas trop la musique, et en ce moment j'osai enfin le lui avouer. Il me dit : Cependant je t'entends chanter volontiers les hymnes d'église : veux-tu être prêtre? Je répondis que non. Mon petit ami Robert, fais comme moi, sois franc : car je répondis aussi non aux questions sur d'autres états. Mon père était un peu impatienté. Ma mère lui apprit que j'aimais beaucoup à compter de l'argent, et ajouta que j'aurais peut-être envie d'être financier. Voudrais-tu être financier? me dit mon père. Il me semble, lui répondis-je, que je ne manquerais pas de goût pour cet état. Voudrais-tu aller travailler chez le receveur des tailles? J'y consentis; j'y allai le lendemain; j'y allai fort assidûment.

Le receveur se prit d'amitié pour moi, et au bout de quelques années il me fit son caissier, aux appointements de 400 fr. Dans la suite son amitié devint plus grande; il me donna sa fille, et donna à sa fille sa charge. Alors, faisant dès ce moment partie, très-petite partie, si l'on veut, du grand corps financier, je me mis à étudier les finances.

Mon ami, quand tu étudieras quelque chose, remonte toujours aux commencements. Je remontai, moi, à ceux des finances, et je vis qu'elles avaient toujours été en s'accroissant ; je vis que dans aucun siècle on n'avait aboli d'ancien impôt (1), qu'à chaque siècle on en avait créé de nouveaux. Je vis que nos vieilles finances avaient toujours continué à être, et de la même manière, féodales, mal tenues, mal gérées, oppressives.

Personne guère de tous ceux qui étions à table, excepté mon jeune frère et moi, n'écoutait ; ce que voyant mon beau-père, il changea aussitôt de propos, après s'être penché à l'oreille de mon frère et lui avoir dit : Mon petit ami, la suite à demain, à souper, à cette heure, à cette place.

(1) Ce que dit ici Monteil est répété à tout instant par nos vieux économistes : « L'impôt ne meurt jamais en France. » Tel était l'un des dictons populaires de l'ancienne monarchie ; on levait encore, en 1789, le *gros* sur les vins qui avait été établi pour la rançon du roi Jean. — L.

DEUXIÈME SOUPER.

Les fermiers généraux. — Régie du sel et du tabac. — Régie des droits réunis. — Régie du domaine. — Les impôts domaniaux. — Les prêteurs et les croupiers. — Les ambulants, les contrôleurs, les inspecteurs, les receveurs, les commis, les agents.

Le lendemain au soir, que nous étions, ou peu s'en faut, en famille, mon beau-père, s'adressant encore à mon frère, lui dit : Mon petit ami, si à l'avenir dans ta carrière tu vois de grands abus, de grands maux, dénonce-les à ceux qui peuvent y porter remède.

Dans un assez long mémoire, j'exposai au ministre que l'état de la finance coûtait aux autres états de la société cent cinquante millions; que cette énorme somme, n'entrant pas dans le trésor, accroissait d'un tiers les impôts. Je lui donnai deux moyens pour réduire les frais de recouvrement à la moitié ou seulement au quart, comme il lui conviendrait le mieux. Je n'eus pas de réponse.

Alors je m'adressai au roi, *à lui-même*, ainsi que le portait la suscription de ma lettre. Je lui donnai respectueusement mon avis sur la réforme des trois grandes compagnies de financiers. Je commençais par celle des *fermiers généraux*; mais comme tu n'es venu que d'hier, il faut que je t'apprenne ce qu'étaient et la compagnie des fermiers généraux et les deux autres compagnies, hormis que cela t'ennuie. Cela ne peut ennuyer personne, dîmes-nous tous à mon beau-père. Mon jeune frère disait ou plutôt criait la même chose.

Les fermiers généraux, continua mon beau-père, n'étaient, à proprement parler, que les cautions d'un pauvre diable, seul fermier général de la vente exclusive du sel et du tabac, à qui ils donnaient trois mille francs par an pour prêter son nom de fermier à leurs actes. Le nombre de ces cautions de fermier était ordinairement de quarante, et les parts de leurs gains étaient représentées par quarante sous, divisés chacun en douze deniers; certains fermiers généraux en avaient quinze, dix-huit, et par conséquent certains autres seulement neuf ou six. Quelques années avant la révolution leurs gains avaient été enfin limités à trois ou quatre millions, produit de la moitié du prix des ventes de la ferme qui excédaient le prix du bail.

La seconde compagnie de financiers était chargée de la perception des droits sur les boissons, sur les cuirs, les papiers, l'orfévrerie; elle ne les affermait pas, elle les percevait sous le nom de *régie des droits réunis*, laquelle, de diverses manières, en divers temps, mutilait, étouffait, tuait l'industrie. J'ai surtout en vue l'impôt sur la fabrique des cuirs dont le parlement de Grenoble avait, en 1765 et 1766, courageusement demandé l'abolition

La troisième compagnie s'appelait la *régie du domaine*; mais elle régissait, outre les revenus du domaine, les impôts de l'enregistrement, du sceau, du marc d'or, qu'on appelait impôts domaniaux, parce qu'ils étaient incorporés au domaine.

Les financiers de ces deux dernières compagnies

avaient aussi de grands émoluments, qui provenaient de même du tiers du produit des impôts élevés au-dessus d'une somme fixe.

Ces trois compagnies faisaient d'ailleurs à l'État des avances, qui montaient à quarante, cinquante, soixante millions.

Ceux qui prêtaient aux financiers de ces compagnies de l'argent pour payer leur quotité d'avances étaient appelés croupiers, et ils avaient part, comme il était juste, au dividende des gains provenant des profits et des émoluments.

Sur ces dividendes étaient assignées aussi des pensions de belles dames, de riches dots de jeunes demoiselles.

Dans ma lettre au roi, je lui disais : Sire, les fermiers généraux, à l'époque de la clôture de leurs comptes, prennent la liberté de vous envoyer, sur la distribution des restants en caisse, de grandes sommes d'or, dans des bourses de velours; vous avez la bonté de les recevoir. Il y aurait mieux à faire. Videz leurs mille poches dans la vôtre; videz-y aussi les cent mille poches de leurs ambulants, de leurs contrôleurs, de leurs inspecteurs, de leurs receveurs, de leurs commis, de leurs agents. Purifiez l'air de cet immonde essaim d'insectes qui se jettent sur les travaux, les gains, la vie de votre bon peuple. Je dressais d'avance l'acte d'accusation de ces soixante hauts prêteurs de fonds; mais je ne concluais qu'à la suppression de leur ferme. Le tribunal révolutionnaire, environ vingt ans après, conclut à la peine de mort, et les têtes de trente d'entre eux tombèrent le même jour (1).

Le roi ne me répondit pas, car ma lettre devait à peine être arrivée qu'il mourut. Louis XVI monta sur le trône.

Mon jeune ami, la suite à demain, à souper, à cette heure, à cette place.

(1) Les fermiers généraux, les traitants, les croupiers, et autres gens de finances, ont été l'objet dans les deux derniers siècles de nombreuses et vives attaques. La Bruyère ne leur a pas épargné de mordantes allusions, et Le Sage les a mis en scène sous le nom de *Turcaret*, dans l'une des meilleures pièces de notre répertoire du second ordre.— « Le mot finance couvre tout, autorise tout, et ce qui est le comble de la dépravation, ennoblit tout. » Bientôt on ne connaîtra plus en France que trois états, le roi et son auguste famille, des financiers et des esclaves. » *L'anti-financier*, p. 62, 63. — L'Hôtel des Fermes existe encore ; il est situé rue Jean-Jacques Rousseau, n° 41, et le local en est occupé par l'imprimerie Paul Dupont. Les appartements, habités aujourd'hui par le célèbre imprimeur, étaient affectés aux réunions des fermiers.

TROISIÈME SOUPER.

Les financiers et les économistes. — La contribution foncière. — La péréquation de l'impôt. — La contribution mobilière. — La loi des patentes (contribution industrielle) — L'enregistrement. — Le droit de timbre. — Les amendes, droits de greffe, droits d'hypothèques. — Poudre de chasse, poinçonnage de l'or et de l'argent. — Le tabac. — Les loteries. — Taxe des lettres. — Les douanes.

Louis XVI avait quelques années de moins que moi. Je lui écrivis ; je lui parlai encore plus franchement qu'à son prédécesseur. Dans ma simplicité, dans mon inexpérience, je croyais qu'il avait sous les yeux la lettre que j'avais déjà écrite. Et, par ma nouvelle lettre, j'ajoutai : Au fait, sire, vos tailles sont, quant à l'assiette, entre les mains des cours des aides et des élections, et, quant à la perception, entre les mains des receveurs des tailles en titre d'office.

Votre ministre des finances n'est donc qu'à moitié ministre des finances ; il n'en administre pas les recettes, il n'en administre que les dépenses.

Le nouveau roi, comme vous devez croire, ne me répondit pas non plus, ni à cette lettre, ni à d'autres qui la suivirent, et Louis XVI me paraissait encore plus mort que Louis XV. C'est que mes projets ne parvenaient pas à ce bon prince, un des meilleurs rois qui aient régné, un des meilleurs hommes qui aient vécu, soit dit entre nous : car je suis fonctionnaire public et, en cette qualité, obligé, tous les ans, chaque vingt-un janvier, d'aller, pour conserver mes appointements tels quels, jurer, comme les autres, haine à la royauté, et donner un coup de pied à sa statue. Mes projets tombèrent entre les mains d'ignorants et d'insouciants commis ; ils ont demeuré quinze ou vingt ans dans les cartons. Enfin la révolution, qui a déplacé tant d'hommes et tant de choses, les avait jetés dans les magasins d'un épicier, où, par le plus grand des hasards, je les ai trouvés avec une centaine d'autres. Je les lus, je les relus tous avec attention. Les plus anciens, qui ne remontaient pas au delà du commencement du siècle, n'étaient guère que la vieille *Dîme royale* de Vauban, tournée et retournée, mais toujours très-reconnaissable. Ceux du milieu du siècle, époque à laquelle la doctrine des économistes s'était répandue, ne parlaient que d'un impôt unique, d'un impôt sur les terres, ou de deux impôts au plus, l'un sur les comestibles, l'autre sur les boissons. Ceux des temps postérieurs offraient une plus grande variété, surtout une plus grande étendue de vues. J'en trouvai de fort utiles, j'en trouvai d'excellents, et je puis même t'assurer en toute vérité qu'il n'y a aucune des nouvelles institutions de nos finances, dont l'indispensable nécessité a hâté la révolution, qui n'ait été proposée dans ma collection de projets, et cela doit être : ces projets n'étaient que les rédactions écrites des divers chefs de la grande pétition verbale du dix-huitième siècle, relative à la perception des finances, qui, depuis je ne sais combien de siècles, était retenue dans un désordre connu de toute l'Europe.

Mon ami, prends les financiers, même les plus vieux ; défie-les d'inventer un plus mauvais système que celui qui nous régissait, ils ne le pourront. La révolution, toute puissante, tout absolue, endoctrinée par Sully, Colbert, Turgot, Necker, Clavière, et par les traités de Desmaretz, de Forbonnais (1), des économistes, des encyclopédistes, est venue enfin en décréter un nouveau. Égalité d'impôt! égalité d'impôt! a-t-elle dit (2). Mon ami, redouble d'attention,

(1) Montell nomme ici les hommes qui ont émis ou appliqué, comme ministres ou comme écrivains, les idées les plus justes en matière de finances. Nous avons parlé précédemment, dans les notes, de Sully, de Colbert et de Necker. Voici quelques indications sur Turgot et les économistes ci-dessus nommés :

Turgot, né en 1727 à Paris, maître des requêtes au parlement en 1753, intendant de Limoges en 1761, contrôleur général en 1774, mort en 1781. Grand cœur et grand esprit, Turgot fut le Colbert du dix-huitième siècle et l'un de nos ministres les plus honnêtes et les plus habiles. Renversé du ministère en 1776, il passa dans la retraite les dernières années de sa vie.

Clavière, banquier génevois, né en 1735, directeur des finances en 1792; arrêté en 1793, se tua dans sa prison.

Desmaretz, neveu de Colbert, contrôleur général des finances en 1708, révoqué en 1715 par le Régent, mort en 1721.

Forbonnais, économiste, secrétaire du contrôleur général des finances Silhouette, auteur des *Recherches sur les finances de la France*, livre excellent et plein de faits curieux, né en 1722, mort en 1800. — L.

(2) En demandant l'égalité de l'impôt, la révolution ne faisait que manifester un vœu exprimé depuis cinq siècles par tous ceux qui n'étaient ni nobles ni prêtres, et qui se reproduit de règne en règne dans les états généraux, les états provinciaux, les assemblées des notables, les supplications des villes et les écrits des historiens. La royauté avait essayé à diverses reprises d'établir cette égalité. Le premier essai en avait même été fait par Philippe le Bel, mais l'organisation hiérarchique et féodale était si puissante qu'il eût fallu changer la société du sommet jusqu'à la base et renverser toutes les institutions sur lesquelles elle reposait. Une révolution radicale

car je veux faire de toi un jeune savant, non pour parler, mais pour entendre ceux qui parlent.

La première contribution à asseoir doit être celle des fonds de terre. La nouvelle loi des finances l'a appelée contribution foncière. Elle a voulu que le territoire de chaque commune fût divisé en sections ; que les divers propriétaires choisissent des commissaires chargés d'évaluer, en assemblée municipale, contradictoirement avec chaque propriétaire intéressé, le revenu des diverses propriétés de chaque section ; que, sur les états détaillés de toutes ces évaluations, appelés états de section, fussent faits les relevés du revenu des propriétés de chaque habitant ou matrices de rôle, et que sur ces matrices de rôle fussent formés les rôles ou états des parts contributives de tous les habitants. Mais entre les divers départements de la France la répartition de la contribution totale est-elle juste ? non ; entre les diverses communes de chaque département ? non ; entre les divers habitants de chaque commune ? non. Remarquez toutefois que cette loi si imparfaite, si incomplète, si défectueuse, est la moins imparfaite, la moins incomplète, la moins défectueuse, par conséquent la meilleure. Elle deviendra dans la suite encore meilleure, lorsque, par un cadastre général, ou par d'autres moyens d'une estimation générale des produits territoriaux, on sera parvenu à une exacte ré-

---

pouvait seule résoudre le problème ; mais cette révolution elle-même n'éclata que juste au moment où ces institutions, usées par l'âge, tombaient en poussière et où la vieille société ne pouvait plus ni vivre ni se réformer. Les principes de 89 ne sont que l'expression rajeunie des principes émis par les états généraux pendant les trois siècles de leur convocation. — L.

partition, ou, comme dit un de mes projets manuscrits, à une *péréquation d'impôt.*

Naturellement la contribution foncière, ou des revenus des fonds de terre, a dû être suivie de la contribution mobilière ou des revenus non territoriaux, évalués d'après le prix présumé du loyer de l'habitation. Cette loi, quoiqu'elle soit aussi la meilleure, c'est-à-dire la moins mauvaise, est bien moins susceptible de perfection que la précédente, en ce que la matière imposable est moins ostensible. Cette loi est d'ailleurs fort obscure, ou, en d'autres mots, fort mal écrite. Petit Robert, si tu veux apprendre à t'exprimer avec clarté et netteté, lis plusieurs de nos livres, ne lis pas plusieurs de nos lois.

Naturellement aussi la contribution mobilière a dû être suivie de la contribution industrielle ou de la loi des patentes. Quelle bonne, quelle excellente loi que celle qui, déclarant l'industrie libre, qui, voulant que chacun eût le droit d'exercer l'état qui lui convient, impose indistinctement les divers états suivant leurs gains présumés! Quelle bonne, quelle excellente loi que celle qui, pour l'examen de la capacité et de l'habileté à exercer les divers états, s'en rapporte à l'intérêt de ceux qui payent et surtout à la concurrence! De combien d'inventions, de perfections, de richesses, d'avantages, ne doit-elle pas être la mère!

Si l'on voulait former une langue financière d'après de vraies analogies, il faudrait prier l'Académie de nous donner un adjectif dérivé du mot enregistrement. En attendant, je dirai que la contribution de l'enregistrement est aussi une bonne, une excellente loi, en ce qu'elle ne vous demande de l'argent que lorsque vous en avez, en ce qu'elle ne vous fait ouvrir la bourse que lorsqu'elle est pleine, que lorsque vous achetez, que lorsque vous succédez. Toutefois, nos législateurs ne doivent pas perdre de vue que le trop est toujours le trop, qu'il faut prendre garde que, par un tarif trop fiscal, les fonds de terre baissent, et que, lorsqu'il s'agit de succession, au lieu des héritiers ce soit l'État qui hérite.

L'Académie aurait, je crois, encore plus de peine à admettre comme français l'adjectif dérivé de timbre; aussi n'oserai-je insister. Je dirai donc que la contribution du timbre est aussi, par les mêmes raisons, bonne, excellente. — Telle est encore celle des amendes, qu'on pourrait nommer la contribution pécuniaire pénale. — Telle est celle des hypothèques, qu'on pourrait nommer la contribution hypothécaire. — Telle est celle des droits de greffe, qu'on pourrait nommer la contribution judiciaire. — Telle est celle de la garantie, qu'on pourrait nommer la contribution somptuaire de la marque d'or et d'argent. — Telle est celle de la poudre de chasse, qu'on pourrait nommer la contribution somptuaire de la poudre de chasse. — On pourrait dire aussi la contribution somptuaire du tabac, dont on a si mal à propos aboli l'ancien mode de vente exclusive, au grand préjudice du trésor, au plus grand préjudice de la santé.

Je voudrais bien aussi qu'on dît la contribution somptuaire de quelques autres objets, et qu'alors on pût supprimer la contribution des loteries; entendons-nous, qu'on pût supprimer les loteries (1).

Les loteries sont désastreuses pour les mœurs. Les droits de barrière le sont pour le commerce : cette contribution est encore à supprimer. — Il en est de même de celle qui est établie sur les voitures publiques.

Le commerce serait allégé par la suppression de ces deux contributions; il le serait aussi par la réduction du taux des ports de lettres, qu'on pourrait nommer la contribution épistolaire.

La contribution du commerce étranger ou contribution des douanes, qu'il n'est guère possible de nommer autrement, a certaines dispositions qui me paraissent aujourd'hui mauvaises et qui avec le temps peuvent devenir bonnes, par la même raison que les meilleures dispositions qu'elle a aujourd'hui peuvent avec le temps devenir les plus mauvaises.

Mon jeune ami, la suite à demain, à souper, à cette heure, à cette place.

---

(1) La loterie fut importée d'Italie en France par François Ier; la première fut établie en 1539 et supprimée peu de temps après; rétablie en 1656, supprimée en 1658, rétablie en 1700, supprimée de nouveau en 1793, rétablie en 1797, elle a existé sans interruption depuis cette époque jusqu'en 1839, où elle fut définitivement abolie. Les loteries de bienfaisance sont seules autorisées aujourd'hui.— Voir ci-devant, page 171.
L.

QUATRIÈME SOUPER

Le budget en 1799. — Les recettes. — Nomenclature des anciennes tailles, impositions et contributions.

Petit Robert, a continué mon beau-père, tu as quinze ou seize ans; tu dois avoir au moins aussi bonne mémoire que moi, qui en ai cinquante de plus.

Voici deux états d'impositions; tâche de les retenir :

Anciennes tailles, y compris les trois vingtièmes a l'époque de la révolution, 160 millions. — Nouvelle contribution foncière, y compris les portes et fenêtres, 230 millions. — Ancienne capitation, 40 millions. — Nouvelle contribution mobilière, 40 millions. — Ancien droit pour la réception des maîtres artisans et pour celle des marchands, produit inconnu. — Nouvelle contribution industrielle ou des patentes, 20 millions. — Ancien contrôle des actes, produit inconnu. — Nouvelle contribution de l'enregistrement, 70 millions.—Ancien papier timbré, produit inconnu. — Nouvelle contribution du timbre, 20 millions. — Anciennes amendes, produit inconnu. — Nouvelle contribution pénale ou des amendes, 2 millions.

Ancien droit des hypothèques, produit inconnu. — Nouvelle contribution hypothécaire, 5 millions.

Anciens droits des greffes, produit inconnu. — Nouvelle contribution judiciaire ou des greffes, 5 millions.

Ancienne marque d'or et d'argent, produit inconnu. — Nouvelle contribution somptuaire de la marque d'or et d'argent, ou droit de garantie, 1 million.

Ancienne régie des poudres, 800 mille francs. — Nouvelle contribution somptuaire de la poudre de chasse, 500 mille francs.

Ancienne régie du tabac, 30 millions. — Nouvelle contribution somptuaire du tabac, 8 millions.

Anciennes gabelles, 60 millions. — Produit des salines de l'État, dont le sel est aujourd'hui marchandise libre, 7 millions.

Anciennes loteries royales, 10 millions. — Nouvelle contribution des loteries nationales, 10 millions.

Anciennes traites intérieures, produit inconnu. — Nouvelle contribution des barrières, 25 millions.

Anciennes messageries, 1 million. — Nouvelle contribution des voitures publiques, 1 million.

Anciennes postes, 10 millions. — Nouvelle contribution épistolaire ou des ports de lettres, 12 millions.

Anciennes traites foraines, produit inconnu. — Nouvelle contribution du commerce étranger ou des douanes, 12 millions;

Si à ces anciennes diverses impositions on ajoute les droits perçus par la ferme générale sur les douanes intérieures ou extérieures, les entrées de Paris, le domaine d'Occident, qui se portaient à 78 millions;

Les droits réunis, sur les boissons, le cuir, le papier, les cartes, qui se portaient à 50 millions;

Les droits casuels et du marc d'or, qui se portaient à 7 millions;

Les impositions des pays d'états, qui se portaient à 20 millions;

Les impositions mises en remplacement des corvées, qui se portaient à 20 millions;

Les décimes ou impositions du clergé, qui se portaient à 10 millions;

Les revenus du domaine et impositions domaniales, qui se portaient à 50 millions;

Et quelques autres revenus, que j'ai mentionnés et dont j'ai déclaré que les produits m'étaient inconnus, je trouve que les anciennes impositions étaient, année commune, de 550 millions.

Si à ces nouvelles diverses contributions on ajoute

les revenus des forêts nationales, qui se portent à 25 millions, les revenus des domaines nationaux, qui se portent à 10 millions, et quelques autres revenus, contributions ou produits moins importants, on aura pour les nouvelles contributions environ 500 millions (1).

Mon jeune ami, la suite à demain, à souper, à cette heure, à cette place.

(1) On voit par les indications ci-dessus que la plupart des anciens impôts ont été maintenus par la révolution, et qu'en définitive, ils n'ont fait que changer de nom. Les tailles sont remplacées par les contributions foncière, personnelle et mobilière, les traites par les douanes, les gabelles par l'impôt du sel, les droits de maîtrise par les patentes. Le progrès pour nous ne consiste pas à payer moins, *tant s'en faut*; mais il n'y a plus d'arbitraire, plus de privilèges ; ce que nous donnons à l'État est appliqué à des dépenses d'utilité générale, et les administrations financières ne se prêtent plus comme autrefois au gaspillage et aux dilapidations. — L.

CINQUIÈME SOUPER.

Le budget en 1799. — Les dépenses.

Avant la révolution, il y avait trois grandes dépenses, celles de la guerre, de la marine et de la cour; il y en avait encore une plus grande, celle de la dette publique.

Depuis la révolution, comme tu vas le voir dans le tableau des finances de l'année dernière, 1799, la grande, la très-grande dépense est celle de la guerre. Elle dessèche le trésor. Elle se porte à 400 millions.

Celle de la marine à 150 millions.

Celle de l'intérieur à 40 millions.

Celle des finances à 5 millions.

Celle de la justice à 9 millions.

Celle de la police à 2 millions.

Celles des relations extérieures à 5 millions.

Celle du Corps législatif à 11 millions.

Celle du Directoire exécutif à 3 millions.

Celle des rentes perpétuelles et viagères à 72 millions.

Celle des pensions à 12 millions.

Total 709 millions.

Mon jeune ami, la suite à demain, à souper, à cette heure, à cette place.

SIXIÈME SOUPER.

Déficit sous Louis XIV et sous la Régence. — Law et son système.

Il y avait autrefois un déficit, que certains ministres nous disaient être de 24, de 30 millions, d'autres de 100, de 140 millions.

Il y en a aujourd'hui un, tantôt grand, tantôt plus grand, et tantôt encore plus grand.

Aujourd'hui, que nous sommes plus expérimentés, plus habiles, nous ne payons pas le déficit; nous le portons à l'arriéré. Autrefois nous le payions; nous empruntions.

Mon petit ami Robert, il y a longtemps que nous empruntons.

Louis XIV, si guerrier, si magnifique, laissa, en 1715, à sa mort, trois milliards de dettes.

Quelques années après, pendant la régence de son neveu, il vint d'Écosse un homme, nommé Law, qui promit de payer toute cette dette, fût-elle plus grande, avec un papier-monnaie hypothéqué sur les richesses du Mississipi. Les créanciers de l'État s'empressèrent d'échanger leurs contrats de créance contre ce papier, qu'ils trouvèrent excellent; et tant que la mode de ce papier dura, personne jamais ne voulut l'échanger. Trois milliards de billets pouvaient à peine suffire. La mode passée, tout le monde courut porter ses billets à la caisse, reprendre son argent; la caisse était vide, et, sous le nom de Law, l'État avait fait banqueroute (1).

Rien ne peut corriger les capitalistes de Paris de prêter leur argent à l'État, que rien ne peut corriger d'emprunter. En 1789, à l'époque de la révolution, la dette publique s'était élevée au moins à quatre milliards.

Jusqu'à ce qu'en 1797 l'État eût fait perdre à ses créanciers les deux tiers de leurs créances et une partie du tiers restant, appelé tiers consolidé, les créanciers de l'État se vantèrent d'avoir fait la révolution (2).

Mon jeune ami, la suite à demain, à souper, à cette heure, à cette place.

(1) Voir, sur le système de Law, ce qui a été dit dans l'argument. — L.

(2) En 1797 la dette s'élevait à 2 milliards 800 millions de francs; la loi du 9 vendémiaire an VII la réduisit des deux tiers, de telle sorte que les porteurs qui avaient 300 liv. de rentes n'en touchèrent plus que 100; c'était une véritable banqueroute; mais on venait de traverser de si mauvais jours, les assignats avaient causé tant de ruines, que les rentiers s'estimèrent encore fort heureux d'être *consolidés*, c'est-à-dire de n'être ruinés qu'aux deux tiers. — L.

SEPTIÈME SOUPER.

L'emprunt forcé. — Tiers consolidé. — Les assignats. — Les mandats territoriaux.

Petit Robert, mets ton argent sur le bord de la rivière : il sera très-bien placé en grandes et belles prairies; ne le jette pas dans la rivière, ne prête pas à l'État, car, en tout temps et en tout lieu, les États ne s'acquittent que par des banqueroutes.

Je suis fort content de toi, mon jeune ami, a ajouté mon beau-père. Tu seras un excellent financier; tu n'as pas perdu un seul mot, un seul chiffre; continuellement tu as été attentif. En récompense, je vais achever de te raconter mon histoire.

Tu as vu que je ne gagnai pas grand'chose à envoyer des projets au gouvernement; il n'en a pas été de même dans la suite.

Après la chute de Robespierre, les hommes et les choses sortirent de la torpeur pour entrer dans une espèce de mouvement frénétique. Il n'y eut plus de commerce, plus de rapports sociaux, plus de mœurs nationales, tout devint agiotage. On agiota sur les marchandises, sur les denrées, sur les places, sur les fonctions, sur les réputations, sur l'esprit public, sur la stabilité du gouvernement. On agiotait principalement sur le tiers consolidé des pauvres rentiers, sur les reconnaissances de l'emprunt forcé, celles des fournitures faites à l'État, sur les créances des fournisseurs, sur les créances de l'arriéré, enfin sur tous les genres d'effets publics ; j'en excepte les assignats, dont la valeur dépérissait de plus en plus, et dont les planches furent brisées par un décret qui, deux ou trois ans plus tôt, aurait à cette immense masse d'assignats conservé sa valeur monétaire.

Nous voilà sans doute, disions-nous, à tout jamais délivrés du papier-monnaie. Nous le disions, nous le répétions, que subitement il nous tombait sur la tête une pluie de deux milliards quatre cents millions de mandats territoriaux, destinés, pour les bonnes gens, à racheter quarante-cinq milliards d'assignats. Ces mandats avaient un cours forcé, étaient armés de toutes les lois comminatoires. Cependant ils disparurent ; le premier vent en balaya le perron du Palais-Royal et les autres perrons de Paris et de la France.

C'était surtout de la dépréciation des papiers-monnaies que vint l'agiotage. J'en écrivis avec franchise au comité des finances. Mon mémoire lui disait que cette double fièvre faisait mourir le corps social ; je ne reçus pas de réponse.

Mon jeune ami, la suite à demain, à souper, à cette heure, à cette place.

HUITIÈME SOUPER.

La caisse d'amortissement. — La caisse d'escompte.

Je t'ai dit que je ne reçus pas de réponse du comité des finances ; mais, peu de temps après, un membre de ce comité me consulta sur l'établissement d'une banque nationale ou caisse d'escompte et sur l'établissement d'une caisse d'amortissement. Fais comme moi, petit Robert ; je n'en approuvais pas l'organisation. Il désirait que je l'approuvasse ; je ne lui en dis pas moins mon avis.

Une banque ou caisse d'escompte, lui répondis-je, si elle est, comme avant la révolution (1), une association de capitalistes qui, ayant porté leur argent en commun dans une caisse, émettent, sur ce gage, des billets de caisses, ou les donnent en payement des effets de commerce qu'ils escomptent au taux légal, est fort bonne, en ce que la masse du numéraire en est augmentée : car la somme des billets émis est souvent d'une valeur dix fois plus grande que celle de l'argent déposé dans la caisse, en ce que l'action de la circulation du numéraire en est augmentée ; car, quelle que soit la confiance qu'on ait dans les billets

---

(1) Les caisses d'escompte ne remontent pas chez nous au delà du dix huitième siècle. La banque de France fut instituée et organisée par les lois du 14 avril 1803 et du 22 avril 1806. Des établissements du même genre existaient déjà bien avant cette époque en Angleterre, en Hollande et en Italie ; Venise avait une banque au douzième siècle. — L.

de caisse, on paye plus volontiers et plus vite avec ces billets qu'avec de l'argent ; mais, aussitôt que cette caisse devient une banque ou caisse nationale d'escompte, elle est frappée de mort par la peur que la toute-puissante et toute nécessiteuse main du gouvernement, au premier moment de détresse, la vide jusqu'au dernier écu.

Quant à une caisse d'amortissement (1), elle est bonne aussi de sa nature : avec les fonds que lui donne l'État elle en rachète les créances passives au cours de la place ; par des opérations bien combinées, elle doit, dans un temps limité, acquitter toutes les dettes et rendre blanc le grand-livre ; mais comme la toute-puissante et toute nécessiteuse main du gouvernement peut, au premier moment de détresse, la vider de même jusqu'au dernier écu, il faut que, par son essence, elle soit entièrement indépendante.

Enfin, mon ami, j'osai demander à ce représentant la place de receveur général de mon département ; je l'obtins.

Mon jeune ami, la suite à demain, à souper, à cette heure, à cette place.

(1) La première caisse d'amortissement fut établie en France en 1764 et supprimée peu de temps après ; rétablie en 1784, supprimée en 1788, rétablie sous l'Empire, organisée sur de nouvelles bases en 1816, elle éteignit, sous la Restauration et le gouvernement de Juillet, une somme très-forte de rentes. La révolution de Février arrêta les opérations, et, sous le second Empire, elle ne fonctionna que très-peu de temps et d'une manière insignifiante. Le message de M. Thiers, président de la troisième République, a fait savoir, au mois de septembre 1871, que le service de l'amortissement, suspendu pendant vingt ans, allait être repris d'une manière régulière. — L.

NEUVIÈME SOUPER.

L'administration financière sous l'ancien régime.

Peu de temps après, le député dont je t'ai parlé hier se retira des affaires et alla demeurer dans le fond de sa province. Il n'a cependant cessé de s'occuper de l'administration des finances, et n'a cessé de m'écrire ; fais comme moi, j'ai tout quitté pour lui répondre.

Il me demanda un jour pourquoi nos grands ministres n'avaient pas mille fois brisé cette vieille mauvaise machine des finances. Je lui répondis qu'il leur aurait fallu pouvoir briser le clergé, la noblesse, ou, ce qui revient au même, leurs antiques priviléges ; qu'il leur aurait surtout fallu pouvoir briser le parlement, qui avait la sanction de toutes les lois de finances, qui n'entendait rien en finances, qui voulait faire le capable, qui refusait d'enregistrer la création d'un impôt, qui refusait ensuite d'enregistrer la suppression du même impôt, qui, ainsi que toutes les oppositions, s'opposait et au bien et au mal que voulait faire le ministère.

Il me demanda encore s'il ne conviendrait pas d'exiger des fonctionnaires financiers un cautionnement en argent. Rien ne conviendrait moins, lui répondis-je : les anciens financiers, au moyen de leurs cautionnements, qui ne s'élevaient guère qu'à 120 millions, s'étaient rendus inamovibles (1).

Dans une autre lettre il me fit plusieurs questions, auxquelles je fis la réponse suivante : Je conviens que les finances nationales coûtent beaucoup; mais, bien que la machine soit immense, elle est simple : d'un coup d'œil on voit toutes les pièces, toutes les pièces inutiles.

Les percepteurs cantonaux perçoivent les impositions directes ou fixes, les versent dans la caisse du receveur général du département, qui les verse dans la caisse de la trésorerie nationale.

Les receveurs du droit d'enregistrement, du timbre, et de quelques autres impôts y réunis, les versent dans la caisse du receveur général du département; ils ont des inspecteurs par arrondissement, et un directeur par département, qui correspond avec une direction générale.

Mon jeune ami, la suite à demain, à souper, à cette heure, à cette place.

(1) Le cautionnement existait en France dès 1349. — L.

DIXIÈME SOUPER.

Le nouveau personnel des finances.

Je fus encore obligé d'ajouter dans une nouvelle lettre : Quand on aura supprimé les droits de barrière, ce qui ne peut tarder, le nombre des autres employés des finances n'est plus d'aucune considération, car le receveur général du département est vraiment le receveur de toutes les recettes, en même temps qu'il est le payeur général de toutes les dépenses.

N'établissez pas d'autres places; vous n'aurez plus à en réformer : vous êtes parvenu à la plus grande simplicité.

Et, ajoutai-je, si vous voulez savoir aussi mon avis sur les autres gens de plume employés par l'État, je vous dirai qu'il me paraît bien difficile aussi d'en réduire le nombre. Soyez vrais du moins avec vous-même; vous avez fait, depuis la révolution, 8 ou 10,000 lois, qui, pour leur exécution, exigent un bien grand nombre d'agents. Voyez s'il ne serait pas plutôt possible de réduire le nombre de vos lois.

Il m'écrivit encore sur ce même sujet. Je lui répondis : Je ne nie cependant pas que, dans certaines administrations, il n'y eût quelques réformes à faire;

mais, à Paris, comme en province, ces réformes éprouveraient de bien fortes oppositions. Entrez à Paris dans l'hôtel d'un ministre, vous trouverez que les noms des chefs et sous-chefs sont les mêmes que ceux des députés au Corps législatif. En province, les employés sont fils ou cousins de hauts magistrats ou de hauts administrateurs. Ensuite, répondant à une autre partie de sa lettre, j'ajoutai : Je ne sais aucun moyen de rendre les employés des bureaux d'administration plus polis. Il faudrait toutefois que le public fût juste et n'exigeât pas, d'hommes courbés sept ou huit heures de suite dans une atmosphère usée par le poêle et la respiration, la même heureuse disposition d'esprit que celle d'un de nos 600 représentants allant, après dîner, du salon du restaurateur à la comédie ou à l'Opéra. Je terminai ainsi : Votre carte topographique des corridors et des bureaux des administrations publiques, à placer à la porte d'entrée, ne serait d'aucune utilité. Elle ferait même rire, si les malheureux solliciteurs pouvaient en avoir envie.

Mon jeune ami, la suite à demain, à souper, à cette heure, à cette place.

ONZIÈME SOUPER.

Dilapidation des finances. — Cour des comptes. — Les budgets imprimés.

L'ancien représentant ne m'avait pas écrit depuis longtemps; enfin le mois dernier j'en reçus une autre lettre. Comment s'y prendre, me demandait-il, pour prévenir cette horrible dilapidation des finances, qui va nous ramener la monarchie? Dans les grandes agitations des États, il n'y a que révolution-contre-révolution, monarchie-république, république-monarchie. Représentant, lui répondis-je (on venait de m'apprendre qu'il avait été réélu), rien n'est plus vrai, un roi est tout prêt à nous venir du désordre des finances. Pour y ramener l'ordre, il vous faut rétablir la rigoureuse spécialité des dépenses. Il vous faut des cours des comptes siégeant dans le fond des départements, le plus loin possible des ministres; surtout et avant tout, il vous faut des comptes publics, imprimés par milliers et par millions, des comptes où les dépenses soient bien détaillées, car il n'y a rien de plus obscur que les blancs de tous les comptes.

Enfin, pour terminer, je te dirai, mon petit ami Robert, que, si au commencement du siècle la finance était peuplée de laquais et de gens du plus bas étage qu'on appela papiers bleus, de la couleur des billets de Law, elle l'était, à l'époque de la révolution, des hommes les plus élégants, les plus instruits; et aujourd'hui elle est de même en général bien composée.

Je te dirai encore, mon petit ami Robert, qu'avec la recette du district j'ai marié deux filles, qu'avec la recette du département j'en ai marié quatre, que j'ai aussi bien établi mes fils, que je me suis toujours bien logé, bien nourri, bien vêtu, bien entretenu. Dans notre état le sort des apprentis et des garçons ne vaut guère mieux que dans les autres états; mais le sort des maîtres n'est pas le pire. Si dans la suite, quand tu y seras parvenu, tu en conviens franchement, tu feras comme moi; si au contraire tu te plains, tu cries, les poches, les mains et la bouche pleines, tu feras comme les autres.

J'ai fini, mon jeune ami.

PIÈCES HISTORIQUES.

LES FINANCES SOUS LA RÉGENCE

ÉDIT D'AOUT 1717.

Ainsi que nous l'avons dit dans l'argument qui précède le dix-septième siècle, la France, à la mort de Louis XIV, était réduite à la plus extrême misère. Ce prince était descendu dans les caveaux de Saint-Denis chargé des malédictions du peuple, et au lendemain même de ses funérailles le Régent s'était empressé de convoquer un conseil de finances qui avait pour objet, sinon de rétablir l'équilibre, du moins de satisfaire aux besoins les plus urgents. Le conseil, présidé par le maréchal de Noailles, remplit sa mission avec zèle et indépendance. Il signala au Régent, dans des *mémoires* fort remarquables, les principales causes de la triste situation des finances; il indiqua les réformes qu'il regardait comme les plus urgentes et les plus nécessaires, et c'est d'après les vues et les indications contenues dans ces *mémoires* que fut publié l'édit dont nous donnons ci-après le texte. Cet édit, resté célèbre dans notre histoire financière, donne une vue fort exacte de la situation. Le lecteur pourra le comparer avec le discours du contrôleur général de Calonne et le message de M. Thiers que nous reproduisons plus loin, et il aura ainsi par des textes officiels, le résumé de notre histoire financière au moment des crises les plus graves que nous ayons traversées depuis tantôt deux siècles, c'est-à-dire à la mort de Louis XIV, 1715-1717, à l'ouverture de l'assemblée des notables qui donne le signal de la révolution, 1787, et à l'issue de la guerre de Prusse qui a imposé à la France les plus grands sacrifices pécuniaires qu'aucune nation européenne ait jamais supportés.

Nous n'avons pas besoin de faire remarquer que ce n'est pas le roi, c'est-à-dire Louis XV encore tout enfant, qui parle dans l'édit, mais le Régent qui le fait parler, par une fiction admise sous toutes les régences de la monarchie. Le roi mineur n'eût-il eu que deux ans, les hommes qui gouvernaient en son nom lui auraient fait dire encore qu'il était touché de la misère de son peuple et que son plus cher désir était de le soulager.

Voici l'édit dans son texte même :

« Quoique le soulagement de nos peuples, épuisés par les efforts que notre royaume a été obligé de faire pour soutenir presque sans interruption deux longues et sanglantes guerres, ait été le premier objet de nos vœux dès le commencement de notre règne, nous n'avons pu y parvenir aussi promptement que nous l'aurions désiré, soit à cause de la multitude et de la diversité des engagements que la nécessité des temps avait fait contracter, soit par la difficulté de connaître à fond la véritable situation de nos revenus et de fixer la masse des dettes de toute nature dont notre royaume était chargé, soit enfin par la confusion qui se trouvait dans les différentes parties de nos finances et de nos revenus, qui étaient presque tous consommés par des assignations anticipées, suites inévitables du malheur des temps, qui ne permettait pas de penser à établir un meilleur ordre, pendant qu'on était uniquement occupé à chercher les moyens de soutenir la guerre et de procurer à ce royaume une paix avantageuse. Nous n'avons pas laissé cependant de pourvoir aux besoins les plus pressants, d'accorder des remises, des diminutions ou des compensations à toutes nos provinces, de jeter les fondements de la libération de l'État par des suppressions de charges onéreuses ou inutiles, et par des liquidations de dettes qui pouvaient seules nous faire connaître la grandeur du mal et la nature des remèdes convenables. Le retranchement de plus de 40 millions par an sur l'état de nos dépenses, l'augmentation de plusieurs de nos fermes particulières et la diminution des charges, l'ordre et l'arrangement que nous avons commencé d'établir dans nos recettes et dans nos fermes, enfin les payements effectifs qui ont été faits en argent comptant, soit en notre trésor royal, ou à l'hôtel de notre bonne ville de Paris, et qui ont monté à plus de 240 millions en moins de deux années, ont été les premiers fruits de nos soins et de l'administration que nous avons établie. Nous avons même été encore plus loin, et, ne consultant que notre affection pour nos peuples sans attendre l'arrangement entier de nos finances, nous leur avons déjà accordé un soulagement considérable par la remise des quatre sols pour livre sur les droits de nos fermes, et par la suppression ou la réduction de plusieurs autres droits également onéreux. Mais nous n'avons regardé tout ce que nous avons fait jusqu'à présent à l'avantage de nos sujets, que comme une simple préparation pour nous mettre en état de leur procurer de plus grands biens et de former un plan général pour l'administration de nos finances qui pût en assurer l'ordre, en simplifier la régie, prévenir le divertissement des fonds, faire cesser les causes de l'obstruction du commerce, et par une plus grande consommation augmenter nos revenus, sans augmenter les impositions, et en soulageant même nos sujets de toutes celles qui ne sont pas absolument nécessaires pour acquitter les dettes de l'État. C'est dans cette vue qu'après nous être fait rendre un compte exact dans notre conseil de la situation où étaient nos finances au 1er septembre de l'année 1715, des opérations qui ont été faites sur toutes les parties qui y ont rapport, et de tout ce qui compose les revenus, les charges et les dépenses de notre royaume, nous avons fait aussi examiner avec la même attention tous les moyens que l'on pouvait prendre pour parvenir à la fin que nous nous étions proposée ; et, après la discussion qui en a été faite, nous avons cru ne devoir pas différer plus longtemps d'accomplir une partie de nos vœux, en soulageant nos sujets d'une des deux impositions extraordinaires dont ils sont chargés, par la remise du dixième du revenu des fonds de terre et des autres immeubles qui étaient sujets à cette imposition. Le fonds que l'État en a retiré tous les ans, depuis l'année 1710, sera remplacé pour la plus grande partie par le retranchement de nos dépenses, dont il n'y a aucun article que nous n'ayons réduit, en commençant par ce qui regarde notre personne. Quoique nous ayons déjà fait une première réduction sur les pensions par notre déclaration du 30 janvier dernier, nous avons cru devoir y faire encore de nouveaux retranchements qui, joints au premier, en réduiront la plus grande partie à la moitié ; et quelque faveur que mérite une partie de ceux qui jouissent des pensions, nous espérons qu'ils souffriront sans peine cette nouvelle réduction, quand ils sauront que notre cher et très-aimé oncle, le duc d'Orléans, petit-fils de France, régent de notre royaume, dont le désintéressement et la grandeur d'âme égalent la vigilance et l'attention sur nos intérêts et sur ceux de nos peuples, a voulu, aussi bien que les princes de notre sang, donner l'exemple à tous ceux à qui nous accordons des pensions, par la réduction de celles dont ils jouissent. Ainsi, ne pouvant augmenter, ni même conserver toutes les impositions, sans charger un peuple si digne des soulagements que nous voulons lui donner, nous avons trouvé une ressource plus sûre et plus honorable dans le retranchement de notre dépense, et de ce qui est plutôt un effet de notre libéralité qu'une véritable dette de l'État. Mais comme les retranchements que nous faisons sur nous-même, sur les princes de notre sang, sur les dépenses de la guerre et de la marine, sur les doubles emplois, et en général sur toutes sortes de dépenses privilégiées ou non, ne suffisent pas pour remplir le vide qui se trouve dans nos revenus par la suppression du dixième d'impositions, nous sommes forcé de retrancher pareillement tous les priviléges et exemptions des droits de gabelles et des aides qui sont également à charge, et par la diminution qu'ils causent dans nos revenus, et par les indemnités que nous sommes obligé d'accorder à nos fermiers. Ces priviléges, qui font un objet considérable par rapport à nos fermes, ne forment qu'un intérêt si médiocre pour chacun de ceux qui en jouissent, que nous espérons qu'ils feront sans peine ce léger sacrifice à un plus grand bien et pour l'État et pour eux-mêmes. C'est par un semblable motif que nous sommes obligé de décharger nos États de l'entretien des lanternes et du nettoiement des rues de notre bonne ville de Paris; d'autant plus que les propriétaires des maisons ont trouvé dans l'augmentation des loyers de quoi se dédommager de la finance qu'ils ont payée pour le rachat de cet entretien, dont la répartition, étant faite sur un grand nombre de personnes, devient presque insensible pour chacun d'eux, au lieu qu'elle est considérable pour l'État. Au bénéfice qui nous reviendra de ces différents retranchements, nous joindrons celui qu'une sage économie répandue dans toutes les parties de nos finances, et l'extinction de plusieurs charges passagères qui diminuent tous les jours, pourront nous procurer; et par les mesures que nous prenons pour être exactement instruit du produit de chaque espèce de revenus, nous espérons de les porter à leur juste valeur, en sorte que dans la suite nous soyons en état d'accorder de nouvelles remises à nos sujets. Mais comme le rétablissement du commerce peut contribuer, plus que toute autre chose, et à leur soulagement et à l'augmentation de nos revenus, nous avons cru y devoir donner une attention principale; et considérant qu'il fallait d'abord faire cesser le mal pour être ensuite à portée de faire le bien, qui se fait presque de lui-même en matière de commerce, lorsqu'il n'y a point d'obstacle étranger qui en arrête ou qui en retarde le cours, nous avons regardé comme un des objets les plus dignes de nos soins l'examen des moyens qui pourraient faire cesser cette espèce d'obstruction générale que les billets de l'État et ceux des receveurs généraux causent dans le mouvement et dans la circulation de l'argent. Nous avons donc fait examiner tous les mémoires que le zèle ou l'intérêt même de plusieurs particuliers leur a inspiré de donner sur une matière si importante, et nous avons cru devoir rejeter tous les moyens qui ne tendaient qu'à nous libérer, soit en surchargeant nos peuples, soit en faisant perdre successivement aux porteurs des billets une partie de leur capital, ou qui n'avaient pour objet que de les faire entrer dans les payements, par une contrainte fatale à la circulation de l'argent, et encore plus au commerce, ou de les confondre dans la valeur des monnaies réformées par un mélange qui tôt ou tard aurait été également ruineux pour les particuliers et pour l'État. Toutes ces voies nous ayant paru ou injustes en elles-mêmes, ou violentes dans leur exécution, ou pernicieuses dans les suites, nous avons jugé à propos d'employer des moyens plus simples pour retirer du commerce ces billets par parties : soit en donnant à nos sujets la faculté de les employer en rentes viagères à raison du denier seize sans aucune distinction d'âge; soit en établissant des loteries sous des conditions favorables au public; soit en aliénant en billets de l'État et sur le pied du denier trente au moins, quelques bouquets de bois éloignés de nos forêts, et quelques portions de nos domaines qui ne nous sont presque d'aucun usage, et dont nous ne pouvons tirer aucune utilité qu'en les vendant; soit enfin pour l'établissement des compagnies de commerce, dont les actions seront aux porteurs et acquittées en billets de l'État sur le pied de cinq cents livres chaque action, en sorte qu'outre les intérêts à raison de 4 p. 100 que nous assignerons sur un fonds certain, et qui seront reçus par les directeurs des compagnies, pour être distribués tous les six mois aux actionnaires, à la réserve de ceux de la présente année qui serviront à faire le fonds desdites compagnies, les actionnaires jouissent encore de leur part et portion dans le profit qui en reviendra, ce qui rendra lesdites actions commerçables entre toutes sortes de personnes, comme n'étant plus qu'une marchandise dont le prix peut hausser et baisser, suivant les hasards de la navigation et du commerce. Après avoir ouvert ces différentes voies aux porteurs des billets de l'État, sans compter la quantité considérable de ces billets qui se trouvera consommée par le payement des taxes de la chambre de justice, nous croyons pouvoir fixer aux porteurs un terme certain pour se déterminer sur le parti qu'ils voudront prendre, après lequel il ne leur sera plus payé aucuns intérêts desdits billets, en quoi nous ne leur ferons aucun préjudice, puisqu'il n'aura dépendu que de leur volonté de prendre l'une des voies que nous leur offrons pour s'assurer la continuation du payement de leurs intérêts, avec les avantages particuliers que chacune de ces voies leur présente. A l'égard des billets des receveurs généraux nous avons considéré que, dans la situation présente de nos affaires, il n'était ni possible ni même convenable de payer des intérêts sur un pied aussi fort que celui de 7 1/2 p. 100, comme nous avions cru d'abord le pouvoir faire dans le temps de notre déclaration du 12 octobre 1715. Nous avons donc jugé qu'il était nécessaire de les assujettir à la règle commune des autres dettes de l'État pour le taux des intérêts, en ouvrant d'ailleurs les mêmes voies aux porteurs de ces billets que celles que nous avons marquées pour les billets de l'État, après néanmoins que lesdits billets des receveurs généraux auront été convertis en d'autres, qui seront appelés billets de la caisse commune des recettes générales, sur le fonds de laquelle les intérêts en seront payés, pour conserver toujours aux porteurs desdits billets le gage sur la foi duquel ils ont contracté.

« Les mêmes raisons qui ne nous permettent pas d'employer au remboursement du capital des billets des receveurs généraux les fonds qui y avaient d'abord été destinés, nous obligent à réserver aussi, dans la partie du trésor royal, le bénéfice des fonds qui reviennent de la réduction des rentes constituées sur les tailles, sur le contrôle des actes et sur quelques-unes de nos autres fermes, parce que la première justice que nous devons à nos sujets est d'assurer le payement de tous les intérêts qui leur sont dus, en attendant que nous puissions parvenir au remboursement des principaux ; et que le fondement de toutes les dispositions de notre présent édit, comme de toute bonne et solide administration, est d'établir une telle proportion entre la recette et la dépense, que l'une puisse porter les charges de l'autre, et que cette égalité nous donne les moyens de satisfaire en même temps et aux engagements et aux besoins de l'État. C'est dans toutes ces vues que, travaillant sans relâche à diminuer ou retrancher successivement le poids des impositions extraordinaires, à perfectionner toujours de plus en plus l'ordre et l'arrangement des finances, à rendre au commerce sa vie et son mouvement, en le dégageant de tous les obstacles étrangers et en l'honorant d'une protection singulière, nous espérons jouir enfin de la satisfaction de voir notre royaume dans un état florissant, et, ce qui nous touche encore plus, pouvoir rendre nos peuples heureux. »

Ajoutons pour compléter l'historique de cet édit, qu'il fut comme le bilan de la première des trois banqueroutes du dix-huitième siècle, la banqueroute de Law, qui fut suivie, sous Louis XV, de la banqueroute de Terray, et, sous la République, de la banqueroute des assignats. — L.

LES CONTRIBUTIONS DU CLERGÉ

EN 1784

(Extrait de l'ouvrage de Necker : *L'administration des Finances*
3 vol. in-8°, 1784.)

C'est une opinion très-accréditée que le clergé, sous l'ancien régime, ne payait aucun impôt; et l'on est parti de là pour diriger contre lui de graves accusations. Il suffit de jeter les yeux sur notre histoire financière pour se convaincre que ces accusations manquent complétement de base, et que les gens d'Église ont largement supporté leur part des charges publiques.

A toutes les époques le clergé, dans les moments difficiles, est venu au secours du trésor par des impôts forcés ou des dons gratuits. Sous Philippe le Bel il a payé plus de 400 millions; il a été soumis, au moyen âge, à la plupart des aides extraordinaires, et, à partir de 1561, il a payé régulièrement, sous le nom de *décimes*, des tributs assez lourds, qui s'élevaient sous Louis XVI, comme on le verra plus loin, à 11 millions environ par année, ce qui ne l'a pas empêché, dans tous les moments de crise, de contribuer encore par des dons gratuits. L'extrait suivant que nous empruntons à Necker fera connaître les charges auxquelles il était soumis dans les dernières années du dix-huitième siècle.

Le clergé du royaume est distingué sous deux dénominations différentes: le clergé de France, et le clergé étranger (1).

Ce dernier, qu'on nomme également le clergé des pays conquis, comprend l'Artois, la Flandre, le Hainaut, le Cambrésis, la Franche-Comté, l'Alsace, la Lorraine, les Trois-Évêchés, la principauté d'Orange et le Roussillon.

Le clergé de France, divisé en 116 diocèses, est composé de toutes les autres provinces.

Le gouvernement traite d'une manière absolument différente avec ces deux clergés : celui de Flandre, d'Artois, du Hainaut et du Cambrésis, contribue, comme la noblesse, aux impositions établies dans ces provinces ; et les clergés d'Alsace, de Lorraine, des Trois-Évêchés, du Roussillon, d'Orange et de la Franche-Comté, payent chacun les vingtièmes et la capitation, d'après des abonnements séparés, convenus avec le trésor royal, et susceptibles de variation.

Le clergé de France, au contraire, ne connaît ni le mot de vingtième, ni celui de capitation ; et les subventions qu'il fournit au gouvernement ont lieu sous la forme de dons gratuits. C'est pour acquitter ces dons gratuits, et pour se racheter, en 1710, de la capitation, que le clergé de France a fait, en divers temps, une suite d'emprunts assujettis à des remboursements.

---

(1) Au moment de la Révolution on comptait en France 39,000 curés de paroisses, 17,000 religieux et 30,000 religieuses, ce qui est bien loin du chiffre donné par quelques écrivains qui portent à 440,000 le nombre des personnes ecclésiastiques.

L.

Les capitaux dus au commencement de 1784 se montaient à environ 134 millions, dont 42, à peu près, sont au denier vingt, et 92 au denier vingt-cinq (1).

Les impositions établies par l'assemblée générale du clergé de France s'élèvent à environ 8 millions 400 mille livres.

Mais ces impositions ne sont pas les seules qu'acquittent les bénéficiers : il en est de particulières à chaque diocèse, dont l'ensemble peut être estimé à environ 1,400 mille livres.

Enfin, les abbayes et les prieurés à la nomination royale payent à l'hôtel des Invalides un droit appelé d'*oblat*, et qui se monte à environ 800 mille livres : j'arbitrerai le contingent du clergé de France à environ 250 mille livres.

RÉCAPITULATION.

Impositions établies par l'assemblée générale du clergé de France, environ...	8,400,000
Impositions particulières aux divers diocèses..........................	1,400,000
Oblats..................................	250,000
Total des impositions à la charge du clergé de France, environ ci..........	10,500,000

Le clergé de France ne dispose cependant que de 9 millions 800 mille livres, puisque les 250 mille

---

(1) Il faut entendre ici les capitaux qui formaient la dette du clergé ; cette dette avait été contractée pour subvenir aux dons gratuits. — L.

livres provenant des oblats sont payées à l'hôtel royal des Invalides (1).

Le roi, de plus, a pris l'engagement de faire remettre à la caisse générale du clergé, pendant un certain nombre d'années, 2 millions 500 mille livres.

Ces deux articles se montent à 12 millions 800 mille livres, et c'est la somme employée par le clergé de France à l'acquit des diverses dépenses publiques dont il est chargé.

Voici l'énumération succinte de ces dépenses :

5,800,000 livres, l'intérêt de 134 millions, formant le capital de la dette générale du clergé au commencement de 1784.

400,000 livres, les arrérages d'anciennes rentes sur les hôtels de ville de Paris et de Toulouse, dont le clergé fait les fonds entre les mains des payeurs particuliers.

.00,000 livres, rente consentie par le clergé en faveur de l'ordre de Saint-Lazare.

(1) Au moyen âge les soldats mutilés étaient recueillis dans les monastères, où ils se donnaient en offrande à Dieu, de là le nom d'*oblats*, *oblati*, les gens qui s'offrent, qui se donnent. La création de *l'hôtel des Invalides* par Louis XIV affranchit les maisons religieuses des charges qui leur incombaient par suite du séjour des vieux soldats, et c'est en compensation de la suppression de ces charges que le clergé fit à l'hôtel une rente de 800,000 livres. Il convient du reste d'ajouter que longtemps avant l'ouverture de cet hôtel la plupart des maisons religieuses ne recueillaient plus les victimes de la guerre; car la charité s'était refroidie. Une foule d'abbayes avaient été données en commande aux prélats qui appartenaient à la noblesse; ces prélats en touchaient les plus gros revenus; ils n'y résidaient pas, et les habitudes mondaines avaient remplacé chez la plupart d'entre eux les habitudes de la vie monastique.

L.

700,000 livres, les intérêts des dettes contractées anciennement par différents diocèses.

4,100,000 livres, les remboursements sur la dette de 134 millions.

400,000 livres, les frais d'assemblée, les appointements des agents et des autres officiers du clergé et le traitement du receveur général.

100,000 livres, les pensions aux nouveaux convertis et les gratifications aux écrivains religieux.

150,000 livres, les secours accordés à des prêtres vieux et infirmes, et diverses dépenses de séminaires.

550,000 livres, les frais de recouvrement des décimes et quelques autres frais d'administration dans les diocèses.

Le clergé de France ne distribue point ses impositions en raison exacte du revenu respectif des bénéfices, et sans acception d'aucune autre circonstance; il a sagement profité des moyens que lui donne une administration d'une étendue limitée, pour adopter une forme de répartition où les principes d'équité semblent encore mieux observés. C'est donc dans une vue digne d'éloge, que l'assemblée générale du clergé de France a partagé ses contribuables en huit classes, et qu'elle a ensuite fixé ses règles de proportions différentes pour les bénéfices compris dans chacune de ces divisions.

La première est composée des offices claustraux et des bénéfices simples, tels que les abbayes et les prieurés séculiers ou réguliers, qui n'exigent pas résidence.

La seconde classe est composée de la partie des archevêchés, évêchés, abbayes, cures, canonicats, menses conventuelles en revenu et qui obligent en même temps à la résidence.

Toutes les autres classes ne diffèrent de la seconde que par la moindre importance graduelle du revenu des bénéfices qui y sont compris, et les plus modiques sont rangés dans la huitième et dernière classe.

Les bénéfices de la première classe sont taxés à raison du quart de leur revenu imposable; les bénéfices de la seconde classe à raison d'un sixième, et ainsi de suite, en dégradant jusqu'à la dernière, qui n'est imposée qu'à raison d'un vingt-quatrième (1).

---

(1) On voit par là que le clergé, qui avait le droit de s'imposer lui-même, s'était appliqué le système de l'impôt progressif, les plus pauvres de ses membres ne payant que le vingt-quatrième de leur revenu et les plus riches en payant le quart.

On consultera avec intérêt et profit sur la situation matérielle et morale du clergé français, au moment de la révolution, l'ouvrage de M. de Lavergne, *Économies rurale de la France depuis 1789*, page 18 et suiv.

DIX-HUITIÈME SIÈCLE

RÉPARTITION DE L'IMPOT

PAR TÊTE D'HABITANTS

ET PAR PROVINCE, EN 1789.

Le tableau suivant, que nous avons dressé d'après les renseignements contenus dans le livre de Necker, de l'*Administration des finances de la France*, donnera une idée exacte des inégalités qui existaient sous l'ancien régime dans la distribution des charges publiques. Ces inégalités tenaient d'abord à la division de la France en pays d'états et en pays d'élections : car les pays d'états avaient la faculté de discuter le chiffre de leurs impôts et de le faire réduire, tandis que les pays d'élections payaient les sommes auxquelles ils avaient été taxés. A cette première cause venaient s'ajouter les priviléges des provinces, des villes et des individus, ecclésiastiques, nobles ou bourgeois, et la localisation de certains impôts qui avaient cours dans quelques provinces, tandis qu'ils étaient inconnus dans d'autres.

Notre tableau est divisé par *généralités*, c'est-à-dire qu'il comprend la moyenne de chacune des grandes circonscriptions financières qui existaient à la fin du dix-huitième siècle.

Généralités.	Moyenne de l'impôt par tête.
Généralité d'Aix................................	19 liv. 18 sols.
— d'Amiens............................	28 — 10 —
— d'Auch et de Pau.............	13 — 18 —
— de Besançon....................	13 — 14 —
— de Bordeaux et de Bayonne....	16 — »
— de Bourges........................	15 — 12 —
— de Châlons........................	26 — 16 —
— de Dijon............................	19 — 3 —
— de Grenoble......................	17 — 15 —
— de La Rochelle..................	18 — 19 —
— de Lille.............................	20 — 3 —
— de Limoges.......................	13 — 15 —
— de Lyon............................	30 — »
— de Metz............................	19 — 9 —
— de Montauban...................	22 — 5 —
— de Montpellier...................	21 — 1 —
— de Moulins.......................	17 — 7 —
— de Nancy.........................	12 — 19 —
— d'Orléans.........................	28 — 4 —
— de Perpignan....................	13 — 15 —
— de Poitiers.......................	17 — 16 —
— de Bretagne.....................	12 — 10 —
— de Riom..........................	18 — 16 —
— de Rouen.........................	29 — 16 —
— de Paris..........................	64 — 5 —

D'après ces chiffres, le minimum était de douze livres dix sols et le maximum de soixante-quatre livres cinq sols.

BUDGET DES RECETTES EN 1783 (1).

Le tableau suivant montre quelles étaient, au moment où fut conclue la paix de Versailles, les ressources financières de la France. On y voit figurer sous le nom de *vingtièmes* des impôts qui remontaient à l'origine de la dynastie capétienne, mais qui n'avaient été levés, antérieurement au dix-huitième siècle, que dans les moments de crise. Il en est de même de la *capitation*.

Les vingtièmes étaient des impôts territoriaux auxquels toutes les classes étaient soumises. La capitation était un impôt personnel également payé par les trois ordres, et ces impôts, qui grevaient les contribuables d'une surcharge de 97,500,000 liv., furent la principale cause des premières agitations révolutionnaires; c'est par l'enregistrement des vingtièmes que s'engagea la lutte entre la couronne et le parlement. Quant aux autres impôts mentionnés dans le tableau, ils existaient tous avant le dix-huitième siècle.

	liv.
Les deux vingtièmes et les quatre sous pour livre ou fin du premier.....	65,000,000
Le troisième vingtième.............	21,500,000
La taille.............................	95,000,000

(1) Necker, *De l'administration des finances de la France*, 1783, t. I, p. 3 et suiv.

	Liv.
La capitation........................	21,500,000
Impositions locales des pays d'états.	2,000,000
Gabelles, tabacs, droits de traite....	166,000,000
Régie générale (boissons, boucheries, ouvrages d'or et d'argent)............	51,500,000
Contrôle des actes, enregistrement, droits de greffe, francs fiefs..........	41,000,000
Ferme des marchés de Sceaux et de Poissy (1).............................	11,000,000
Postes..............................	10,300,000
Ferme des messageries...............	1,400,000
Fabrication des monnaies............	500,000
Poudres.............................	800,000
Revenus casuels (droits de mutation sur les charges publiques et la réception des maîtres dans la corporation).	5,700,000
Marc d'or...........................	1,700,000
Droits sur les consommations dans les pays d'états......................	10,500,000
Contributions du clergé.............	11,000,000
Octrois (2)..........................	27,000,000
Droits d'aides de Versailles.........	900,000
Contributions de la Corse...........	600,000
Impôts sur les maisons de Paris, pour le logement des gardes suisses et françaises..............................	300,000
Loterie royale.......................	11,500,000
Indult (3), marque des étoffes, taxe	

(1) Le marché de Sceaux fut établi par Colbert en 1673 ; le marché de Poissy date également du dix-septième siècle.

(2) Ce chapitre était formé de la part que le gouvernement prélevait à l'entrée des villes. — L.

(3) L'indult était un droit payé au roi par les ecclésiastiques auxquels un bénéfice était conféré. — L.

	Liv.
des boues et lanternes de Paris, droit sur les finances....................	2,500,000
Droits perçus au profit des princes du sang........................	2,500,000
Corvées et prestations pour les routes..............................	20,000,000
Total................	500,805,000

En 1789, sur le budget que nous venons de reproduire, le déficit constaté n'était encore que de 14,500,000 liv.; mais sur ce même budget 207 millions étaient absorbés par les intérêts de la dette: c'était donc 221,500,000 liv.; qu'il fallait prélever sur les recettes, avant de rien toucher pour les dépenses courantes. Le reste était complétement insuffisant pour faire face à ces dépenses, il fallut recourir aux emprunts, et les choses montèrent si vite, qu'en 1788, ainsi que nous l'avons dit dans l'argument, le déficit était de 160,797,492 liv.

BREVETS POUR LE COMMERCE DES BLÉS ET LE PACTE DE FAMINE.

LA VIANDE. — LE POISSON.

Nous croyons devoir donner ici, pour compléter les indications de Monteil, quelques renseignements sur des impôts dont il n'a parlé que d'une manière incomplète et insuffisante. Ces impôts sont ceux qui portaient sur les blés, la viande et le poisson, et il est d'autant plus intéressant de les faire connaître qu'ils n'ont plus d'analogie dans la fiscalité moderne.

Sous le règne de Charles IX, le commerce des blés, pour la circulation intérieure et l'exportation, fut érigé en monopole, et nul ne pouvait s'y livrer sans une autorisation spéciale qui était mise aux enchères et que l'on désignait sous le nom de *brevet*. Ce fut là le point de départ du monopole odieux qui causa tant de misères au dix-septième et au dix-huitième siècles.

Les brevets, après avoir été délivrés momentanément, se transformèrent en une sorte de bail comme celui des fermes ; l'un de ces baux fut passé en 1729 ; un autre en 1740, par les nommés Boussi et Dufourni ; un autre encore en 1765, et c'est ce dernier qui a reçu le nom de *pacte de famine*. L'acte constitutif fut rédigé, le 12 juillet 1765, par le premier commis des finances Cromot-Dubourg. Les sociétaires désignés sous leurs titres officiels étaient : l'inventeur de la mouture économique, Pierre-Simon Malisset, *chargé de l'entretien et de la manutention des blés du roi;* Leray de Chaumont, grand maître honoraire des eaux et forêts de France ; Pierre Rousseau, receveur général des domaines et bois du comté de Blois, et Bernard Perruchot, régisseur général des armées du roi. Louis XV entra dans la Société pour une somme de 10 millions, et, dès 1767, les opérations commencèrent sur une grande échelle. Faut-il croire, comme on l'a plusieurs fois répété, que les actionnaires de la *Société Malisset,* que l'on pourrait aussi justement appeler la *Société Louis XV,* puisque ce prince en était le plus fort actionnaire, faut-il croire que cette Société ait fait brûler des grains, ou les ait fait jeter dans les rivières pour provoquer la hausse ? Évidemment non, car jamais marchand ne détruit sa marchandise ; mais ce qui est vrai et ce qui s'en rapproche, c'est que des quantités considérables de blé furent gâtées pour être restées trop longtemps amassées dans des magasins, et qu'on fut obligé de les jeter.

Les plus importants de ces magasins furent établis, en 1768, à Jersey et à Guernesey ; c'est là que l'on portait les céréales achetées en France. Quand de nombreux et forts achats avaient fait le vide sur les marchés et provoqué la hausse, on faisait rentrer les blés et on réalisait des bénéfices considérables en les revendant aux populations mêmes auxquelles on les avait achetés. Un ancien secrétaire des assemblées du clergé, Leprévôt de Beaumont, ayant surpris des papiers très-compromettants pour la Société Malisset, entre autres ses actes constitutifs, se mit en devoir de les faire connaître au parlement de Rouen ; mais il fut enlevé secrètement avec les papiers, et, après vingt-deux ans de captivité, on le retrouva le 14 juillet 1789 dans les cachots de la Bastille !

Malgré l'enlèvement de Leprévôt de Beaumont et le secret dont les spéculateurs cherchaient à s'envelopper, leurs manœuvres ne pouvaient échapper au public. Dès 1752, le parlement de Rouen avait rendu contre l'agiotage des blés des arrêts sévères ; mais le gouvernement lui défendit de donner suite à ces arrêts (1). En 1768, cette cour souveraine protesta de nouveau, et, le 29 octobre, elle écrivit à Louis XV « que la spéculation avait lieu avec l'appui et sous la sauvegarde de l'autorité ; qu'elle en avait la preuve authentique ; que la défense de poursuivre manifestait l'existence des coupables, et que cette défense du trône changeait les doutes en certitude. » Mais comment Louis XV aurait-il laissé poursuivre, quand les arrêts devaient remonter jusqu'à lui, puisqu'il était intéressé pour dix millions dans l'affaire ? Du

---

(1) Floquet, *Hist. du Parlement de Normandie*, t. VI, p. 414 et suiv. On trouvera dans cet excellent livre de curieux détails sur toute cette affaire des blés. On peut voir aussi, sur les avis sévères donnés à Louis XIV par le parlement de Rouen, le *Journal de Berbier*, t. VII, p. 263, 264, 269, 274.

reste, il ne s'en cachait pas : du vivant même de madame de Pompadour, c'est-à-dire avant l'année 1764, il lui faisait part de ses opérations sur les blés. En présence des courtisans eux-mêmes il se vantait de son habileté commerciale, et il poussa si loin le mépris de l'opinion publique, que l'année de sa mort, en 1774, on vit figurer dans l'*Almanach royal* un sieur de Mirlavaud, *trésorier des grains pour le compte de Sa Majesté*.

Le pacte de famine survécut à Louis XV ; Turgot essaya vainement de le dissoudre ; ses efforts restèrent impuissants, et, en 1775, cette redoutable question des subsistances amena des émeutes et des troubles, auxquels on donna le nom de *guerre des farines*. Le bail de la Société Malisset fut renouvelé au seuil même de la Révolution, et, en 1787, on transporta jusqu'à Terre-Neuve des blés achetés en France, que l'on vint ensuite y vendre aux enchères. Les bénéfices considérables réalisés dans ce commerce avaient éveillé la convoitise du public ; en 1789, un grand nombre d'habitants de Paris prenaient part à l'agiotage sur les blés, en prêtant de l'argent au caissier de l'association, Pinet (1), qui donnait, suivant les circonstances, de trente à soixante-quinze pour cent d'intérêt sur cet argent, ce qui laissait encore à la Société un bénéfice considérable.

Après des faits semblables, on ne peut être surpris des émeutes, des violences que la question des

(1) En 1789, Pinet fut trouvé blessé d'un coup de pistolet dans un bois des environs de Paris : il avait près de lui un second pistolet chargé, ce qui fit croire à une tentative de suicide ; mais, pendant les trois jours qu'il vécut encore, il persista à soutenir qu'il avait été victime d'un assassinat

grains souleva dans toute l'étendue de la France pendant les premières années de la Révolution. N'est-ce pas dans ces souvenirs de la misère et de la faim qu'il faut chercher la cause première des préventions populaires q   de nos jours encore s'attachent au commerce des blés ? Comment s'étonner que la vieille monarchie ait marché jusqu'aux abîmes, à travers les malédictions et les colères ? Au milieu des plus monstrueuses orgies de la décadence païenne, les empereurs vidaient leur trésor pour donner du pain à la populace de Rome, et, dix-huit siècles après la venue du Christ, dix-huit siècles après la révolution divine de la charité, un roi de France affamait son royaume, et trouvait des complices jusque dans la population de sa capitale! (*De l'alimentation publique sous l'ancienne monarchie*, par *Ch. Louandre; Paris*, 1864, *in-8°.*)

LES IMPOTS SUR LA VIANDE.

Dans la Gaule romaine nous trouvons une contribution sur le bétail, nommée *scriptura*, mais elle ne porte que sur les bestiaux admis à pâturer dans les domaines des empereurs, et par cela même elle se réduit à une sorte de fermage payé par les usagers à leur propriétaire. Nous ne pouvons préciser ce qui se fit sous les deux premières races et les premiers Capétiens ; mais sous le règne de Philippe le Bel, de Charles IV, de Charles V, nous trouvons un impôt permanent établi sur la vente des porcs, des moutons, des vaches et des bœufs ; c'était comme une sorte de capitation, d'imp personnel payé par les animaux, que l'on désignait sous le nom de *pied fourché*; il était perçu par les commis des fermes, dans les circonscriptions territoriales où les aides avaient cours, sur l'entrée ou la sortie aux frontières du royaume, la circulation intérieure de province à province, les ventes et les achats, les approvisionnements des boucheries. Pour faciliter la perception, l'ordonnance de 1680 enjoignit aux bouchers de marquer leurs bœufs, vaches et moutons, de déclarer aux fermiers des aides de quelles marques ils voulaient se servir, et de donner à ces fermiers un acte notarié sur lequel se trouvait le dessin de cette marque. Il leur fut défendu, en outre, d'acheter par quartiers des viandes abattues, attendu que les droits étaient différents pour les bœufs, vaches et taureaux, et que, la viande une fois coupée, on ne pouvait plus reconnaître à quelle catégorie elle appartenait, et par cela même percevoir exactement l'impôt. Cet impôt, extrêmement variable et réglé uniquement sur les besoins du trésor, sans que les intérêts de l'agriculture aient été la plupart du temps consultés, fut quelquefois excessif et quelquefois aussi momentanément suspendu dans les moments de crise. Outre les aides, qui furent totalisées et réunies par l'ordonnance de 1680, d'où est venu le nom de *droits réunis*, le bétail payait à Paris, au dix-huitième siècle, les droits de domaine et de barrage, le vingtième de l'hôpital, la ferme générale, les droits de la ville et de l'hôpital général, distincts du vingtième dont nous venons de parler; un droit de sou pour livre prélevé sur toutes les ventes, ainsi que sur les bestiaux échangés ou pris en payement; les droits des officiers des marchés, tels que les jurés vendeurs, les contrôleurs aux boucheries créés en 1704 à Paris et dans les principales villes du royaume, et les inspecteurs des veaux créés en 1730, au nombre de quatre-vingt-cinq. Dans les temps ordinaires, ces diverses contributions réunies ne donnaient pas un total très-élevé, puisque ce total pour l'année 1757 montait seulement à 14 livres 4 sols 6 deniers 3/10 par tête de bœuf, non compris le sou pour livre sur la vente ; mais ce qui les rendait vraiment désastreuses, aussi bien pour l'agriculture que pour la consommation, c'étaient les formalités sans nombre auxquelles les contribuables étaient astreints pour la perception ; les contraventions que rendaient presque inévitables la multiplicité et la minutie des règlements et des tarifs ; les amendes excessives et les saisies qui en étaient la suite. Ainsi, les veaux et les génisses étant réputés bœufs ou vaches à l'âge de six mois, et payant comme tels, il fallait, par-devant les commis, constater leur âge, et, qu'on nous passe le mot, leur constituer une sorte d'état civil. Quand le trésor, d'ailleurs, avait besoin d'argent, on recourait à des mesures extrêmes, afin d'augmenter les recettes ; on taxait la viande dans le but unique d'élever l'impôt, en élevant le prix de la matière imposable. On trouve en 1787 un curieux exemple de ce fait. Dans le courant de cette année, le prix de la viande, qui d'abord avait été fixé à huit sols, fut porté à douze, ce qui donna près de 18 millions au trésor sur cette seule denrée. (*De l'alimentation publique sous l'ancienne monarchie*, par Ch. Louandre, Paris, 1864, in-8°.)

L'IMPOT SUR LE POISSON.

Dès le treizième siècle, par cela seul qu'il était l'objet d'une grande consommation, le poisson fut compris dans les denrées soumises aux aides, sans compter les droits particuliers qu'il payait aux rois en divers lieux à cause de leur domaine. Il est imposé par Philippe de Valois, Jean II, Charles V, par la plupart de leurs successeurs. Plus on avance vers notre temps, plus l'impôt s'élève; sous Louis XV, il paye deux sous par livre. Le poisson frais, consommé uniquement par les classes riches, est taxé au même chiffre que le poisson salé, consommé par les pauvres; et cet impôt était tellement consacré par les préjugés économiques, que ce fut, avec celui des boissons, le seul que se réservèrent les rois dans les villes auxquelles ils accordaient les franchises les plus étendues. Au moyen âge, les exemptions ne portaient que sur les pêcheries des couvents et quelques étangs seigneuriaux; l'effet de cette fiscalité fut de diminuer considérablement la consommation, et par cela le nombre des individus qui se livraient à la pêche.

SUPPLÉMENT

Les Finances depuis l'Assemblée des Notables
DE 1787 JUSQU'EN 1872

I

La période qui s'étend de la convocation de l'assemblée des notables au Consulat peut être justement considérée, au point de vue particulier du sujet qui nous occupe, comme l'une des plus agitées et des plus malheureuses de notre histoire.

Louis XVI, en montant sur le trône, avait pris l'engagement de ne point augmenter les impôts, de n'en point créer de nouveaux, de ne point contracter d'emprunts. Il avait réalisé des économies importantes, lorsque la guerre d'Amérique, qui lui était pour ainsi dire imposée par l'honneur de la France et le sentiment national, vint nécessiter des dépenses considérables. La paix de Versailles, conclue en 1783, laissa dans le budget un déficit que les recettes ordinaires ne pouvaient combler ; après avoir changé dix fois de ministres, le malheureux roi appela de Calonne au contrôle des finances, et celui-ci parvint pendant quelque temps à rassurer le pays en le trompant indignement, et en faisant briller à ses yeux le mirage d'une prospérité mensongère. Il contractait en secret et à l'insu même du roi d'énormes emprunts; mais, comme tous les gens ruinés qui vivent d'expédients, il fut bientôt à bout de ressources, et le crédit fictif, qu'il avait soutenu à force de ruses et de mensonges, ne lui laissa d'autre issue que la banqueroute.

En présence de cette situation, Louis XVI, effrayé de la responsabilité qui pesait sur la couronne, crut devoir faire appel à la nation, comme ses prédécesseurs l'avaient fait jusqu'en 1614, dans toutes les grandes crises de la monarchie ; mais au lieu de convoquer, par voie d'élection, les députés des trois ordres, il délégua, dans chacun des ordres, les membres de l'assemblée à laquelle il voulait soumettre les graves questions que ses ministres étaient incapables de résoudre. Cette assemblée, composée des hommes les plus distingués de la noblesse, du clergé et du tiers état, se réunit à Versailles le 22 février 1787. De Calonne, qui ne pouvait cacher plus longtemps le véritable état des choses, en révéla toute la gravité dans un discours qu'on peut regarder comme la préface de la Révolution. Ce document jette une vive lumière sur les événements qui ont marqué la fin du dix-huitième siècle. On en jugera par les extraits suivants, qui montreront beaucoup mieux que tout ce que nous pourrions dire, les difficultés contre lesquelles la monarchie avait à lutter. Nous laissons parler de Calonne :

« Je dois l'avouer, et je n'ai eu garde d'en rien

déguiser, le déficit annuel est très-considérable. J'en ai fait voir au roi l'origine, les progrès et les causes.

« Son origine est fort ancienne, le déficit en France existe depuis des siècles. Le système de Law, en bouleversant les fortunes particulières, devait du moins rétablir le niveau dans les finances de l'État; ce but a été manqué, et même sous l'administration économique du cardinal de Fleury, on ne l'a point atteint. Ce n'est pas l'opinion commune, mais c'est la vérité; et il est constaté, par un travail fait au trésor royal sur les comptes de ce ministère, que pendant sa durée le déficit a toujours subsisté. Ses progrès sont devenus effrayants sous le dernier règne. Le déficit passait 74 millions quand l'abbé Terray fut appelé à l'administration des finances, il était encore de 40 quand il en sortit. Cependant, par le mémoire qu'il remit au roi en 1774, accompagné d'un état des recettes et dépenses pour la même année, il n'avait porté le déficit annuel qu'à 27,800,000 livres; mais il est reconnu et prouvé, par le compte effectif de cette même année, qu'en réalité il était alors de 40,200,000 livres.

« Cette différence confirme ce que j'ai dit de la difficulté de former une balance exacte des recettes et des dépenses ordinaires.

« Les finances étaient donc encore dans un grand dérangement lorsque Sa Majesté est montée sur le trône. Elles restèrent à peu près au même état jusqu'en 1776, époque à laquelle le déficit fut estimé être de 37 millions, par celui même qui, peu de temps après, fut chargé de la direction des finances.

Entre cette époque et celle du mois de mai 1781, le

rétablissement de la marine et les besoins de la guerre firent emprunter 440 millions.

« Il est évident que le produit de toutes les réformes, de toutes les bonifications qui ont été faites dans cet intervalle, quelque évaluation qu'on puisse leur donner, n'a pu compenser à beaucoup près l'augmentation de dépense qui a résulté nécessairement de l'intérêt de ces emprunts, qu'il faut toujours compter sur le pied de 9 à 10 p. 100, soit comme viagers, soit eu égard aux remboursements, et qui, par conséquent, s'est élevé à plus de 40 millions par an. Le déficit s'est donc accru, et les comptes effectifs le prouvent.

« Il s'est accru encore depuis le mois de mai 1781 jusqu'au mois de novembre 1783, et l'on ne doit pas s'en étonner, puisque les emprunts faits pendant cet espace montèrent à environ 450 millions (1).

« J'ai constaté qu'à la fin de 1783, le déficit s'est trouvé être de 80 millions.

« Il y avait en outre 176 millions d'anticipations que j'ai compris dans la masse des dettes, lorsque j'ai dit qu'à cette époque elles s'élevaient à plus de 600 millions. Il est prouvé par les états remis au roi qu'elles montaient à 604, en sorte qu'en y joignant le déficit de 80 millions, je puis bien dire que le vide était de 684 millions dans l'exercice de 1784.

« Je n'ai pu ni dû le faire porter entièrement sur cette seule année; il a fallu en rejeter une partie sur les exercices suivants, et l'on sent combien ce rejet,

---

(1) Ces emprunts avaient eu pour cause la guerre d'Amérique.

joint au déficit annuel, a dû les rendre pénibles; on voit combien les emprunts faits à la fin des années 1783, 1784 et 1785, même en y joignant celui fait par la ville de Paris en 1786, sont au-dessous de ce que j'avais à payer, et l'on ne doit pas s'étonner que pour y suppléer, il ait été inévitable de recourir à d'autres ressources de crédit moins directes, moins ostensibles, mais toutes expressément approuvées par Sa Majesté, qui en a connu les motifs et l'emploi (1).

« La réunion de tous ces moyens de crédit, dont il n'a été usé qu'avec la plus grande réserve possible, ne forme pas, à beaucoup près, une somme égale à celle des acquittements qui ont été effectués pendant le cours de ces trois années : l'ordre, l'économie et les arrangements dont une grande manutention est susceptible, ont fait le reste et tout est soldé.

« Mais il n'en résulte pas moins que le déficit annuel a pris de nouveaux accroissements. Les causes en sont trop publiques pour que les effets en soient mystérieux.

« Ces causes s'expliquent toutes par une seule observation : le déficit était de 37 millions à la fin de 1776, et, depuis cette époque jusqu'à la fin de 1786, il a été emprunté 1,250 millions.

« Vous savez, Messieurs, combien ces emprunts étaient nécessaires. Ils ont servi à nous créer une marine formidable ; ils ont servi à soutenir glorieusement une guerre qui, d'après son principe et son but, a été appelée *guerre nationale*, ils ont servi à l'affranchissement des mers, ils ont servi enfin à procurer

(1) Ici de Calonne fait allusion à l'emprunt des 100 millions secrètement contracté à l'étranger.

une paix solide et durable, qui doit donner le temps de réparer tout le dérangement qu'une dépense aussi énorme a causé dans les finances.

« Ce serait cependant prendre une idée fort exagérée du déficit actuel, que de joindre, pour en mesurer l'étendue, l'intérêt de cette masse d'emprunts à ce qu'il était déjà antérieurement. D'un côté, le revenu du roi se trouve augmenté, tant par le produit des sous pour livre imposés en 1781, que par les bonifications considérables obtenues dernièrement aux renouvellements des baux des différentes compagnies de finance : d'un autre côté, il y a eu pour 250 millions au moins de remboursements, qui ont diminué proportionnellement les intérêts ; et suivant l'ordre réglé tant pour ceux de ces remboursements qui sont à époques fixes, que pour ceux que doit opérer la caisse d'amortissement, il s'éteindra encore, pendant les dix années prochaines, un capital de plus de 400 millions ; après quoi le roi rentrera dans la libre jouissance de plus de 60 millions de revenu, absorbé présentement, tant par les remboursements assignés que par les intérêts.

« Mais jusque-là, c'est-à-dire jusqu'à la fin de 1797, il est impossible de laisser l'État dans le danger sans cesse imminent auquel l'expose un déficit tel que celui qui existe ; impossible de continuer à recourir chaque année à des palliatifs et à des expédients qui, en retardant la crise, ne pourraient que la rendre plus funeste ; impossible de faire aucun bien, de suivre aucun plan d'économie, de procurer aux peuples aucun des soulagements que la bonté du roi leur destine, aussi longtemps que ce désordre subsistera.

« J'ai dû le dire, j'ai dû dévoiler au roi cette triste vérité ; elle a fixé toute son attention, et Sa Majesté s'est vivement pénétrée de la nécessité d'employer les moyens les plus efficaces pour y porter remède.

« Mais quels peuvent être ces moyens ?

« *Toujours emprunter* serait aggraver le mal et précipiter la ruine de l'État.

« *Imposer plus* serait accabler les peuples que le roi veut soulager.

« *Anticiper encore*, on ne l'a que trop fait, et la prudence exige qu'on diminue chaque année la masse des anticipations actuelles.

« *Économiser*, il le faut sans doute : Sa Majesté le veut ; elle le fait, elle le fera de plus en plus. Tous les retranchements possibles de dépenses jusque dans sa propre maison, tous ceux dont les différents départements sont susceptibles sans nuire aux forces de l'État, elle les a résolus, et ses résolutions sont toujours suivies d'effet ; mais l'économie seule, quelque rigoureuse qu'on la suppose, serait insuffisante et ne peut être considérée que comme moyen accessoire.

« Je n'ai garde de mettre au rang des ressources ce qui, en détruisant le crédit, prendrait tout ce que l'immuable fidélité du roi à ses engagements ne permet pas d'envisager comme possible, ce qui répugnerait à son cœur autant qu'à sa justice.

« Que reste-t-il donc pour combler un vide effrayant, et faire trouver le niveau désiré ?

« Que reste-t-il qui puisse suppléer à tout ce qui manque, et procurer tout ce qu'il faudrait pour la restauration des finances ?

« Les abus (1).

« Oui, Messieurs, c'est dans les abus mêmes que se trouve un fonds de richesses que l'État a droit de réclamer, et qui doivent servir à rétablir l'ordre. C'est dans la proscription des abus que réside le seul moyen de subvenir à tous les besoins. C'est du sein même du désordre que doit jaillir une source féconde qui fertilisera toutes les parties de la monarchie.

« Les abus ont pour défenseurs l'intérêt, le crédit, la fortune et d'antiques préjugés que le temps semble avoir respectés; mais que peut leur vaine confédération contre le bien public et la nécessité de l'État?

« Le plus grand de tous les abus serait de n'attaquer que ceux de moindre importance, ceux qui, n'intéressant que les faibles, n'opposent qu'une faible résistance à la réformation, mais dont la réformation ne peut produire une ressource salutaire.

« Les abus qu'il s'agit aujourd'hui d'anéantir pour le salut public, ce sont les plus considérables, les plus protégés, ceux qui ont les racines les plus profondes et les branches les plus étendues.

« Tels sont les abus dont l'existence pèse sur la classe productive et laborieuse; les abus des priviléges pécuniaires, les exceptions à la loi commune, et tant d'exemptions injustes, qui ne peuvent affranchir une partie des contribuables qu'en aggravant le sort des autres;

(1) Nous n'avons pas besoin de faire remarquer combien étaient graves, au point de vue monarchique, les déclarations que fait ici de Calonne au sujet des abus; les révolutionnaires les plus ardents n'auraient pas tenu un autre langage; et la royauté en était venue à se mettre elle-même en accusation par la bouche de l'un de ses ministres.

« L'inégalité générale dans la répartition des subsides, et l'énorme disproportion qui se trouve entre les contributions des différentes provinces et entre les charges des sujets d'un même souverain;

« La rigueur et l'arbitraire de la perception de la taille ; la crainte, les gênes et presque le déshonneur imprimé au commerce des premières productions;

« Les bureaux de traites intérieures, et ces barrières qui rendent les diverses parties du royaume étrangères les unes aux autres;

« Les droits qui découragent l'industrie, ceux dont le recouvrement exige des frais excessifs et des préposés innombrables ; ceux qui semblent inviter à la contrebande et qui tous les ans font sacrifier des milliers de citoyens;

« Le dépérissement du domaine de la couronne, et le peu d'utilité que produisent ses faibles restes;

« La dégradation des forêts du roi, et les vices de leur administration;

« Enfin, tout ce qui altère les produits, tout ce qui affaiblit les ressources du crédit, tout ce qui rend les revenus insuffisants, et toutes les dépenses superflues qui les absorbent.

« Si tant d'abus, sujets d'une éternelle censure, ont résisté jusqu'à présent à l'opinion publique, qui les a proscrits, et aux efforts des administrateurs qui ont tenté d'y remédier, c'est qu'on a voulu faire, par des opérations particlles, ce qui ne pouvait réussir que par une opération générale (1); c'est qu'on a cru pouvoir réprimer le désordre sans en extirper le germe,

---

(1) Cette opération générale, ce fut la révolution qui l'accomplit par la Constitution de 1791.

c'est qu'on a entrepris de perfectionner le régime de l'État sans en corriger les discordances, sans le ramener au principe d'uniformité qui peut seul écarter toutes les difficultés de détail, et revivifier le corps entier de la monarchie (1). »

« Les vues que le roi veut vous communiquer tendent toutes à ce but; ce n'est ni un système, ni une invention nouvelle, c'est le résumé et pour ainsi dire le ralliement des projets d'utilité publique conçus depuis longtemps par les hommes d'État les plus habiles, souvent présenté en perspective par le gouvernement lui-même, dont quelques-uns ont été essayés en partie, et qui tous semblent réunir les suffrages de la nation, mais dont jusqu'à présent l'entière exécution avait paru impraticable par la difficulté de concilier une foule d'usages locaux, de prétentions, de priviléges et d'intérêts opposés les uns aux autres. »

Les notables accueillirent avec une tristesse silencieuse ces révélations inattendues, qui laissaient entrevoir la profondeur de l'abîme où la fatalité des événements et les vices de l'organisation politique et sociale avaient entraîné la monarchie. Ils se séparèrent le 27 mai, sans rien conclure, après avoir entendu la lecture de divers mémoires où de Calonne développait ses idées de réformes; mais pour accomplir ces réformes, il fallait en quelque sorte changer la société du sommet à la base. Une œuvre aussi radicale ne pouvait se réaliser d'un jour à l'autre. La

---

(1) Parmi les abus qu'il énumère, de Calonne ne parle pas du plus grave peut-être, c'est-à-dire du droit que s'étaient arrogé les rois d'établir arbitrairement des impôts.

banqueroute apparaissait inévitable et menaçante dans un avenir prochain. Louis XVI essaya vainement de la conjurer, en luttant contre l'inexorable logique des chiffres. A dater de ce moment, c'est-à-dire de la clôture de l'assemblée de 1787, la révolution marche et se précipite, en emportant l'une après l'autre toutes les digues que le gouvernement royal cherche en vain à lui opposer (1).

II

Louis XVI était animé des meilleures intentions; il voulait sincèrement le bien, et il entra résolûment dans la voie des améliorations. Il commença par opérer dans les dépenses de sa maison des réductions importantes, et pour satisfaire aux vœux du pays qui demandait à répartir et à faire lever les impôts par ses délégués librement élus, il institua les assemblées provinciales, le 22 juillet 1787; mais si, d'une part, ces assemblées faisaient disparaître en partie les anciens abus de la répartition et de la perception, elles étaient, d'autre part, complétement impuissantes à combler le déficit, et elles le laissaient subsister tout entier. Il fallait à tout prix trouver de l'argent; Louis XVI, qui, au début de son règne, avait promis de ne point créer d'impôts, se vit contraint, par les nécessités de plus en plus pressantes du trésor, de faire enregistrer d'autorité au parlement de Paris des édits bursaux, c'est-à-dire des édits qui avaient pour

(1) On trouvera dans le 1er volume des *Archives parlementaires* et dans le *Moniteur* les documents relatifs à l'histoire financière des dernières années du règne de Louis XVI.

objet d'établir des contributions nouvelles ou d'augmenter les anciennes : le parlement déclara l'enregistrement nul et non avenu. Louis XVI, par arrêt du 15 août 1787, exila quelques-uns de ses membres dans la ville de Troyes, et cet acte de rigueur fut le signal de la lutte qui s'engagea entre la couronne et les parlements du royaume qui avaient pris fait et cause pour le parlement de Paris. Toutes les mesures financières proposées par le gouvernement rencontrèrent dans la première magistrature du royaume une opposition violente; l'opinion publique réclama impérieusement la réunion des états généraux comme pouvant seuls remédier à la gravité de la situation, et ces états se réunirent à Versailles le 5 mai 1789.

Conformément aux anciens usages, les députés consignèrent dans leurs cahiers les vœux et doléances des populations dont ils étaient les mandataires, et ces vœux, en ce qui touche les finances et les impôts, peuvent se résumer ainsi :

Le droit d'imposer appartient à la nation. Aucun impôt ne peut être établi d'office par la couronne s'il n'a été au préalable voté par les députés des trois ordres.

Les états généraux doivent exercer sur les recettes et les dépenses un contrôle effectif, et les fixations budgétaires ne peuvent être dépassées sous aucun prétexte.

Les agents du fisc, y compris le ministre des finances, sont responsables ; la valeur des monnaies ne peut être arbitrairement changée.

La répartition et la levée des impôts d'État doivent être faites dans chaque localité par les délégués des populations.

Le roi doit vivre exclusivement des produits de son domaine sans rien prélever sur le trésor de l'État.

LA DETTE PUBLIQUE EST SACRÉE. Le gouvernement ne peut en réduire ni le capital ni les intérêts. Il doit l'éteindre dans le plus bref délai possible, au moyen d'un amortissement régulier.

Le tiers état, qui depuis des siècles supportait la plus lourde part des charges contributives, demandait que ces charges fussent également réparties sur les trois ordres. Le clergé, qui jusqu'alors avait défendu ses immunités fiscales avec obstination, fut emporté par le mouvement qui entraînait les esprits vers les principes de justice et d'égalité politique. Quinze jours après l'ouverture des états, le 20 mai, il renonça spontanément à ses priviléges d'exemption. Le 23 la noblesse suivit son exemple, et dès ce moment la fiscalité féodale, avec sa hiérarchie oppressive, disparut sans retour de notre droit public; mais cette fois encore il ne suffisait pas d'inscrire dans la loi des principes d'équité pour conjurer la banqueroute. Le gouvernement aux abois essayait de tous les moyens pour faire face aux besoins du trésor. Il émettait des billets d'État, des emprunts qui n'étaient point couverts; il créait des impôts qui n'étaient point recouvrés. Les troubles qui éclataient à tout instant sur les divers points du royaume tarissaient les sources des revenus publics; les administrations fiscales désorganisées par des réformes incomplètes ne fonctionnaient qu'imparfaitement. Le roi changeait continuellement de ministres : il remplaçait Louménie de Brienne par Necker, qu'il n'avait relevé de sa première disgrâce que pour le remplacer bientôt par le baron de Breteuil, et le rappeler encore pour le disgracier de nouveau. Mais le gouffre du déficit allait toujours en s'élargissant, et l'Assemblée nationale essaya de le combler en empruntant à la monarchie, qu'elle renversait, au nom de la justice et du droit, les expédients de ses plus mauvais jours, les expédients de Philippe le Bel et de Law, c'est-à-dire les confiscations et le papier monnaie.

Philippe le Bel avait dépouillé les templiers. L'Assemblée nationale, par un décret du 2 novembre 1789, confisqua les propriétés et les revenus ecclésiastiques (1); Law avait émis pour 3 milliards de papier, l'Assemblée nationale commença, le 22 novembre, à en émettre pour 400 millions, sous le nom de *papiers municipaux*, qui fut bientôt remplacé par celui d'*assignats*, parce qu'on leur avait *assigné* comme garantie les biens confisqués sur le clergé.

Le 7 février 1792, l'Autriche et la Prusse signaient contre la France une alliance offensive et défensive, et le 28 avril suivant les hostilités s'ouvraient aux environs de Lille. Il fallait immédiatement improviser des ressources, et comme il était impossible de recourir à des emprunts qui n'auraient point trouvé de preneurs, ou d'augmenter les impôts quand la nation tout entière en demandait la réduction, le gouvernement se rejeta sur les assignats, et les émissions se succédèrent dans de telles proportions, qu'en 1796 elles avaient atteint le chiffre énorme de 45,558,000,000; mais les assignats avaient subi, en raison de leur nombre même, une si grande dépréciation, qu'ils étaient avec l'argent monnayé dans le rapport de 20 à 8,000, c'est-à-dire que huit mille livres en papier ne représentaient, comme puissance d'échange, qu'un louis de vingt livres. On les remplaça par des mandats territoriaux, et, le 30 pluviôse an IV — 19 février

---

(1) Voir, dans le volume de Monteil intitulé : *Histoire agricole de la France*, page 259, ce qui est dit au sujet de la confiscation et de la vente des biens ecclésiastiques.

1796 — la planche aux assignats fut solennellement brisée. Les mandats territoriaux se déprécièrent à leur tour, et la France, à la chute du Directoire, se trouva réduite à la plus profonde détresse.

III

Lorsque Gaudin, duc de Gaëte, fut appelé au ministère, en 1798, par le premier consul, il ne trouva dans l'encaisse du trésor, pour assurer le payement des dépenses de l'État, que 300,000 francs en espèces qui avaient été empruntés la veille ; mais des mesures réparatrices furent immédiatement adoptées, et, malgré la lutte incessante soutenue par le premier Empire contre toutes les nations de l'Europe, la situation financière, arrêtée en 1815, ne présentait d'autres engagements, contractés pour les budgets antérieurs, que 650 millions de créances, 63 millions de rentes consolidées en 5 p. 100, et 90 millions de dette flottante. C'est que, en effet, Napoléon n'avait jamais voulu contracter d'emprunts sur des rentes dépréciées de plus de 50 p. 100, et qu'il avait fait face à toutes les charges de son règne par des centimes additionnels, la consolidation sur le grand livre des créances arriérées qu'il reconnaissait comme légitimes, et surtout par les contributions imposées aux pays conquis, suivant la maxime : « La guerre doit nourrir la guerre, » triste maxime qu'invoquent tous les conquérants pour justifier leurs exactions, et que la Prusse nous a si durement appliquée en 1871, comme nous la lui avions appliquée à elle-même dans la campagne de 1806.

En 1815, à la chute de l'Empire, les revenus publics se composaient des éléments suivants :

Contributions directes, ordinaires et extraordinaires...............	357,540,000 fr.
Impôts indirects..................	322,736,606
Produits domaniaux...............	21,163,632
Postes........................	19,245,222
Recettes diverses................	14,276,741
TOTAL..........	734,962,201 fr.
Les frais de régie, d'exploitation, de perception, et les restitutions, s'élevaient à......	126,251,529 fr.
Ce qui réduisait le produit net à...	608,710,672 fr.

Telle était la situation (1) lorsque Louis XVIII vint,

(1) Notre organisation financière, telle qu'elle existe aujourd'hui, est en grande partie l'œuvre du baron Louis et de M. de Villèle. Voici, sur ces éminents administrateurs, quelques détails que nous empruntons à un écrivain fort compétent, M. Sancholle, auteur d'une intéressante brochure intitulée : *Les Finances de la France, depuis 1816*. Paris, Paul Dupont, in-8°.

Le baron Louis fut le créateur de la plus grande mesure financière qui ait été prise de notre temps. Il nationalisa la rente en la transportant dans les départements. « Plus nombreux, disait-il, seront les créanciers du gouvernement, plus nombreux seront les individus disposés à soutenir l'édifice social. » La rente était localisée à Paris. En la vulgarisant en province, où les économies se thésaurisaient sans intérêts, en facilitant l'accès à toutes les conditions sociales, le baron Louis a rendu au pays un de ces services qui ne s'oublient pas dans la mémoire des peuples. Il a assis de la sorte la solidité sur le placement des épargnes de tous. A dater de cette époque (1819), les cours des fonds publics prirent une marche

après Waterloo, prendre pour la seconde fois possession de la couronne, et l'on doit rendre à l'administration financière de la Restauration cette justice qu'elle a été l'une des plus sages, des plus habiles et des plus probes de notre histoire. En 1816, elle ouvrit

ascendante remarquable et le crédit s'affirma de plus en plus.

Le comte de Villèle a doté l'État, par l'ordonnance royale du 14 septembre 1822, de la plus belle comptabilité financière dont puisse s'enorgueillir une nation. A partir de ce moment, en effet, la clarté, l'uniformité, le contrôle, furent partout, aussi bien chez ceux qui dépensaient que chez ceux qui percevaient l'impôt. Une concordance absolue, complète, une corrélation intime vint lier et rattacher tous les actes intéressant la fortune publique à un ensemble de comptes rendus auquel rien n'échappait, et qui venait se soumettre au contrôle des Chambres et au jugement de la Cour des comptes.

Autre grand fait : la durée des exercices budgétaires était indéfinie. On visait, revisait, modifiait indéfiniment un exercice tant qu'il y avait quelque chose à payer ou à recevoir pour son compte. A partir de 1822, la limite est invariable. Elle est de 24 mois. Au bout de ce temps, tout ce qui est fait est apuré. Ce qui n'est pas fait se reporte à l'exercice suivant. A côté de cette ordonnance, il convient de citer la disposition qui abaissa le minimum des coupures de rentes de 50 à 10 francs. L'ordonnance du 5 mai 1823, qui, procédant de la même pensée, accordait des facilités particulières pour le payement et le transfert des coupons de 50 francs et au-dessous; — Celle du 29 avril de la même année, qui perfectionnait la comptabilité des communes; — Celle du 10 décembre 1823, qui venait compléter l'ordonnance du 14 septembre 1822, en développant et coordonnant les éléments des comptes administratifs à rendre annuellement par les ministres; — Enfin, celle du 19 novembre 1826, qui, en rendant les receveurs généraux responsables de la gestion des receveurs particuliers, et les receveurs particuliers responsables de la gestion des percepteurs et des receveurs municipaux, a créé en France, cette merveilleuse ponctualité dans le recouvrement et le versement de l'impôt.

des emprunts en rentes 5 0/0 au cours de 58 fr. 85 c. Ces emprunts furent portés en peu d'années à 1,400 millions, au taux de 89 fr. 25 c., pour la complète libération des charges de guerre; le total de la dette inscrite atteignit un moment 198 millions de rentes 5 0/0, au capital de 4 milliards. Mais un fonds d'amortissement annuel de 79 millions et la conversion du 5 0/0 avaient ramené en 1829 la dette inscrite à 164 millions de rentes. Le cours des effets publics dépassait le pair pour tous les fonds qui donnaient un intérêt supérieur au prix du loyer des capitaux. Le 3 0/0 était à 86 francs, et le budget de 1829 se soldait, fait extraordinaire dans notre histoire financière, par un excédant de recettes de 80 millions. Ce budget se décomposait ainsi :

Contributions directes............	330,556,461 fr.
Impôts indirects................	549,596,000
Produits domaniaux.............	34,782,000
Postes.......................	32,838,000
Recettes diverses...............	38,428,697
Total..........	986,201,158 fr
Sur cette somme, les frais de régie absorbaient..................	173,618,068 fr.
Le produit net était de..........	812,583,090 fr.

Les impôts indirects, qui donnent la mesure de l'aisance des populations, s'étaient accrus, depuis 1815, de plus de 300 millions; l'impôt direct avait été notablement dégrevé, et 34 millions de rentes annuelles avaient été remboursés. La situation prospère de nos finances nous avait permis d'organiser l'expédition d'Alger, et si les gouvernements qui se sont succédé depuis avaient marché dans les mêmes voies, les intérêts de notre dette se trouveraient réduits maintenant à moins de 90 millions, en admettant, pour chacune des années qui nous séparent de 1830 un amortissement de 25 millions de rentes, ce qui était facile, puisque l'on en avait amorti trente-quatre, malgré les charges extraordinaires que nous avaient léguées la Révolution et l'Empire.

IV

La révolution de Juillet, comme toutes les révolutions, jeta une perturbation profonde dans la fortune publique; pendant six ans la France fut livrée à des agitations continuelles, et ce n'est guère qu'en 1836 que la prospérité publique reprit son essor; mais, à dater de cette époque, elle se développa rapidement. La construction des chemins de fer, le perfectionnement de la viabilité communale et départementale, l'extension des caisses d'épargne, la création de diverses grandes sociétés financières et surtout la confiance et la paix, imprimèrent une vive impulsion à l'accroissement de la fortune publique et privée, et comme le dit justement M. d'Audiffret, les recettes effectives de 1847 en ont démontré l'évidence. Voici le tableau de ces recettes :

Contributions directes............	428,435,561 fr.
Impôts indirects.................	771,495,204
Produits domaniaux.............	85,448,561
Postes........................	53,287,196
Recettes diverses..............	50,659,740
TOTAL........	1,334,326,262 fr.

Sur cette somme, les frais de régie absorbaient.............. 237,889,919 fr.

Ce qui laissait en produit net..... 1,096,486,343 fr.

Le montant des rentes annuelles était, à la même date, de 178 millions, soit 14 millions de plus que sous la Restauration (1).

∴

La révolution de Février eut pour résultat immédiat de faire tomber le 3 0/0 à 33 francs, de suspendre les payements de la banque, ainsi que le remboursement en numéraire des bons du trésor et des dépôts faits aux caisses d'épargne; les entreprises de chemins de fer résilièrent leurs contrats : 14 *millions* furent puisés sans contrôle pour l'entretien des ate-

---

(1) L'un des plus graves reproches qui aient été adressés à Louis-Philippe fut d'avoir demandé une liste civile de quinze millions, lorsqu'il jouissait déjà de cinq millions de rentes. Cette liste civile fut vivement attaquée par M. de Cormenin dans des pamphlets restés célèbres et très-curieux à lire aujourd'hui. L'auteur y donne le tableau comparé des listes civiles du roi d'Angleterre, de Napoléon Ier, de Charles X, de Louis-Philippe. Voici les chiffres:

Napoléon Ier,	1814............	18,017,236
Charles X,	1830............	34,590,663
Le roi d'Angleterre,	1831............	13,250,000
Louis-Philippe,	1831............	13,250,000

(Voir Cormenin, *Pamphlets anciens et nouveaux*, édit. définitive, Paris; 1870, in-8°.) La liste civile de Napoléon III s'élevait à 30 millions. En 1848, le traitement du général Cavaignac, chef du pouvoir exécutif, fut de 600,000 francs. La même somme a été allouée à M. Thiers par l'Assemblée de 1871.

liers nationaux. Les impôts fonciers et personnels, par suite des quarante-cinq centimes, furent augmentés de 219,667,727 francs. Les impôts indirects, par suite de la gêne des populations, perdirent 141 millions, comme on le voit par le tableau suivant :

Contributions directes............	633,113,888 fr.
Impôts indirects.................	630,772,831
Produits domaniaux.............	32,828,286
Postes.........................	52,032,959
Recettes diverses................	52,098,430
TOTAL.........	1,401,735,394 fr.
Sur cette somme, les frais de régie absorbaient................	262,306,772 fr.
Ce qui laissait en produit net....	1,139,428,622 fr.

Mais les dépenses s'étaient élevées à 1 *milliard 800 millions*, l'amortissement avait été suspendu, la dette inscrite avait été portée à 227 millions de rentes annuelles ; ce qui donnait pour une seule année 54 millions de plus que sous le règne de Louis-Philippe.

Un gouvernement économe et sage aurait pu, grâce aux ressources de la France, rétablir promptement l'équilibre ; mais le pays, dupé par le prestige d'un grand nom et de rassurantes promesses qui devaient être indignement violées, abdiqua par sept millions de suffrages aux mains de l'homme qui devait lui être plus fatal encore que les plus tristes rois de son histoire.

Quelques bonnes mesures furent adoptées dans les premiers temps de l'Empire, telles qu'un dégrèvement de 28 millions sur la propriété foncière, l'établissement de la taxe unique des lettres, la reprise des travaux de chemins de fer. La confiance, qui vit souvent d'illusions, fut grande au début du règne ; mais les esprits positifs s'effrayaient du prodigieux accroissement des dépenses, des virements qui jetaient le désordre dans la comptabilité, des dettes contractées par les villes, des équilibres fictifs du budget, d'un pouvoir sans contre-poids qui laissait à Napoléon le droit absolu de paix et de guerre, d'un esprit d'aventure qui transportait dans la politique les réminiscences de Boulogne et de Strasbourg ; on se demandait quel profit la France avait tiré des guerres de Crimée et d'Italie. On s'effrayait en lisant le budget de 1864, d'y trouver une dette de 465,378,859 francs de rentes annuelles, soit DEUX CENT TRENTE-NEUF MILLIONS de plus qu'en 1849. Les ministres répétaient à la tribune que les expéditions de Crimée, d'Italie, de Chine, de Cochinchine, du Mexique, n'avaient altéré en rien aucun des éléments de la richesse et de la puissance nationale ; les journaux officieux et officiels le proclamaient à l'envie. Les gens naïfs le pensaient.

Mais le réveil fut terrible, et la guerre de Prusse déchira tous les voiles. Notre armée, qu'on croyait pourvue de tout, manquait de tout ; le favoritisme avait placé sous d'autres noms Tallard, Marsin et Soubise à la tête de nos troupes ; et aujourd'hui, quand nous aurons payé l'indemnité de guerre, notre dette s'élèvera à VINGT ET UN MILLIARDS CINQ CENTS MILLIONS.

Nous aurons à solder ONZE CENTS MILLIONS de rentes annuelles, et après avoir changé vingt fois de gouvernement, après l'Assemblée nationale, l'Assemblée constituante, la Convention, le Directoire, le Consulat, le premier Empire, les Cent-Jours, la Restauration, le gouvernement de Juillet, la République de 1848, la Présidence, le second Empire, la République du 4 septembre, nous nous retrouverons au même point que dans les plus tristes années de l'ancienne monarchie, lorsque les intérêts de la dette absorbaient la moitié des revenus disponibles, lorsque le gouvernement transformait tout en matière imposable, et qu'il ne lui restait plus pour dernière ressource, comme l'a dit Bussy-Rabutin, qu'à mettre une taxe sur les gueux pour leur laisser le droit de se chauffer au soleil.

V

Si cruelle que soit la situation, elle est loin cependant d'être désespérée. De même qu'au sortir de la Ligue, la France a trouvé dans Sully le ministre réparateur de ses désastres, de même qu'après Mazarin, le plus grand concussionnaire de la monarchie, elle a trouvé dans Colbert le plus grand et le plus économe de ses financiers, de même après l'effondrement de 1871, elle a trouvé dans M. Thiers l'homme de la délivrance et du salut. Éclairé par sa lumineuse intelligence, par une longue pratique du gouvernement, et soutenu par un patriotisme qui n'a fait que grandir avec l'âge, M. Thiers a envisagé la situation sans effroi, parce qu'il connaît la France et ses ressources, et, dans le message présenté à l'Assemblée nationale le 7 décembre 1871, il a retracé tout à la fois les causes de nos désastres et les moyens immédiats et pratiques de les réparer. Ce message restera comme l'un des plus importants documents de notre histoire contemporaine; et ce volume serait incomplet et indigne de son titre, si le lecteur ne l'y trouvait pas reproduit pour toute la partie qui se rattache aux finances.

Nous laissons parler l'illustre homme d'État :

« Notre budget, qui en moyenne était de 1 milliard 500 millions en 1848, tous les services compris, la dette, l'amortissement, les ministères, les travaux extraordinaires, les frais de perception, le service départemental, était arrivé en 1870 à un total de 2 milliards 100 à 200 millions.

« Avec une augmentation pareille, deux services capitaux étaient déplorablement négligés : l'amortissement et l'armée. Il n'y avait pas d'amortissement, ou si peu qu'il était dérisoire; et, quant à l'armée, le matériel était à la fois insuffisant et arriéré, l'artillerie au-dessous de toutes les proportions généralement usitées, et l'effectif de nos régiments d'infanterie rarement au-dessus de 11 à 1,200 hommes, ce qui explique comment, après la déclaration de guerre la plus téméraire, nous n'avions pas à l'ouverture du feu plus de 200,000 hommes à présenter à l'ennemi, qui s'avançait avec 400,000 hommes, soutenus par 800,000 autres. Telle était la situation de nos principaux services, avec un budget de 2 milliards 100 ou 200 millions. Depuis, la guerre nous a coûté 9 milliards environ; l'indemnité convenue avec les Allemands nous en coûtera 5, que nous ne payerons que successivement, mais dont nous supportons déjà le fardeau puisque, dès aujourd'hui, nous en payons l'intérêt.

« Ajoutez à ces charges les ravages de la guerre à réparer, des ponts à relever, des routes à rétablir, des indemnités à payer aux départements envahis, le matériel de l'armée à refaire, notre frontière à reconstituer au moyen de nouveaux travaux de fortifications, et l'on concevra tout ce que doivent ajouter à nos budgets futurs les erreurs du dernier gouvernement.

« Pourtant avec de la patience, du travail, une extrême prudence financière, tous ces maux pourront être réparés, et nous ne désespérons pas (vous en serez bientôt juges) de vous présenter un budget en équilibre, toutes nos charges étant portées en ligne de compte, l'amortissement et l'armée notamment étant largement et suffisamment dotés. Mais personne n'a dans sa main de baguette magique pour faire tout avec rien.

« Ces résultats, c'est avec de l'économie et des impôts qu'on pourra les obtenir, c'est-à-dire en ajournant des travaux utiles et en faisant les prélèvements plus grands sur la fortune privée au profit de la fortune publique. Ces sacrifices, du reste, en partie déjà connus, et qu'il reste seulement à compléter, ne seront pas tels que le développement de la richesse publique en puisse souffrir, et que les jouissances honnêtes du foyer domestique soient supprimées.

« Nous allons, du reste, vous faire connaître tout de suite et brièvement les bases du nouveau budget que nous présenterons bientôt à vos suffrages.

« Le changement de la forme du gouvernement a fait disparaître la liste civile, les dotations princières et sénatoriales, et permis une économie de près de 40 millions, si on tient compte du produit des domaines de la couronne.

« Cette économie facile à opérer une fois admise, il ne reste de réductions notables à faire que sur les travaux publics et les constructions navales, non pas que nous ayons renoncé aux économies qui peuvent résulter de réformes administratives bien conçues, mais l'expérience a dû apprendre à tout le monde que ces réductions ne pourraient jamais être très-considérables.

« Quant aux travaux publics poussés à l'excès sous le dernier régime et devenus trop souvent des actes de complaisance envers les individus ou envers les localités, nous avons soigneusement recherché les ajournements dont ils pouvaient être l'objet sans grave inconvénient. Ainsi, tout ce qui était réparation des ravages de la guerre est déjà fait ou va se faire avec les ressources portées aux budgets de 1871 et de 1872.

« Quant aux travaux commencés, ils seront achevés, ne fût-ce que par raison d'économie bien entendue; quant aux travaux nouveaux, les plus urgents seront repris dès que le mouvement ascendant des revenus publics recommencera sous l'influence de l'ordre et de la paix. Cette manière d'entendre le classement des besoins nous a permis d'opérer sur le budget des travaux publics une réduction de 23 millions environ.

« Quant à la marine, qui s'est couverte de gloire par les services rendus sur nos frontières de terre et deux fois autour de Paris, contre les Prussiens et contre l'anarchie, aucune réduction ne vous sera proposée qui puisse nuire à l'entretien de notre héroïque personnel, ni à ses armements indispensables. Les constructions, qui auront le double avantage de maintenir l'effectif de notre flotte et de conserver dans nos arsenaux nos ouvriers les plus habiles, seront continuées.

« Toutefois, ces vastes travaux qui nous ont coûté depuis quelques années plusieurs centaines de millions, pour des essais très-remarquables, mais qui ont fait plus d'honneur à notre génie naval que de profit à la force définitive de notre flotte, seront ajournés. Le temps est venu de profiter à notre tour des essais des autres nations après les avoir tant enrichies des nôtres.

« En faisant porter les réductions spécialement sur les constructions d'essai et sur les armements, nous gagnerons sur ce chapitre de dépenses environ 29 millions.

« En ajoutant à ces réductions de travaux publics et de la marine quelques économies sur les services administratifs, on obtiendra 100 et quelques millions d'une réduction en grande partie permanente.

« Après ce travail de réduction, restait à construire le budget vraiment normal que nous vous avions promis. Nous avons eu bien garde, dans ce travail, de revenir à l'artifice des budgets extraordinaires, au moyen desquels on dissimulait de 120 à 150 millions de dépenses annuelles que l'on qualifiait d'extraordinaires, bien que par leur nature elles dussent reparaître chaque année.

« Cependant nous étions bien autorisés, sans recourir à aucun artifice, à considérer comme extraordinaires, et ne devant pas se renouveler, les réparations à faire aux murs de Paris, les travaux de fortifications, qui devront nous rendre une frontière à défaut de celle qui nous a été ôtée, le renouvellement de notre matériel de guerre, ou perdu, ou hors de service, ou arriéré, l'indemnité promise aux départements envahis, l'entretien de l'armée allemande d'occupation, la solde de quelques officiers laissés hors des cadres, mais destinés à y rentrer bientôt.

« Ainsi donc, sans renouveler à aucun degré l'artifice des budgets extraordinaires, nous avons ouvert un compte de liquidation ayant pour objet de réparer les désastres de la guerre, et dont le passif sera d'environ 400 millions, sans nous livrer à aucune illusion. Nous avons en ressources de divers genres et très-réelles un actif de 160 à 170 millions à opposer à ce passif, et il ne présentera dès lors qu'un solde de 250 millions à payer en fin de compte.

« En adoptant ces bases, le budget total, tous les budgets anciennement divisés à dessein étant confondus en un seul, tels que budget ordinaire, budget extraordinaire, dette publique, amortissement, ministères, frais de perception, service départemental, nous arriverons à la somme énorme, nous en convenons, de 2 milliards 429 millions, et 2 milliards 749 millions, en y ajoutant les dépenses départementales. C'est donc une dépense annuelle de 600 millions que la guerre contre la Prusse aura ajoutée à notre budget.

« Ainsi, de 1852 à 1870, la prodigalité l'aura porté de 1 milliard 500 millions à 2 milliards 100 ou 200 millions, et, en 1870, en une seule année, une folle guerre l'aura porté à 2 milliards 749 millions ; ce qui fera, en dix-huit ans, une augmentation totale et annuelle de 1 milliard 250 millions, c'est-à-dire presque le doublement des charges publiques ; à quoi il faut ajouter la perte de deux provinces, et la perte même de la grandeur française, si la grandeur de la France pouvait périr.

« Il ne faut pas oublier, en effet, qu'avec un budget qui était monté, comme je viens de le dire, de 1 milliard 500 millions en 1852, à 2 milliards 100 ou 200 millions en 1870, il n'y avait pas d'amortissement, ou presque pas, et que l'armée était dotée de manière à ne pouvoir se présenter à l'ennemi que dans la proportion d'un combattant contre deux ; sans compter que la dette flottante n'avait pas cessé de varier entre 800 millions à 1 milliard 100 millions.

« Voici quelle sera désormais notre situation financière :

« Moyennant la somme totale que nous venons d'annoncer, tous les services seront assurés d'une manière permanente, sans besoin de recourir à la dissimulation des budgets extraordinaires ; les travaux publics auront le nécessaire, et l'armée, si insuffisamment dotée, recevra annuellement de 75 à 80 millions de plus, dotation dont elle n'avait jamais joui.

« Elle aura, en vieux cadres, 150 régiments d'infanterie au lieu de 130, un effectif de paix de 2,000 hommes par régiment au lieu d'un effectif de 1,100 à 1,200, une proportion d'artillerie d'au moins 4 bouches à feu par 1,000 hommes au lieu de 2 environ : ce qui nous procurera une armée véritable, réunissant à la fois le nombre et la solidité, et une promptitude d'entrer en campagne égale à celle des armées de l'Europe les mieux organisées.

« Quant au rachat de la dette, nous aurons un amortissement sérieux de 200 millions, bien suffisants pour contrebalancer une dette montée à la somme de 1 milliard 100 millions. Enfin, et cette dernière considération n'est pas moins importante, la dette flottante, variant sous le dernier Empire de 800 millions à 1 milliard 100 millions, sera réduite à 625 millions, qu'elle compte aujourd'hui.

« Ainsi un budget en équilibre, avec une armée bien dotée, un amortissement de 200 millions et une dette flottante au-dessous de toutes les proportions ordinaires; telle sera notre situation définitive. »

Sept mois après ce manifeste, M. Thiers faisait appel au crédit de la France et de l'Europe : il demandait trois milliards ; quarante-quatre milliards furent souscrits en deux jours.

Après un pareil fait, pourrait-on sans folie désespérer de la France [1] ?

---

[1] Ce n'est point seulement chez nous que la confiance dans l'avenir domine les inquiétudes du moment; cette confiance est partagée par l'Europe entière, et les articles publiés par les principaux organes de la presse étrangère en offrent un éclatant témoignage ; voici ce que dit entre autres la *Nouvelle Presse libre* de Vienne :

« Les résultats vraiment inconcevables que le gouvernement français a obtenus par son appel au crédit européen réduisent à néant toutes les prédictions.

« Nous sommes en présence d'un fait que chacun peut interpréter ici comme il le voudra, mais d'où il ressort clairement: 1º que la force productive du capital et du crédit européen défie tous les calculs, et que la France possède un crédit

Les vœux formulés pendant trois cents ans par les états généraux sont aujourd'hui réalisés. Le droit d'imposer est passé des mains du prince aux mains de la nation; l'administration financière, épurée et moralisée, remplit sévèrement ses devoirs; les vols et les fraudes, dont les plus hauts fonctionnaires eux-

comme peut-être aucun autre État au monde... Nous ne pouvons nous empêcher de reconnaître que la confiance témoignée à la France est, sous plus d'un rapport, bien méritée. Il est possible qu'avec la meilleure volonté du monde la France ne puisse pas payer les intérêts d'une dette qui s'élèvera à 20 milliards, qu'elle soit forcée d'imposer ses coupons de rente; à l'impossible, nul n'est tenu; toutefois, on peut être certain que la France payera autant que le lui permettront ses ressources, et cette certitude morale paraît être plus appréciée par le capital européen que la garantie matérielle offerte par d'autres États, moins grevés de dettes, mais dont la bonne volonté est moins éprouvée. On pourrait presque dire que la France possède un crédit illimité, tandis que celui des autres États ne va pas au delà de la garantie matérielle offerte par le produit de leurs impôts et autres ressources aux créanciers. »

L'article de la *Nouvelle Presse libre* se termine ainsi:

« Le triomphe remporté par l'administration financière française sera assurément exploité en France comme une preuve de la vitalité invincible de la Grande Nation. Déjà, en 1760, Voltaire écrivait à Mme Dudeffand: « J'aime mieux avoir des rentes sur la France que sur la Prusse. Notre destinée est de faire toujours des sottises et de nous en relever. Nous ne manquons jamais une occasion de nous ruiner et de nous faire battre; mais, au bout de quelques années, il n'y paraît plus; l'industrie de la nation répare les bévues des ministres. Nous n'avons, en ce moment, pas de grands génies dans les arts, mais nous avons toujours des négociants et des agriculteurs. Il n'y a qu'à attendre et tout rentrera dans la bonne voie. »

Le *Wanderer* dit à son tour:

« La France demande trois milliards, on lui en offre quarante. Pour un pays dont un vainqueur outrecuidant annonçait naguère la ruine, il y a là un vote de confiance sans précédent

mêmes donnaient l'exemple, ne se reproduisent plus qu'à de longs intervalles, et n'échappent jamais à la vindicte des lois. Les contribuables ne payent que ce qu'ils doivent, l'État encaisse tout ce qu'ils ont payé, et les perfectionnements successifs de notre comptabilité permettent à notre cour des comptes, que l'Europe entière nous envie, de suivre, centime par centime, l'argent qui sort de la bourse du peuple pour entrer au trésor, et qui revient du trésor au peuple.

Nous avons donc entre les mains tous les éléments de la richesse et de la puissance que donne la richesse ; ne travaillons pas, comme nous l'avons déjà fait tant de fois, à les détruire par notre imprévoyance, nos emportements politiques, notre confiance aveugle dans les idoles de la popularité. Monarchistes ou républicains, ne plaçons point le salut du pays dans les formes extérieures du gouvernement, mais dans les institutions et dans les lois. Soyons sages en politique, rappelons-nous ce que coûtent les révolutions, et, comme les hommes qui refont leur fortune, sachons profiter des leçons du passé.

Puissent ceux qui viendront après nous sur cette terre, et qui rencontreront par hasard ce livre perdu dans les recoins obscurs de quelque bibliothèque,

dans l'histoire des peuples. La confiance de l'Europe dans la régénération de la France et dans sa mission civilisatrice s'est affirmée à coups de milliards. Elle les avance à la France, à ce pays prodigieux qui, par l'effet d'une force magique, renaît de ses cendres comme un glorieux phénix ; au pays des ressources inépuisables, de l'activité infatigable, de la production incessante. »

constater que nos vœux ont été enfin réalisés, et qu'une révolution nouvelle, plus féconde peut-être que celle de 89, la révolution de l'ordre, de la liberté et de la stabilité, s'est accomplie dans cette noble France, qui a si cruellement expié sa gloire.

Charles LOUANDRE.

LES MONNAIES

Nous ne pouvons mieux faire, pour compléter l'histoire des finances, que de donner ici les principaux types monétaires qui, depuis les premiers temps historiques jusqu'aux derniers jours de la monarchie, ont circulé dans la vieille France.

Nous reproduisons d'abord quatre monnaies gauloises, en faisant remarquer, à propos de ces monnaies, qu'elles sont une imitation plus ou moins imparfaite des monnaies grecques; ce qui s'explique par l'établissement des Phocéens sur le littoral de la Méditerranée, et les migrations gauloises dans l'Europe orientale.

Au moment de la conquête romaine, le type change et devient exclusivement romain. Les lettres latines remplacent les lettres grecques, et les espèces sont marquées à l'effigie des empereurs et des membres de leur famille.

Les Mérovingiens, tout en conservant sur un grand nombre de pièces le type romain, commencent au septième siècle à les modifier. Ces pièces portent le nom du roi, les autres le nom du monétaire; toutes, quel que soit le nom, portent d'un côté une tête généralement vue de profil, et au revers une croix ou diverses figures, et des sigles qui sont inexpliqués. Durant la période mérovingienne, il n'est frappé que des monnaies d'or et d'argent. La monnaie de cuivre était à peu près exclusivement romaine.

Sous les Carlovingiens, l'or n'est plus que bien rarement employé. On frappe avant tout des deniers et des demi-deniers d'argent. Les noms des monétaires disparaissent; ils sont remplacés par le monogramme des rois, la formule *Dei gratiâ rex*, des représentations d'église, et quelques effigies.

A l'avènement des Capétiens, les seigneurs et les evêques qui avaient usurpé la plupart des droits régaliens, battirent monnaie à leur coin, et la monnaie royale fut limitée au seul duché de France. L'effigie des rois, sous les Capétiens directs, ne paraît que sous Louis VII; mais quelques seigneurs la placent sur leurs monnaies. Quant à la fleur de lys, elle se montre vers 1137 et elle devient, à dater de cette époque, l'attribut distinctif de la dynastie régnante.

A partir de Philippe-Auguste, les rois s'efforcent de faire prévaloir les monnaies royales sur les monnaies féodales. Saint Louis fait frapper à Paris et à Tours des deniers qui, en raison des deux villes où ils sont fabriqués, prenaient le nom de *deniers parisis* et *deniers tournois*. Il met en même temps en circulation *l'agnel* ou *mouton d'or* et le *gros tournois*. Le type de ces monnaies se maintient jusqu'au règne de Charles VII, à côté de quelques autres qui furent adoptés par Philippe le Bel, qui créa le *gros royal*, et le roi Jean qui créa le *franc d'or*.

Louis XI fit frapper les *écus au soleil*, et les *blancs* et *demi-blancs au soleil*. Charles VIII fit frapper les *testons d'argent*, qui furent remplacés, sous Henri III, par les *pièces de vingt sols*.

François Ier marqua les espèces d'une lettre différente, selon les lieux où elles avaient été frappées, et il y mit le millésime, innovation très importante qui eût singulièrement simplifié la numismatique française si elle avait été adoptée dans les époques antérieures.

A dater de cette époque, les effigies des rois ou les armes de France paraissent, sauf de très-rares exceptions, sur les monnais françaises, et l'on peut dire que le type est définitivement fixé. — L.

MONNAIES GAULOISES

Or. — **Amérique** (Bretagne et Normandie).

Or. — **Carnutes** (pays chartrain et orléanais).

Bronze. — **Carnutes.**

Argent. — Monnaie attribuée aux **Leinovices** (imitation des monnaies de Marseille.)

Argent. — **Sequani** (peuples de la Franche-Comté, capitale Besançon).

DYNASTIE MÉROVINGIENNE

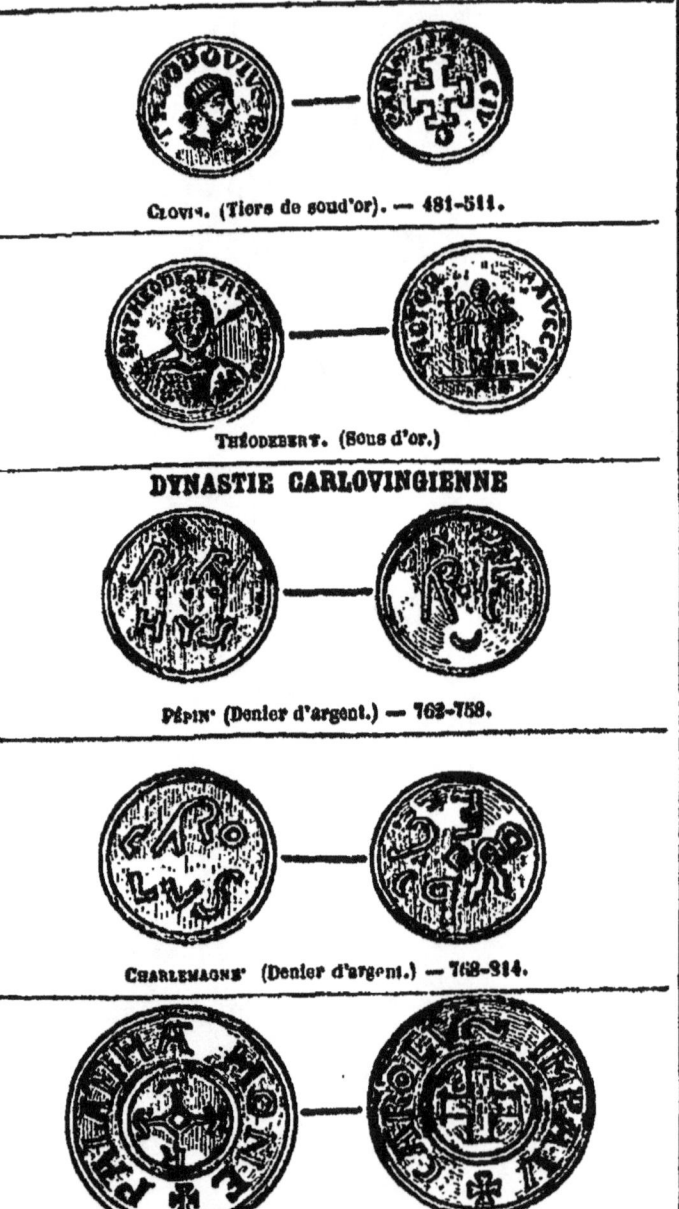

Clovis. (Tiers de soud'or). — 481-511.

Théodebert. (Sous d'or.)

DYNASTIE CARLOVINGIENNE

Pépin. (Denier d'argent.) — 752-758.

Charlemagne. (Denier d'argent.) — 768-814.

Charlemagne. (Denier d'argent.) — 768-814.

Louis le Débonnaire. (Sou d'or.) — 814-840.

Charles le Simple. (Sou d'argent.) — 898-923.

Hugues Capet. (Denier d'argent.) — 996-1031.

Robert le Pieux. (Denier d'argent.) — 996-1031.

DYNASTIE CAPÉTIENNE

Henri Ier. (Denier d'argent.) — 1031-1060.

Philippe-Auguste. (Denier parisis.) — 1180-1223.

Louis IX. (Chaise.) — 1226-1270.

Louis IX. (Agnel or.) — 1226-1270.

DYNASTIE CAPÉTIENNE

Louis IX. (Denier tournois billon.) — 1226-1270.

Louis IX. (Denier parisis.) — 1226-1270.

BRANCHE DES VALOIS

Philippe-le-Bel. (Gros royal.) — 1285-1314.

Philippe de Valois. (Double royal.) — 1328-1350.

Jean le Bon. (Franc.) — 1350-1364.

Jean le Bon. (Gros tournois d'argent.) — 1350-1354.

Charles V. — 1364-1380.

Charles VI. (Ecu à la couronne, or). — 1380-1422.

Charles VI. (Salut d'or.) — 1380-1422.

Henri VI (d'Angleterre.) (Noble d'or).

Charles VI. (Gros tournois d'argent.) — 1380-1422.

Charles VII. (Ecu à la couronne.) — 1422-1461.

Charles VII — (La chaise.) — 1422-1461.

Louis XI (Ecu à la couronne, or.) — 1461-1483.

BRANCHE DES VALOIS

Hardy.   Louis XI. — 1461-1483.   Maille (billon.)

Écu à la couronne, or.

Maille.   Denier bordelais. (Billon, liards.)
Charles VIII. — 1483-1498.

Louis XII. Écu d'or au porc-épic.) — 1498-1515.

Henri III. — 1574-1589
(Franc d'argent.)

BRANCHE DES BOURBONS

François 1er. — 1515-1547

Henri II. — 1547-1559. (Or.)

Henri IV. — 1589-1610
(Franc d'argent.)

CARDINAL DE BOURBON. (Franc d'argent.)

Henri IV. — 1589-1610.
(Ecu d'or.)

Louis XIII. — 1610-1643.
(Ecu d'or.)

Louis XIII. — 1610-1643.
(Ecu blanc argent.)

Louis XIII. — 1610-1643.

Louis XIV. (Écu d'or.) — 1643-1715.

Louis XIV. (Franc d'argent.) 1643-1715. — Louis XV. (Billon.) 1715-1774.

Balancier pour le frappage des monnaies.

TABLES DES MATIÈRES

Avis des éditeurs... 1

INTRODUCTION

I. — Le tribut public dans la Gaule sous la domination romaine.. 5
II. — Les impots de la gaule franque............... 9
III. — Les impots de la france féodale.............. 13

QUATORZIÈME SIÈCLE

ARGUMENT

L'ADMINISTRATION FISCALE...................... 19
Les États généraux de 1355-1356. — Charles V et la création des surintendants des aides................ 20
L'impôt du fouage.. 20
Les impôts, les monnaies, les abus................. 21
Les usuriers, les juifs, les financiers, les lombards et les maltôtiers... 22
Juridiction des greniers à sel......................... 23

La Chambre des comptes............................ 23
L'argentier du roi. — Le payeur général des dépenses,
   les trésoriers de France.......................... 23
Charles VII et la taille royale....................... 24
Répartition, par bailliages, paroisses et châtellenies...... 25
Les exemptions d'impôt. — Les reliquats et débets. —
   Le receveur particulier des aides................27 — 28
Les redevances seigneuriales........................ 29
Les décimes....................................... 30
L'impôt du treizième et du vingtième................. 31
Le domaine royal.................................. 32
Enguerrand de Marigny et Philippe Rémy, ministres de
   Philippe le Bel................................. 33
LES MONNAIES.................................... 34
Le maître des monnaies............................. 37
La livre d'argent et la livre nominal. — Le marc d'argent. 37
Les monaies parisis, les monnaies tournois............ 38
La cour des monnaies............................... 40
La fabrication des monnaies et les faux monnayeurs..... 42
Les fondeurs, essayeurs, ajusteurs et frappeurs de mon-
   naies... 44
L'ordonnance de 1374............................... 46
LA BANQUE DE LYON................................. 47
Les économies d'État............................... 50
Les dots royales. — La ceinture de la reine............ 51

Pièces historiques. — Quatorzième siècle

Compte du domaine sous Philippe le Bel............... 55
Impôts extraordinaires.............................. 56

Un budget communal en 1356 :

I. — Recettes...................................... 57
II. — Dépenses..................................... 60

TABLE DES MATIÈRES

QUINZIÈME SIÈCLE

Argument	64
Les agents du fisc. — Montagu, surintendant des finances et grand-maître de la maison de Charles VI	67
Jacques Cœur, argentier du roi Charles VII	67
Jean de Rely, Jehan Masselin et Philippe Pot aux États de Tours, en 1483	69
Le conseil du roi. — Les finances ordinaires. — Les finances extraordinaires	71
Notes sur les subsides levées par Louis XI, Charles VIII et Louis XII	71
Le marc d'argent au quinzième siècle	71
Les tailles. — Leur répartition par élections. — Les feux du royaume dénombrés par paroisses. — Le recouvrement de l'impôt	74
Les exemptions d'impôt. — Les clercs. — Les nobles. — Les gens de guerre. — Les commensaux de la maison du roi. — Les écoliers et les maîtres des grandes écoles. — Les parlements. — Les hautes cours. — Les officiers des finances	75
Les terres nobles. — Les moulins nobles. — Les forêts guerrières. — Les villes de franchise	75 — 76
Les gabelles. — Impôt sur le sel	77
Le domaine royal. — Les receveurs. — Les gardes-magasins. — Les régisseurs. — Les maîtres-d'œuvre	80
Les receveurs des tailles, des gabelles, des aides, les contrôleurs et les receveurs provinciaux, le receveur général des finances	82
La magistrature des finances	82 — 83
Les généraux des aides	84
Les maîtres de la Chambre des comptes	85
Les cours des aides	85
Ferme des gabelles	87
La Chambre des comptes et les règles de la comptabilité publique au quinzième siècle	89 — 90

TABLE DES MATIÈRES

Le cadastre... 92 — 93
Cé qu'il y a d'argent en France.................. 93 — 94
La pragmatique sanction de Bourges, en 1438.......... 95
Les financiers.. 96

Pièces historiques. — Quinzième siècle

Doléances des États généraux de Tours, en 1484......... 97

SEIZIÈME SIÈCLE

Argument... 104
Les comptes du bailli de Chartres.................... 106
Le numéraire. — Le compte de l'or de la France. — Rareté des monnaies.................................. 108

LA MANIÈRE DONT L'OR VA DE NOTRE BOURSE DANS CELLE DU ROI............................ 112

    La taille. — Les gabelles. — Les aides. — Les douanes. — Les confiscations. — Les légitimations. — Les aubaines....................................... 115
    Le taillon.. 115
    Vente des offices de judicature et de finances...... 115
Les décimes.. 116
Les offices héréditaires............................. 116
Les amendes. — Les annates. — Les rachats d'impôts... 117
Les finances de l'Europe............................. 118
La dette publique. — Son origine.................... 120
Les emprunts de François Ier à Henri IV......... 121 — 122

LA MANIÈRE DONT L'OR REVIENT DE LA BOURSE DU ROI DANS LA NOTRE............................ 126

Les mouvements de l'or entre notre bourse et celle des autres.. 126
Le repos de l'or..................................... 128
Sully, surintendant des finances..................... 129
Les amendes... 130

TABLE DES MATIÈRES

Pièces historiques. — Seizième siècle

État des deniers revenans bons au roi....................	135
Bilan des dettes de la France, en 1595...................	136
Édit de mars 1600, contenant règlement du roi sur les exemptions et affranchissement de la taille...............	137

DIX-SEPTIÈME SIÈCLE

ARGUMENT..	140
LE MARCHAND DE FLUTES. — Fouquet et Colbert........	143

RECETTES ET DÉPENSES :

Les tailles (répartition et recouvrement)........	145 — 146
Les gabelles..	147
Les aides. — Boissons et contributions indirectes....	149
Les droits réunis. — Le papier timbré..............	151
Révolte des paysans bretons contre le timbre, la marque d'étain et l'impôt sur le tabac.................	152
La capitation ou impôt par tête.....................	154
Le contrôle des actes (enregistrement)...............	155
Le tabac...	156
La poudre de chasse....................................	156
La poste aux lettres....................................	157
Les parties casuelles...................................	157
Le domaine..	158
Les affaires extraordinaires.............................	161
Le déficit..	161 — 162
L'administration et le personnel des finances sous Louis XIV..	165
LES LOTERIES...	169
LES RENTIERS. — Les emprunts en rentes de François Ier à Louis XIV...	173
Les rentiers viagers. — Les tontines...................	176
LES ACTIONNAIRES des compagnies de commerce.........	178

Pièces historiques. — Règne de Louis XIV

Le budget des dépenses en 1715.................... 185
MAISON DU ROI. — Chambre aux deniers................ 187
    Argenterie. — Menus. — Écuries............. 188 — 189
    Achat de chevaux. — Offrandes..................... 190
    Prévôté de l'hôtel. — Cent suisses................. 191
    Vénerie et fauconnerie. — Louveterie.............. 192
    Maison de madame la duchesse de Berry 193
    Maison de Madame 193
    Maison de monseigneur le duc d'Orléans............ 193
    Maison de madame la duchesse d'Orléans............ 194
    Récompenses des officiers de la maison du Roi...... 194
    Comptant du roi................................... 195
    Dépenses du roi et de la reine d'Angleterre........ 195
    Bâtiments... 195
    Ligues suisses.................................... 196
    Garnisons ordinaires.............................. 197
    Ordonnances expédiées pour la solde des troupes.... 198
    Étapes. — Artillerie. — Gardes du corps............ 199
    Chevau-légers et mousquetaires.................... 200
    Gendarmerie....................................... 201
    Régiments des gardes. — Marine.................... 202
Galères. — Fortifications. — Ambassades............. 203
La Bastille. — Pensions............................. 204
Appointements et gages du conseil du roi 206
Affaires secrètes................................... 207
Intérêts d'avances. — Remises de traités. — Ponts et chaussées. — Acquits patents 208
Appointements des grands officiers de la couronne et maréchaux de France. — Gratifications et autres dépenses. — Guet de Paris et brigades. — Pavé de Paris... 209

Le Budget des recettes en 1704 :

Les affaires extraordinaires........................ 210
Affaires extraordinaires par traités. — Produit de la vente des offices de judicature, de finances, etc........ 211 — 219

AFFAIRES EXTRAORDINAIRES SANS TRAITÉS.......... 219—222
LES EXEMPTIONS D'IMPOT EN 1707...................... 223

DIX-HUITIÈME SIÈCLE

ARGUMENT... 227

LA DÉCADE DES ONZES SOUPERS :

I. — Necker. — Le receveur et le caissier des tailles. — Les impôts.................................. 231
II. — Les fermiers généraux. — Régie du sel et du tabac. — Régie des droits réunis. — Régie du domaine. — Les impôts domaniaux. — Les prêteurs et les croupiers. — Les ambulants, les contrôleurs, les inspecteurs, les receveurs, les commis, les agents.. 235
III. — Les financiers et les économistes. — La contribution foncière. — La péréquation de l'impôt. — La contribution mobilière. — La loi des patentes (contribution industrielle). — L'enregistrement. — Le droit de timbre. — Les amendes, droits de greffe, droits hypothécaires. — Poudre de chasse, poinçonnage de l'or et de l'argent, tabac. — Les loteries. — Taxe des lettres. — Les douanes.................................. 239
IV. — Le budget en 1789. — Les recettes. — Nomenclature des anciennes tailles, impositions et contributions................................ 246
V. — Le budget en 1789. — Les dépenses............. 250
VI. — Les déficits sous Louis XIV et sous la Régence. Law et son système................................ 251
VII. — L'emprunt forcé. — Tiers consolidé. — Les assignats. — Les mandats territoriaux............... 252
VIII. — La caisse d'amortissement. — La caisse d'escompte................................ 254
IX. L'administration financière sous l'ancien régime...... 256
X. — Le nouveau personnel des finances............... 258

TABLE DES MATIÈRES

XI. — Dilapidation des finances. — Cour des comptes. — Les budgets imprimés. — Le personnel des finances. 260

Pièces historiques. — Dix-huitième siècle.

Les finances sous la Régence. — Édit d'août 1717......... 263
Les contributions du clergé en 1784...................... 273
Réparation de l'impôt par tête d'habitant et par province en 1783.. 279
Le budget des recettes en 1783........................... 281
Les brevets pour le commerce des blés et le pacte de famine.. 284
L'impôt sur la viande................................... 287
L'impôt sur le poisson.................................. 291

SUPPLÉMENT

LES FINANCES DEPUIS L'ASSEMBLÉE DES NOTABLES DE 1787 JUSQU'EN 1872

I. — De Calonne et les Notables........................ 293
II. Les États généraux. — L'Assemblée nationnale. — Les assignats.. 304
III. Les finances sous le Consulat et le premier Empire... 307
Les finances de la Restauration. — Le baron Louis et le comte de Villèle.................................. 303
Les finances sous Louis-Philippe...................... 311
La révolution de Février et l'impôt des 45 centimes. — Le second Empire.................................. 312
IV. — Les finances après la guerre de 1870-1871. — M. Thiers.. 315
Les MONNAIES de l'époque gauloise à la Révolution.. 327

Limoges. — Imp. Marc BARBOU et Cie.

www.ingramcontent.com/pod-product-compliance
Lightning Source LLC
Chambersburg PA
CBHW070857170426
43202CB00012B/2106